中国社会科学院财经战略研究院文库

ZHONGGUO SHEHUI KEXUEYUAN CAIJING ZHANLUE YANJIUYUAN WENKU

税制变迁研究

A Study on the Change of Taxation Institution

张　斌◎著

中国社会科学出版社

图书在版编目（CIP）数据

税制变迁研究/张斌著 . —北京：中国社会科学出版社，2014.4
ISBN 978 - 7 - 5161 - 4214 - 1

Ⅰ. ①税…　Ⅱ. ①张…　Ⅲ. ①税收改革—研究—中国
Ⅳ. ①F812.422

中国版本图书馆 CIP 数据核字(2014)第 080465 号

出 版 人	赵剑英
责任编辑	王　曦
责任校对	孙洪波
责任印制	戴　宽

出　　版	中国社会科学出版社
社　　址	北京鼓楼西大街甲 158 号（邮编　100720）
网　　址	http：//www. csspw. cn
	中文域名：中国社科网　　010 - 64070619
发 行 部	010 - 84083635
门 市 部	010 - 84029450
经　　销	新华书店及其他书店

印　　刷	北京君升印刷有限公司
装　　订	廊坊市广阳区广增装订厂
版　　次	2014 年 4 月第 1 版
印　　次	2014 年 4 月第 1 次印刷

开　　本	710 × 1000　1/16
印　　张	18
插　　页	2
字　　数	305 千字
定　　价	56.00 元

凡购买中国社会科学出版社图书，如有质量问题请与本社发行部联系调换
电话：010 - 64009791
版权所有　侵权必究

出版前言

中国社会科学院财经战略研究院始终提倡"研以致用",坚持"将思想付诸实践"作为立院的根本。按照"国家级学术型智库"的定位,集国家级智库与学术型智库于一身,致力于为党和国家的经济决策服务,立足于学术研究的长期积累,强化学术研究对于经济决策分析的支撑作用,被视为中国社会科学院财经战略研究院科研工作的基础所在。

为了全面展示中国社会科学院财经战略研究院的学术影响力和决策影响力,着力推出代表国家水准、具有世界影响、经得起实践和历史检验的优秀成果,我们决定出版"中国社会科学院财经战略研究院文库"。

中国社会科学院财经战略研究院文库,定位于高层次的、综合性的财经学术理论丛书。"文库"以财经战略研究院优秀学者完成的学术专著为主,兼顾其他。注重财经前沿学科、边缘学科和综合学科的新成就,侧重将学术研究与对策研究融为一体的研究成果,努力挖掘学术功力深厚、思想新颖独到、作品水平拔尖的"高、精、尖"著作,力求达到中国财经科学研究的最高水平。

我们和经济学界以及广大的读者朋友一起瞩望着中国财经科学的未来图景!

中国社会科学院财经战略研究院
学术委员会
2012 年 12 月

目　录

图表目录

序 一

  张斌同志的博士论文《税制变迁研究》经过修改即将由中国社会科学出版社出版，我作为他的博士生导师甚感欣慰。现就该书的写作情况谈几点看法，以之为序。

  税收是一个古老的经济范畴，研究税收制度的变迁，探寻其中的规律对于以财税为专业的学者来说是一个绕不过去且非常有意思的课题。长期以来，受学科分工的影响，经济学、法学、政治学、史学等学科从各自的角度对税收和税收制度进行研究，其中经济学的研究多侧重于税收与经济的关系。但是，正如本书中所指出的："税收制度及其变迁不仅受到经济因素的影响，还与一个社会的产权制度安排、货币化程度、经济核算技术与行政组织的能力和效率、主流意识形态以及外部环境的影响有着密切的关系。"而要建立综合考虑多种因素的税制变迁解释性分析框架无疑是非常困难的，张斌同志当初选择这个理论性很强的方向做博士论文，我认为难度很大但很值得尝试，他的涉猎广泛、视野开阔、理论基础扎实、思辨能力较强，于2004年初按期完成了博士论文并顺利通过答辩。

  现在来看，十年后出版的这本专著虽然几乎重写了税制变迁理论框架应用部分的第六章和第七章，同时也对理论部分进行了补充修正，如在五方博弈模式的基础上引入了税收公投，形成了拓展的五方博弈模型；对税收工具化和国际化的补充和分析。但十年前博士论文建立的基本概念体系和理论框架保持了稳定，虽然说拖延了十年才最终出版有些遗憾，但我认为这个理论框架仍有很强的解释力和现实意义，可以给我们很多启发。具体来说，主要包括以下几个方面：

一 对税收的定义及对名义税制与实际税制的区分

  从基本概念的界定出发，通过概念的展开和相互关系构建整个理论框架并保持内在逻辑的一致是本书理论体系的一个特色。作者从税收的概念出发，区分了"税收是什么"和"税收应当是什么"两个不同的下定义方式，从与其他财政收入概念的对比中，总结了税收与国家强制力的关系和"不能具体的个别的接受对价给付"两个特征，从而将税收区分为"显性的税收"和"隐性的税收"。其中，"显性"的税收是没有基于个体的名义对价的政府收入，而"隐性"的税收则是有基于个体的名义对价但包含有国家强制力和政治性垄断带来的超额利润。

我认为这个定义抓住了税收的本质特征，从而将众多形形色色的国家收入形式中凭借国家强制力无偿获取的部分纳入了"税收"的范畴。作者同时也明确指出："如果没有竞争性的财产权利，我们是无法区分税与租的。正是在这个意义上，我们把税收与市场经济联系在一起，只有在竞争性的市场机制下，才能区分基于财产权利的收益与基于政治权力的收益。"这个定义对于中国具有特别重要的现实意义，促使我们从税的角度审视政府与市场的关系并关注那些不以税命名的但却强制无偿征收的收费和基金以及国有企业凭借政治权力获取的超额利润，而按照作者的观点，这些收入形式都应当纳入税收法定的范围由立法机关进行审议和监督。

在对税制的定义中，作者区分了名义税制和实际税制，定义了可税财产、应税财产和课税财产，将征税代理人（税务机关）和作为个体的纳税人引入了税制分析的框架，并以此为基础运用征税代理人的客观能力系数、工作努力系数、腐败系数、政府与征税代理人的激励相容系数建立了征税代理人与纳税人的不对称信息动态博弈模型说明了实际税制的形成机制。在这个意义上，税制优化的过程不仅是名义税制的优化，同时也是"优化了"的名义税制如何最大限度转变为实际税制的过程，这对于理解并推进中国的税制改革具有非常重要的意义。

二 社会各阶层税负的分布

既然税收与国家强制力的关系是税收最重要的本质特征，税制的实质也就是社会各阶层税负的分布状态，作者在制度变迁理论的基础上突出了政府及政治权力在税收博弈和税制变迁中的特殊作用，运用博弈模型分析了社会各阶层税负分布的影响因素和作用机制。这个模型的特色是没有仅限于税收因素，而是从国家和社会各阶层的关系总体出发，通过界定产权贿赂、支出贿赂和税收贿赂构建了以政府支持度和政治权力分布（权重）为关键变量的解释性框架。

这个框架得到了在政府与纳税人的税收博弈中产生公平而有效率的税制所需要的两个条件：首先是要实现社会各阶层政治权力的平等，社会各阶层政治权力平等意味着利益集团之间可以相互制衡，使政府通过贿赂所获得的有效支持彼此抵消，从而使政府难以与任何一个利益集团实现相互勾结。在政治权力平等的前提下，还需要使政府时刻面临潜在竞争者巨大的竞争压力，迫使政府必须维持一个相当高的有效支持度才能继续执政。满足这两个条件，私人参与人就能够对政府权力进行有效的控制，可以防止政府以社会利益为代价为自己或为某个特定利益集团谋取私利。显然，这个纯粹的演绎框架已经超出了税制的范围，对于理解"惊心动魄的财政史"有很大的帮助。

三 对税制变迁影响因素的分析

本书第四章在静态分析的基础上，旁征博引，比较全面系统地阐述了影响税制变迁的六个因素，即经济总量与结构、政府职能与财政支出和非税收入、国家和产权制度、社会观念与意识形态、交易费用和国家间竞争，同时也概括了这些因素的综合作用机制。其中，作者认为：在较长时间跨度中研究税制变迁，经济总量与结构变动对税制变迁的基础性作用表现得十分显著。但是，如果我们在某一特定时期分析税制的变化，会发现在经济发展水平和产业结构相似的情况下，不同国家的税制仍然有较大的差异，这种差异很难用经济总量与结构以及人均国民收入等因素进行解释。这个结论强调了一个国家的具体国情，尤其是社会观念与意识形态等非经济因素对税制变迁的影响，这对理解中国当前税制改革的困境有很大的启发。围绕着房产税、个人所得税改革诸多争议的背后是争论双方甚至多方各自所持的公平观念，或者说政治哲学基础有很大的差异。由于无法形成相对主流的社会观念和意识形态，许多关于税制的争论仅凭科学是无法解决的。

作者对国家间竞争、全球经济一体化对税制变迁影响的分析以及制度模仿型税制变迁的总结对于理解中国的税制改革有较大的帮助，而作者在第七章专门论述中国的税制变迁时所指出的："在制度模仿对税制变迁的影响不断弱化的情况下，税制变迁模式演进的相对滞后会产生严重的路径依赖问题"更应当引起我们的重视。

四 税制变迁模式

本书第五章围绕决定名义税制和实际税制的博弈主体及其相互关系归

纳总结了三方博弈、四方博弈、五方博弈和拓展的五方博弈模型，阐述了税制变迁模式的发展和演变。经济学界对税收制度及其变迁的研究大多集中于税收制度本身而较少研究决定税制的制度框架，在这个意义上，作者对税制变迁模式的研究具有创新意义，而且这一框架与作者对名义税制和实际税制的区分一脉相承，体现了逻辑的一致性和连贯性。

作者将税收博弈的主体——政府、立法机关、司法机关、征税代理人（税务机关）、作为公民的纳税人和作为个体的纳税人——纳入不同的博弈框架来解释名义税制与实际税制的形成及其相互关系。作者认为：税制变迁模式从三方博弈到四方博弈再到五方博弈的发展历程可以理解为政府设定产权的权力和征税权不断受到制约的过程，是越来越多不同阶层的纳税人参与税收正式规则制定的过程，同时也是名义税制与实际税制不断接近，税收制度不断完善的过程。其中，对三方博弈模式下名义税制与实际税制背离的分析；对专业化分工发展背景下，行政机关自由裁量权的扩张对税收法定主义的冲击以及引入司法机关对行政机关自由裁量权的制约以及在本次修改时增加的引入"税收公投"的拓展的五方博弈模型具有很强的针对性和现实意义，显示了作者对这一问题思考的广度和深度。

五 税制变迁理论的应用

本书的第六章和第七章是税制变迁理论的应用，作者在博士论文的基础上，结合中西方税制的最新变化，几乎重写了这两章。在这两章中，作者使用了大量的数据和图表，对西方发达国家和中国的税制发展演变进行了比较细致的总结和归纳。其中，作者结合西方现代复合税制的发展和演变对现代税制变迁的特征，以及直接税比重提高背后的原因进行了深入的剖析，提出公平与效率的权衡是现代社会税制变迁的核心要素，并以此为视角从较长时间尺度上对 20 世纪 80 年代以来发源于美国的税制改革浪潮进行了重新审视。

作者认为：西方国家经历了从冷战时期的侧重公平到冷战末期和苏联解体后经济全球化发展导致的侧重效率的改革，但伴随着这一趋势的是西方各国基尼系数的攀升和收入分配状况的恶化，最终贫富分化和资本积聚在很大程度上诱发了 2008 年的国际金融危机，促使人们重新审视税收在实现社会公平和遏制"马太效应"方面的作用。上述判断对我们了解和认识 20 世纪 80 年代以来西方减税浪潮的深层原因和影响具有启示作用。

　　在对中国税制变迁和税制优化的分析中，作者总结了中国税制变迁的五个特征，认为中国当前的税制变迁模式具有典型的三方博弈的特征，税制改革更多地建立在政府主导和制度模仿的基础上。然而，随着市场经济体制改革的不断深化，社会各阶层利益逐步明晰和分化，社会公众纳税人意识普遍提高，"三方博弈"模式下政府主导的强制性税制变迁也面临着越来越大的阻力，中国税制变迁的"制度模仿"优势逐步削弱的同时"路径依赖"的特征不断加强。因此，作者特别强调中国税制变迁模式的改进，认为首要问题是按照税收法定主义原则确立立法机关对行政机关的监督和制约，提高作为公民的纳税人对名义税制确定的参与程度，而且明确指出名义税制，不仅包括显性税收，也包括各种形式的隐性税收，应当取消政府部门、地方政府、国有垄断企业的收费权和定价权，政府部门和地方政府的收费项目以及国有垄断企业的定价都应由立法机关进行审议，并且应当赋予立法机关以修订权和否决权。结合党的十八届三中全会的要求，上述结论有助于我们深化对税收法定的理解，具有很强的现实意义。

　　综观全书，从税收的定义及名义税制与实际税制的区分，社会各阶层税负的分布，对税制变迁影响因素的分析，到税制变迁模式及税制变迁理论的应用，作者都有一系列独到见解。将"税制变迁"作为理论专著来写，其难度可想而知，到目前为止，尚不多见。10 年前，当张斌同学将"税制变迁研究"作为博士论文选题时，就具有很大的挑战性，但在论文答辩时，则受到评委们的高度评价。张斌同志勤奋好学，勇于探索，经过10 年来的工作实践和磨炼，使该书的理论基础更加深厚，内容更为丰富充实，视野更加宽广。目前，我国正处在新一轮税制改革的关键时期，该书的观点对此有一定的理论与实践意义。

　　当然，本书的研究还有很多值得进一步深化的地方，如意识形态等非经济因素对税制变迁影响，电子商务和经济全球化背景下民族国家间的税收竞争与税制协调，中央与地方税权划分等等。希望张斌同志继续努力，不断取得新的成果。

安体富

于中国人民大学财政金融学院

2014 年 4 月

序 二

  张斌同志告诉我，他在博士学位论文基础上完成的新著《税制变迁研究》已经交付中国社会科学出版社，很快当可问世。我知道，这是张斌积数年之功、投入颇多气力的潜心之作。我也深知，在税收经济研究领域，这是一项颇具创新意义的基础性工作。在党的十八届三中全会全面开启新一轮财税体制改革的宏观背景下，这样一部著作的出版，实在令人高兴。

  作为中青年学者队伍中的佼佼者，张斌的经济学研究之路是一步一个脚印走过来的。他早年在山东大学求学，先后获得经济学学士、硕士学位，继而留校任教。不久，又考入中国人民大学攻读博士学位。毕业后，旋即转入中国社会科学院做博士后研究。接下来，正式进入中国社会科学院财政与贸易经济研究所（中国社会科学院财经战略研究院的前身）从事经济研究工作。凭借着这样一种坚实的学业基础，这些年来，他工作得相当出色，在包括做人、做事、做学问在内的各个方面都展现了良好的综合素质。

  我与张斌的合作，始于2004年。在此之前，虽然依稀知道中国人民大学财政金融学院有这样一位在读的博士研究生，也曾在一起聊过天，但并不十分了解。事情的转折点是2004年5月。那时我调入中国社会科学院不久，还兼任着中国人民大学公共管理学院公共财政研究所所长一职。在公共财政研究所组织的一场招聘会上，张斌作为应聘者之一到场。这是我第一次从专业层面与他作深度交流，他的睿智、知识面、思辨能力和不俗谈吐，令我有眼前一亮之感。认识到这是一位不可多得的人才，我当即决定将他引进中国社会科学院财政与贸易经济研究所。从那以后，我们之间的交流、合作多起来了，话题也从学术向人生、由工作到生活领域拓展，我从中获益良多。久而久之，也日渐习惯于对于他的倚重。我发现，在张斌身上蕴含着的，不仅仅是学术事业上的潜能，而且在学术之外，还可以看到我国年青一代学者对身边的人和事的那份担当，对于国家、人民事业的责任感以及报效国家和人民的热切愿望。所有这些，在我看来，正是中国学者成就一番学术事业的必不可少的基本素质条件。

按照张斌自己的定位，《税制变迁研究》旨在建立一个关于税制变迁的解释性分析框架。这显然是一个极具挑战性的任务。应他的盛意邀请，借此机会，我就这样一个主题，发表如下两点个人看法。

第一点，关于税制。

说起税制，人们肯定不会感到陌生。翻开有关税收问题的教科书或辞典，很容易找到关于税制的如下类似表述：税收制度，简称税制，是国家按一定的政策和原则构建的税收体系。倘若满足于一般知识的把握，按照上述的定义来阐释即可了。然而，如果以此为基础继续探究下去，则会进入另一片天地。

从上述的税收定义中，可以至少挑出两个关键词。一个关键词是"税收体系"，它告诉我们，税制是由诸税种组成的一个统一体。在这个统一体中，不同的税种扮演的角色不同，所居的位置不同。这一由角色各异、所居位置有别的诸税种构成的税收体系，主要是通过税制结构表现出来的。另一个关键词是"一定的政策和原则"，它告诉我们，税制结构的设计须遵从一定的税收政策和原则，根据不同税收政策和原则而设计的税制结构肯定有所不同。税制结构的差异和变化，实际折射着税收政策和原则的差异和变化。

循着上述的线索继续追问，作为税制的表现形式，税制结构的核心内容是什么？或者，税制结构解决的主要问题是什么？

中国也好，其他国家也罢，其各自的税制结构当然有所不同。比如，欧美国家的税制结构多以直接税为主体税种，中国现行的税制结构则是以间接税为主体税种。不同的税制结构所代表的，显然不是税负水平高低的差异。这样说的基本依据在于：

其一，市场经济体制运行的基本原理表明，政府收入规模决定于政府支出规模，政府支出规模又决定于政府职能格局。这一逻辑线条在理论上被概括为"以支定收"。换言之，作为政府收入的基本来源，税收收入规模的大小，从根本上说来，是由市场经济体制所决定的政府职能格局以及为履行政府职能所需花费的政府支出规模决定的。

其二，在"以支定收"的条件下，税收收入实质是一个既定的量。

税制结构的设计，只能从这一前提出发而不能改变这一前提。故而，税制结构所能完成的任务，不过是以制度安排的形式把既定的税收收入目标分解并落实到各个税种身上。

其三，在今天的世界上，可以找到税负水平近似但税制结构不同甚至差别很大的例子，也可以找到税制结构趋同但税负水平不同甚至迥然相异的例子，但绝对找不到税负水平和税制结构同时近似或趋同的例子。

税制结构既然决定不了税负水平反而须根据税负水平来设计，那么，税制结构的作为空间在哪里？

如果把税负水平视作一个天花板，在税收收入规模既定的前提下考虑税制结构，可以发现，税制结构所需解决的问题无非是：征什么税？以怎样的税种组合把该征的税如数征上来？

以此为线索，还可以发现，不同的税种总要针对不同的人去征收，不同税种的负担总要落在不同的人身上，不同的税种组合总要牵涉不同的税负分布格局。这意味着，在征收不同税种、实施不同税种组合的选择背后，所潜藏的是发生在社会成员之间的税收负担分配的考虑。

进一步说，选择什么样的主体税种，实际上就是选择以什么因素作为税负分配的主要线索或标准：以间接税作为主体税种，意味着这个社会的税负分配是以社会成员的消费支出状况为主要线索或标准的；以所得税作为主体税种，意味着这个社会的税负分配是以社会成员的获取收入状况为主要线索或标准的；以财产税作为主体税种，则意味着这个社会的税负分配是以社会成员的财产拥有状况为主要线索或标准的。同理，由主体税种加上其他辅助税种组合而成的现代税制体系，意味着当今世界的税负分配线索或标准不是单一的，而是多重的。在由多个税种构成的复税制格局中，不同税种所扮演的主次角色差异，分别决定着各自所代表的因素在税负分配中的分量。不同税种在全部税收收入中的各自所占比重，直接决定着其分别所代表的因素对于税负分配影响度的差异。这又意味着，在不同的税制结构之间所折射的，实际是不同国家、不同时期或不同历史背景下所制定的用以指导税制结构设计的政策和原则的差异以及由此决定的税负分配格局的差异。

可以认为，从根本上说来，税制就是用于决定税负分配的制度安排。税制结构的核心内容，就在于税收负担的分配。换言之，税制结构就是税负的分配结构。

第二点，关于税制变迁。

将税制变迁作为一个历史过程加以考察，可以发现，倘若以主体税种作为基本标识，在人类社会发展史上，税制结构的调整变化大致经历了三个阶段：由简单、原始的直接税到间接税，再由间接税到发达的直接税。对于这一已被人们广为认知、甚至载入教科书的税制结构演变规律，我们不能不深究一句：支撑这一演变规律的基本因素是什么？

前面说过，一国税制结构的设计和变化与其税收政策和原则直接相关。对于不同国家、不同时期和不同历史背景下的税收政策和原则，我们固然可以进一步归结为包括生产力发展状况、经济社会体制、政府管理水平等经济和非经济因素的作用和影响，但是，这些因素毕竟存在于人类社会发展的所有阶段。除此之外，有无更为根本性的因素贯穿始终？或者，透过或通过这些因素，有无更深层次的因素折射出来？

认识到税制结构的核心内容即在于税收负担的分配，可以看到，无论是发生在什么时期、什么领域和什么环节的分配，也无论是基于什么目的和什么背景、对什么内容进行的分配，人类的追求总是可以用"公平"、"公正"来归结的。这可以说是贯穿人类社会发展始终、与人类社会发展如影随形的历史规律。税收负担的分配自然也不例外。这即是说，支撑人类社会税制结构演变规律的基本因素不是其他别的什么东西，而是人们对于税负分配的公平和公正的不懈追求。从这个意义上讲，客观经济社会条件对于税制结构的制约，主要表现为对于税负分配公平和公正水平实现程度的制约。

再进一步，人类社会税制结构的演变过程，也就是税负分配上的公平和公正程度的逐步提升过程。不妨以事例来说明这一过程。

假定在一个由 10 位成员组成的社会中，每年发生的公共服务费用是 10 万元。即是说，在这个由 10 位成员组成的社会中要征税 10 万元。宏观税负水平或税收收入规模是既定的，但如何将这 10 万元税收在 10 位成员中分配，可以有不同的选择：

第一种选择，按人头平均分配，即每人缴税 1 万元，加总之后恰好 10 万元。这近似税制结构演变的第一阶段——简单、原始的直接税。

第二种选择，按消费比例分配，即将 10 万元按照每位成员所消费或支出的金额分别占 10 位成员总消费支出额的比重数字加以分配，分配之后也恰好是 10 万元。这近似税制结构演变的第二阶段——间接税。

第三种选择，按收入或财产比例分配，即将 10 万元按照每位成员所获取的收入分别占 10 位成员总收入额的比重数字加以分配，或者按照每位成员所拥有的财产分别占 10 位成员财产总额的比重数字加以分配。这近似税制结构演变的第三阶段——发达的直接税。

三种不同的选择，所代表的税收公平和公正程度当然有所不同。简单、原始的直接税如人头税，尽管征收简便明了、具有效率，但不同社会成员对于公共服务的收益程度差异和支付能力差异被忽略掉了。因而，不仅谈不到公平、公正，且还有野蛮之嫌；间接税的分配办法如流转税，虽然给了社会成员一定的选择空间——消费多者多缴税，消费少者少缴税，无消费者不缴税，但是，考虑到不同社会成员对于公共服务的受益程度差异和支付能力差异，特别是支付能力不同的成员的消费支出不仅不会与其支付能力呈现相同或类似的比例，反而可能形成"累退"现象——支付能力高的成员所缴纳的税收与其支付能力成反比关系，因而在某种意义上，这种表面上的公平、公正掩盖着事实上的不公平、不公正；发达的直接税，虽然相对复杂，也不那么具有效率，但不同成员对于公共服务的收益程度差异被覆盖了——获取的收入越多或拥有的财产越多，其所享受的公共服务往往越多。不同成员的支付能力差异也被引入了——支付能力越高，其所应缴纳的税收也就越多。因而在上述的三种分配办法中，它的公平、公正程度算是最高的。

事实上，在今天的世界上，任何单一的税制结构都是不存在的。在复合型的现代税制结构体系下，既包含有以消费支出状况作为税负分配线索或标准的流转课税，也包含有以获取收入状况作为税负分配线索或标准的所得课税，还包含有以财产拥有状况作为税负分配线索或标准的财产课税，等等。有所不同的，仅在于各个不同税种或各个不同税系分别占全部税收收入的比重数字。这当然意味着，国与国之间在税负分配问题上的公平和公正程度是有差异的，甚至是有较大差异的。

注意到人类对于公平、公正的追求既是社会进步的一种重要推动力，再注意到社会进步的状态常常用社会文明程度加以标识，上述的这种表现在税负分配问题上的公平、公正程度的差异，不仅代表着经济社会的不同发展水平，更代表着税收文明的不同发展水平。由此说来，发生于任何国家或任何历史时期的税制改革，无非是顺应人类社会对于税收公平和公正的追求，并且基于客观经济社会条件的变化，而对税制结构作出的适应性调整。

可以认为，支撑税制变迁的基本因素就是人类社会对于税收公平和公正的不懈追求。税制变迁的进程，也就是人类社会税收文明水平的不断进步和提升的进程。

关于税制以及税制变迁的上述判断，无论被证实还是被证伪，对于当下中国的税制改革显然都富有意义。引申一步说，将类如税制和税制变迁这样的问题放在"致用"的意境之下，围绕它们的研究便好似获得了灵魂——同火热的现实生活密切联系在一起。从而，学术层面的研究工作也就拥有了极大的动力和活力。所以，脱出一般学术研究的局限而伸展至关乎百姓福祉和国家发展的宏观决策视野，将学术研究同火热的现实生活密切联系在一起，同实践层面所关注的实际问题挂起钩来，是从事经济领域问题研究的几乎唯一正确的选择。

本书所提出的关于税制变迁的解释性分析框架，即是这方面的一个范例。虽是一本学术著作，虽是以税制变迁作为主题，但作者并没有满足于一般的理论分析，也没有简单地套用制度变迁理论来分析税制变迁的问题，而是瞩目于当下中国的税制改革，将税制变迁规律的提炼与中国的现实巧妙地联系起来，有针对性地为税制改革提供理论支持。

作者从税收、税制和税制变迁概念的重新界定入手，以税收对于社会经济生活的影响为基本线索，分别建立了税制确定的静态模型和税制变迁的动态模型，从而分析税负在社会各阶层的分布状况和历史与现实中的税制变迁过程，进一步提出税制变迁模式的基本演进规律。以此为基础，作者对中国几十年来的税制变迁和税制优化进程做了系统考察，以至于提出了中国税制优化所面临的制度环境和条件制约以及可能的改进途径，等等。这样的分析，多是抽象层面的，但并不空泛。当然是理论联系实际的，但又不是就事论事型的。对于本书所得出的结论，读者未必会全部认可。对于本书所涉及的内容，读者也肯定会有这样或那样的看法。但无论如何，应能获得广泛共识的一点是：经济领域问题的研究应当以将思想付诸实践为目标，走"研以致用"之路。

高培勇

于中国社会科学院财经战略研究院

2013 年 4 月 12 日

第一章　导论

第一节　问题的提出

马克思认为："赋税是政府机器的经济基础，而不是其他任何东西。""国家存在的经济体现就是捐税。"[①] 列宁也认为，所谓赋税，就是国家不付任何报酬而向居民取得东西。[②] 而西方学者一般认为：税收是国家为实现社会经济目标，按预定的标准进行的非惩罚性的、强制的从私人部门向公有部门的资源转移。[③] 尽管马克思、列宁与西方学者对税收的认识有很大的不同，但是他们都承认税收是一种资源的转移，是以国家为主体进行的分配活动。税收作为一种经济活动，受到一定时期经济规律的支配，这是经济学研究税收所关心的问题。但这种经济活动又因其主体的特殊性而与强制力相联系，正是凭借国家的强制力才可能实现无偿地占有和分配原本不属于自己所有的收益或财产，这是税收与基于等价交换原则进行的经济活动的本质区别，所以税收又与国家强制力密不可分。正是因为税收与国家政治权力之间的密切关系，税收作为统治者的"租金"，集中体现了一个社会中各个利益集团的相互关系，并受到经济发展水平、历史传统、意识形态和社会各种相关制度和技术的制约。在现代社会，税收的重要性由于"税收国家"的产生而变得更加突出，宏观税负水平的不断提高说明税收影响社会经济生活的能力在不断扩张。

税收对社会经济生活的影响是通过税收制度得以体现和实施的，所谓

---

① 《马克思恩格斯全集》第 19 卷，人民出版社 1963 年版，第 32 页；第 4 卷，人民出版社 1958 年版，第 342 页。

② 陈共主编：《财政学》，中国人民大学出版社 1999 年版，第 132 页。

③ 同上。

税收制度可以理解为国家与私人部门之间关于社会财产分配的一种基本规则，长期以来，税收和税收制度作为经济范畴，其研究中心是经济与税收的相互关系。但是，税收制度及其变迁不仅受到经济因素的影响，还与一个社会的产权安排、货币化程度、经济核算技术与行政组织的能力和效率、主流意识形态以及外部环境的影响有着密切的关系。如果说经济因素在较长的历史跨度上起决定性作用的话，那么要分析和理解在某个特定历史时期和特定社会中具体税制的演变则必须充分考虑上述非经济因素的影响。而这些因素对税制的作用又会深刻影响这个社会的经济绩效，并在某种意义上决定或严重影响了"国家的兴衰"。因此，研究税制变迁中各种因素的作用规律具有重要的理论意义。

对中国而言，研究税制变迁的基本规律和条件具有特别重要的现实意义。中国作为落后的发展中国家，许多制度变迁是受到外来压力产生的，外来的以模仿为基础的制度模式在与国内现实结合的过程中必然发生某种程度的排斥与变异。目前我国税收制度中存在的许多问题，如税收任务与依法征税的矛盾、主体税种的确立、分税制财税体制面临的基本困难等都与这种"外来制度本土化过程中的水土不服"有关。通过对税制变迁规律和条件的深入分析，可以使我们更好地了解税制优化所需要的外部条件，有针对性地完善相关制度，有助于加深对我国税制改革的路径、未来改革的方向和应当注意的问题的认识，从而选择适合我国国情的税制安排。

本书的主要任务在于试图建立一个较长时间跨度内税制变迁的解释性分析框架，而构建一个解释性分析框架，首先需要对构建框架的基本概念作出相对准确的界定。然而在税制变迁的研究中，许多基本概念需要根据历史和现实作出新的归纳和整理。例如，税收和税制是任何一个税制变迁理论框架必须明确的基础性概念，在经济学中对税收和税制的研究大多是以市场经济为背景展开的，导致有关概念的界定往往不能涵盖前市场经济社会和处于向市场经济过渡阶段以及市场经济发育不足的社会中税收与税制的特征，如非国家的政治共同体的强制性收入是不是税收？国家或政府及其代理人利用政治权力获取的政治性超额利润是不是税收？再如，什么是税收制度？如果仅仅把政府颁布的有关税收的法律法规作为税收制度，那么如何解释在许多国家历史和现实中长期存在的有法不依、法外征收等税收非正式规则的发展和演变？

第二，在重新界定基本概念的基础上，采用怎样的理论范式和方法来构建一个较长时间序列的解释性框架。应当说，西方新制度经济学关于制度变迁的分析范式为税制变迁研究提供了基本的分析方法和分析思路，但是西方的制度变迁理论本身在许多基本问题上仍然存在着差异，存在着工具理性和演进理性两种不同的研究思路。工具理性的研究思路以新古典理性人假设为前提、以成本—效益和"需求—供给"为基础建立局部均衡分析框架，将制度变迁看作是个人追求收益最大化行为的结果；而以有限理性为前提，以"知识分工"理论为基础的演进理性制度学说则把制度及其变迁看作是"自生自发社会秩序"（spontaneous social orders）与人造秩序共同构建的社会整体秩序的形成及演进过程。近年来，制度理论的发展出现了演进理性与工具理性的融合，博弈论作为工具理性的分析工具开始从经典博弈论向演进博弈（evolutionary game theory），从演进稳定策略（evolutionary stable strategy）向随机稳定均衡（the stochastically stable equilibrium）发展。在对制度变迁机制的分析中，演进主义理论逐渐取代了新古典框架。[①] 而博弈论则取代供求均衡分析成为主要的分析工具。

第三，就税制变迁研究而言，尽管制度变迁理论为税制变迁的研究提供了基本的分析范式，但税收制度只是人类社会所有制度中的一种或一类制度，在税制变迁的分析中应当突出税制变迁自身的特殊性。例如，组织的功能和作用机制是制度变迁分析的重要内容，但税制变迁中，政府作为组织与其他组织之间是有本质区别的，税制变迁研究需要对政府作为组织的特殊性进行更多的关注。而政府在税制确定中的特殊地位决定了在税制变迁研究中"自生自发"的内部秩序与人造秩序之间的矛盾和冲突与其他制度的变迁过程相比占有更加重要的地位。

第四，在主流经济学框架下，经济理论往往与经济史是割裂的，社会科学分工的发展使得主流经济学通过对前提的严格假定，从而可以应用数学工具进行演绎分析，建立完美的理论框架。但是，制度是复杂的，制度的形成和演进是一个历史的过程，受到多方面因素的综合影响，任何一个解释性的制度变迁框架都必须考虑到各种非经济因素

① 关于制度分析中工具理性与演进理性分析框架发展演变的具体内容，参见余雁刚《中国税制变迁研究》，博士学位论文，厦门大学，2002年，第一章。

的作用。① 与其他经济制度相比，税收制度的变迁与社会政治权力的分布、法律制度、意识形态等非经济因素的关联更为密切，因此在一个税制变迁的解释性框架中，要做到历史与逻辑的相对统一必须充分考虑到非经济因素对税制变迁的影响。

第二节　前人的研究

目前国内外直接针对税制变迁进行系统理论分析的文献较少，但马克思主义经典理论、新古典经济学和公共选择理论中的税制优化理论、新制度经济学的制度变迁理论、传统的经济史文献以及对新中国财政体制变迁的研究在不同程度上都对这一问题有所涉及。

一　马克思主义的国家理论与税收理论

马克思主义认为，国家起源于阶级斗争，是阶级矛盾不可调和的产物，是阶级统治、阶级专政的工具。与此相联系，马克思主义国家税收学说认为，税收既是一个与人类社会形态相关联的历史范畴，又是一个与社会再生产相联系的经济范畴。税收的本质是体现统治阶级参与社会产品分配的国家意志。国家分配论和国家意志论是我国税收和税法本质特征的支配观点。根据这一理论，税收作为分配范畴与国家密不可分，税收是国家凭借政治权力对社会产品进行再分配的形式；税法作为税收制度存在的形式，是国家制订的以保证其强制、固定、无偿地取得税收收入的法规范的总称。②

马克思主义的国家分配论和国家意志论始终是从"国家本位"，即国家需要的角度来阐述税收的根源和本质。因而，从国家角度看，税收是国家对社会成员的强制性课征，是对私人财产的剥夺；从纳税人方面看，税

---

① 诺斯在 2000 年华盛顿大学召开的一次"规范与法律"的研讨会上，发表了题为"不确定世界的法律与社会科学"的演讲。在演讲中，诺斯说，因为经济学是一门关于人们在稀缺的社会如何进行选择的理论，在一个不确定极为普遍的世界，人们需要通过认知科学、经济学、政治学、法学、社会学以及相关的分析来解决不确定问题。而国际新制度经济学学会中的许多经济学家都认为，起码可以在政治学、社会学、经济学、历史学、人类学、认知科学，甚至包括社会心理学等学科的领域内，用制度来一统天下。参见秦海《制度的历史分析》，载吴敬琏主编《比较》第 4 期，中信出版社 2002 年版。

② 参见刘剑文《税法专题研究》，北京大学出版社 2002 年版，第 100—101 页。

收则是社会成员的义务或者牺牲。而从经济学角度看，马克思主义经济学认为政府不是经济活动部门因而不创造任何价值，因此，税收是对社会剩余产品价值的分配。与"剩余价值分配论"相关的理论是"社会扣除论"，这种理论把税收看作是国家为了实现其职能的需要而对一部分社会产品的扣除。

马克思主义的国家理论和税收学说将税收与税制的变迁与国家的性质和社会政治权力的分布联系在一起分析，为我们从历史角度和国家性质的角度理解和研究税制变迁问题提供了基本的方法论指导。

二 西方经济学中的税制优化理论

西方经济学对税收和税制的研究集中体现为税制优化理论的发展，从西方财政学的发展来看，税制优化理论可以分为以马歇尔与庇古为代表的盎格鲁—萨克森传统和以维克塞尔与林达尔为代表的"大陆传统"，与大陆传统相比，盎格鲁—萨克森传统忽略了两个方面，即预算的支出方面的分析和财政决策中集体决策的过程分析。[①] 20 世纪 30 年代以来，大陆传统经由马斯格雷夫、鲍恩，最终被以布坎南为代表的公共选择学派所继承和发展。而盎格鲁—萨克森传统则在新古典框架内，通过引入不完全信息和博弈论得到了发展。

在新古典经济学的税制优化框架中，国家是以社会利益最大化为目标的"仁慈的家长"，而且对税收和税制的研究都是以市场经济为既定前提展开的。在市场经济条件下，税制的设计应当尽可能减少对市场机制和私人部门行为的干扰，一个对市场机制完全没有干扰的税制被称为最优税制，但实现最优税制所需要的条件，如完全信息在现实中是不存在的，因此研究在信息不对称条件下，以维持政府一定的税收收入或者以实现既定的社会公平目标为约束条件，如何实现政府课税的效率损失最小化的现实优化税制在近年来随着博弈论和信息经济学的发展而迅速兴起。

1996 年诺贝尔经济学奖授予了在最优税制设计方面做出贡献的两位经济学家——美国哥伦比亚大学维克里（Willian S. Vickery）教授和英国剑桥大学莫里斯（James A. Mirrlees）教授。应当说，这两位教授的获奖

---

① 参见平新乔《财政原理与比较财政制度》，上海三联书店、上海人民出版社 1995 年版，第 24—27 页。

与 1994 年、1995 年诺贝尔经济学奖是一脉相承的。表现了博弈论、信息经济学在主流经济学中地位的日益巩固和加强。根据瑞典皇家科学院经济学奖委员会的解释，这两位教授的成功就是"在不对称信息条件下对刺激性经济理论做出了奠基性的贡献"。具体来说，这些奠基性的贡献主要表现在相互联系的两大方面：一是对信息经济学的建立与发展做了许多开创性的工作；二是将信息经济学的基本观点与优化税制理论结合起来，使得优化税制理论突破了传统的税收理想模式而富有了现实意义，并进而将这一研究思路推广到其他应用经济学领域。[①]

新古典经济学对税制优化问题的研究，多在十分严格的假定条件下，通过精确的数学模型和严谨的数学推导来进行分析，他们的研究对于我们对现行税制的分析和优化有很强的理论借鉴意义，但税制优化理论总体上看是以福利经济学为基础的规范性税收理论，是以市场经济为既定前提所展开的演绎体系，而税制变迁更多的是一种有着历史维度的实证过程，对税制变迁的分析应更多地采用归纳而不是演绎的方法进行。作为对历史过程的归纳，必须分析许多在规范的经济学演绎体系中被前提假设所排除的因素，如社会政治权力的分布、主流意识形态、国家间竞争等。因此罗森认为，最适课税纯粹是一种规范理论，它无意去预见现实世界税制会成为什么，也无意去解释这些税制怎么会出现，因为这些理论很少关心制订税制所依据的制度和政治背景。[②] 布伦南（Brennan）与布坎南（Buchanan）指出，若将政治现实考虑进去，则实际税制可能要比从最优税收角度来看的情形更加合理。[③] 因为税制的设计是在特定的政治和法律环境下做出的，如果最优税制的设计只从理论上出发而不考虑现实接轨，那么肯定是有缺陷的。

近年来，将被最优税收理论忽略的税收征管因素，如个人和公司的税收执行成本、税收管理费用以及逃税等纳入最优税收分析框架形成了最优税收实证理论。税收实证理论的主要结论包括：税率越高，税收执行越差（Clotfelter，1983）；稽查率越高，税收执行情况越好（Dubin and Wilde，

---

① 参见张维迎主编《詹姆斯·莫里斯论文精选》，商务印书馆 1997 年版，第 5—56 页。

② ［美］哈维·S. 罗森：《财政学》（中译本），中国人民大学出版社 2000 年版，第 308 页。

③ Brennan, Geoffrey, and James M. Buchanan, Toward a Tax Constitution for Leviathan, *Journal of Public Economics* 8, No. 3 (December, 1977), pp. 255–274.

1988）；税收越复杂，对有实际经验的税收人员的需求就越多，而且纳税人不遵从行为也会得到比已付费用更大的收益（Erard，1993）；税收惩罚率越高，税收执行的边际成本增加越多（Alm，Bahl and Murray，1993）等。

以维克塞尔、林达尔为代表的西方财政学理论的"大陆传统"，将税收与财政支出联系在一起，其研究的中心是决定税收和财政支出的政治决策过程。在这一决策过程中，政府是以自身利益最大化为目标的理性人，不同的政治决策过程决定了不同的公共收支方案。因此，"大陆传统"重视对税制决定的政治决策过程的研究，以布坎南为代表的公共选择理论以及奥尔森等人对集体行动逻辑的研究表明，包括税收制度在内的各项政府政策，实际上是政府与不同利益集团在特定宪政框架内博弈的结果，赫蒂奇和温纳（Hettich and Winer，1999）以公民参与某种政治性选举过程为前提，构建了公民的选举权对政治家构成持续不断的压力的情况下，以政治家追求政治成本最小化为约束条件的税制选择模型，这对我们认识现实的税制决定过程以及以博弈论为基本方法研究税制变迁问题提供了基本的研究思路。但是，公共选择理论对政治决策过程的研究大多是以西方民主制度为分析对象，不包括前市场经济社会以及非西方民主体制下政治体制的情况，因此以此为基础进行长历史跨度的税制变迁分析。

三　制度变迁理论

以诺思为代表的新经济史学对制度变迁的研究为我们理解制度变迁的一般规律提供了理论框架。在诺思的制度变迁理论中，税收和税制问题占有十分重要的地位，税收被认为是统治者的"租金"。诺思意义上的国家有两个基本目标：一是界定形成产权结构的竞争与合作的基本规则（即在要素和产品市场上界定所有权结构），这能使统治者的租金最大化。二是在第一个目的框架中降低交易费用以使社会产出最大，从而使国家的税收增加。正是这两个目标之间存在的持久冲突导致某些社会不能实现持续的经济增长。但是这一分析框架并不完全适合于税制变迁的研究，在诺思的制度变迁理论中，统治者的地位及其与国家的关系是不明确的，在暴力实施方面具有比较优势的国家通过设定产权可以为统治者实现租金最大化，那么国家是统治者本身，还是统治者的代理人呢？如果国家是统治阶级的代理人，国家能否通过设定产权使自身租金最大化呢？国家设定产权获取的租金与使社会产出最大化而获取的税收的区别是什么？因此，在税制变迁研究中，需要明确界定税制变迁中的主体及其目标函数和约束条件，理清国家、政府、统治者之间的关系。

另外，在诺思等人提出的早期的制度变迁理论中[1]，"效率假说"占有重要的地位，所谓效率假说是指，制度向着可以获得更多经济收益的方向变动。它的一个特殊变体是"诱导性制度变迁假说"、"相对价格的变化为建立更有效率的制度提供了激励。"但是效率假说没有考虑政治过程，赫尔维茨（Hurwicz，1993）将政治过程引入制度变迁研究，在社会选择理论的框架内分析制度选择。而姚洋（2003）则在一个一般化的经济环境下模型化了制度变迁的效率假说，并考察了这个假说的政治可能性，指出效率假说的有效性取决于新制度的具体内容以及决定制度变迁的政治过程，而在个人的偏好和社会组织不变，不存在政党联合、政治劝说以及权力等因素的静态分析中，效率假说不能在一个非独裁的、同时又不允许个人间效用比较的社会福利排序下产生。效用假说不可能的结论说明在制度变迁中，决定制度变迁的博弈结构的变化以及联合、劝说和权力分布的改变在很大程度上决定了制度变迁的方向。[2] 姚洋的结论对于我们理解税制变迁过程具有重要意义，正是政治权力分布等因素所确定的政治过程决定了博弈模式和博弈结构的变化，从而为税制的变迁提供了最重要的动力。

近年来，许多学者运用博弈论的基本概念和方法对制度进行比较分析，如青木昌彦从博弈论的角度把制度理解为博弈的均衡结果，而且严格区分了国家和政府，国家被认为是政府组织与私人互动关系的稳定秩序，是"政治域中一般政治交换博弈的多重稳定均衡，其中政府和私人之间将达成某种秩序。这样，国家就不仅仅是一种政府组织或它所制定的规则系统（可以被破坏或漠视），而且还是约束政府本身的秩序。"[3] 也就是说，国家被认为是作为博弈均衡结果的制度，而政府则被界定为参与政治域博弈的组织。在税制变迁的分析中，我们基本上按照青木昌彦的概念界定国家和政府。并且以温加斯特（1993、1995、1997）建立的简单的政

---

① Davis and North, 1971；North and Thomas, 1973。

② 姚洋：《政治过程与有效制度变迁》，载黄少安主编《制度经济学研究》第 1 卷，经济科学出版社 2003 年版。

③ ［日］青木昌彦：《比较制度分析》，中译本，上海远东出版社 2001 年版，第 156 页。

治交换博弈模型为基础构建政府与纳税人在静态条件下关于税负分担的博弈均衡模型。

四 经济史及对中国财政税收体制变迁的研究

传统意义上的经济史文献为税制变迁研究提供了历史分析的素材和跨学科分析的重要思路，如黄仁宇的《十六世纪明代中国之财政与税收》、叶振鹏的《中国历代财政改革研究》、卡洛·M.奇波拉主编的《欧洲经济史》、布罗代尔的《15到18世纪的物质文明、经济和资本主义》等等。其中，黄仁宇对中国封建社会财政体制变革面临的基本困难的分析为我们理解税制变迁中中央集权的政治体制的影响以及税制运行中的委托—代理问题提供了重要分析思路。

近年来国内学者对新中国成立以来财政制度和税收制度的变迁进行了较为深入的研究，如余雁刚（2002）用制度经济学的分析范式对新中国税制变迁的研究，胡书东（2001）从中央与地方关系的角度对中国财政制度变迁的研究。尽管这些研究没有建立相对独立的税制变迁理论分析框架，但对中国特定历史时期的财税体制变迁的分析对本书的研究具有一定的参考价值。

第三节 研究方法与研究思路

税制变迁是一个历史的发展过程，对税制变迁的研究应当以对税制发展演变的历史资料为基础，归纳影响税制变迁的基本因素，从中抽象出能够解释税制变迁历史过程和具有一定预测能力的基本概念体系和理论框架。而从本书写作的逻辑过程来看，本书则采用了演绎分析为主的经济学分析框架，首先界定了税制变迁理论分析所涉及的基本概念和基本问题，然后以这些基本概念为基础，运用以博弈论为主的分析工具建立了税制确定的静态模型、分析了税制变迁的诸影响因素以及税制变迁的动态模型，并应用税制变迁的理论框架对历史和现实中的税制变迁过程进行了分析。在总体逻辑结构上，本书采用了演绎方法，而在具体问题的论证过程中，则注意使用历史资料，采用归纳研究的思路和方法。

具体来说，本书对税制变迁理论分析的逻辑起点是对税收、税制和税制变迁等基本概念的重新界定。在社会科学研究中，基本概念的界定是极其重要的，对概念和范畴理解的不一致往往会引起许多无谓的争论。由于社会科学研究对象的复杂性，以及不同学派和理论体系在方法论和研究重点等方面的差异，社会科学基本概念的统一又是非常困难的。税收、税收制度、国家、政府、税制变迁等概念同样面临着上述问题。本书第二章根据是否存在名义对价将税收区分为显性税收和隐性税收，将税制区分为名义税制和实际税制，并对税制变迁研究中的国家、政府、制度、税制变迁等概念进行了明确的界定。

在对基本概念界定的基础上，本书第三章分析了静态条件下税制确定的机制，通过对政府在税制确定中目标与约束的分析，区分了可税财产、应税财产和课税财产，建立了一个不对称信息动态博弈模型，运用征税代理人的客观能力系数、工作努力系数、腐败系数、政府与征税代理人的激励相容系数来说明征税代理人与纳税人之间的博弈过程及博弈均衡结果，以及对实际税制形成的作用。在这之后分析了隐性税制与显性税制的成本特征及其对税制结构的影响，并在温加斯特政治交换博弈模型的基础上，通过引入产权贿赂、支出贿赂、税收贿赂、政府支持度、有效支持度等参数，建立了一个能够说明税负在社会各阶层分布状况的静态税制确定模型，得到了在政府以自身利益最大化为前提的税收博弈中实现税制优化的基本条件。

税制变迁是一个动态的演进过程，而税制的变迁路径取决于税收博弈环境和条件的变化，税制的静态分析能够说明在税收博弈环境和条件相对稳定情况下税制的形成，但无法解释税制动态变迁的动力和演进路径。在静态分析的基础上，本书第四章探讨了影响税制变迁的六个主要因素，即资源的总量与结构、财政支出变动与非税收入、产权与宪政体制的变动、社会观念与意识形态、税制运行的交易费用以及国家间竞争与制度模仿。这些因素及其相互之间的作用改变了税收博弈的环境和条件，是决定税制变迁方式和税制变迁路径的主要动力。

在税制确定的静态模型中，税收博弈的环境和条件是相对稳定的，通过对税制变迁影响因素的分析，我们逐步明确了税收博弈环境和条件的变动对税制变迁的作用机制和影响。在第五章中我们根据税收博弈环境和条件的演进和变化，通过引入新的博弈参与人——征税代理人、代表私人参与人利益的立法机构、司法机构，建立了税制变迁的三方博弈、四方博弈、五方博弈模型以及拓展的五方博弈模型来说明税制的动态变迁过程，提出了税制变迁模式的基本演进规律并说明了在税制变迁过程中显性税收与隐性税收、名义税制与实际税制关系的发展变化。由于在历史与现实中，并不是所有社会都能够自发地实现税制变迁模式的演进，本章最后分析了税制变迁停滞的问题。

第六章运用税制变迁理论分析得到的基本结论对中国传统社会的税制变迁、西方主要国家现代复合税制的形成与发展以及经济全球化对未来税制变迁的影响进行了分析。

第七章则是运用税制变迁理论对中国 1949 年以来的税制变迁和税制优化进行的分析。这些分析表明，在中国的税制变迁过程中，制度模仿型变迁带来的动力正在逐步弱化，税制变迁模式的改进对税制的优化具有更为重要的意义。

本书是运用制度变迁理论和博弈论分析工具对税制变迁进行理论分析的一个尝试，在研究中，我们没有简单地套用制度变迁理论来分析税制变迁的问题，而是根据税制变迁自身的特点突出了政府及政治权力在税收博弈和税制变迁中的特殊作用，税制的变迁与其他经济制度的变迁相比具有更多的暴力和强制的色彩。正是在这个意义上，博弈环境和条件所导致的政治权力分布状态及政治过程的改变对于理解税制变迁具有更为重要的意义，而这正是制度变迁理论所缺乏的。除此之外，本书的主要创新之处在于：

一是将税制变迁中的税收归纳为在政治域博弈中作为课税主体的"独特的中心参与人"凭借其政治权力（不对称的决策集合），从私人参与者那里获得的单方面、无个别对价给付的、非惩罚性的财产转移，并将这种财产转移根据是否有基于个体的名义对价分为"显性"和"隐性"两部分。这样，税收就不仅包括一般意义上以"税"命名的财政收入形式，还包括所有凭借政治权力获得的，"不能具体的个别的接受对价给付"的非惩罚性的收入形式。也就是说，课税主体凭借政治权力通过设定产权而获得的政治性超额利润也被纳入了税收的范畴，从而为分析非市场经济社会税制的变迁提供了基础。这一界定同时是对诺思国家理论中"租金"概念的一种发展，在诺思的国家理论中，税收被认为是统治者的租金，国家作为统治者，与统治阶级的关系在诺思的国家理论中是不明确的，我们将统治者理解为政治域博弈中独特的中心参与人，而统治阶级则是在暴力潜能方面具有比较优势的私人参与人。这样，"租金"可以区分为统治者为获得支持而向某个特殊私人参与人支付的产权贿赂和统治者通过设定产权为自身谋取的隐形税收两部分。这一区分对于理解税制变迁具有重要意义。

二是明确区分了名义税制和实际税制，并运用博弈方法分析了名义税制与实际税制的确定过程及其相互关系。其中在税制变迁的静态分析中，运用征税代理人的客观能力系数、工作努力系数、腐败系数、政府与征税代理人的激励相容系数建立了征税代理人与纳税人的不对称信息动态博弈模型说明了实际税制的形成机制。

三是通过对温加斯特政治交换博弈模型的修正，建立了政府与纳税人在静态条件下关于税负分担的模型。这一模型将温加斯特模型中政府对私人参与人的贿赂细分为产权贿赂、税收贿赂和支出贿赂，分析了三种不同贿赂形式的作用特点和条件，通过引入政府支持度、政治权力分布函数、政府有效支持度等参数，得到了一组能够说明不同贿赂作用机制及最优税制存在条件的公式，这组公式对于税收博弈中税负在社会各阶层中的分布具有较强的解释力。

四是在税制影响因素的分析中，归纳了影响税制变迁的六个主要因素，并对这六个因素对税制变迁的作用进行了较为深入的探讨。其中对产权与宪政体制的变动、社会观念与意识形态、税制运行的交易费用等因素的分析具有一定的创新意义。

五是归纳了税制变迁模式演进的规律，提出了税制变迁的三方博弈、四方博弈和五方博弈模型。由于现代社会专业化分工的不断深化以及政府职能的扩张，行政机关的自由裁量权不断扩大，本书通过对税制确定的四方博弈模型和五方博弈模型的对比，提出应发展税收法定主义，通过引入司法机关的监督对行政机关的自由裁量权进行限制。

六是在对我国税制变迁与税制优化的分析中，运用隐性税收与显性税收、名义税制与实际税制以及税制变迁模式演进的理论，从中国现实税制博弈环境和条件优化的角度分析了我国面临的税费改革、稳定宏观税负、税制结构调整等问题，指出了我国税制优化所面临的制度环境和条件的制约及其改进途径。

与传统的经济学分析框架不同，我们把经济因素与非经济因素，如宪政体制、意识形态、行政组织的效率等因素同等对待。在大多数经济学文献中，宪政体制、基本经济制度、意识形态是作为外生变量和既定前提来处理的。实际上，在本书中，我们将税制的公平与效率等最优税制理论关心的问题更多地看做是围绕税制博弈产生的一个结果而不仅仅是税制设计的目标。

　　建立一个相对完善的税制变迁解释性框架是非常具有挑战性的工作，而笔者的能力有限，尽管尽了最大努力，但这个初步的理论分析仍然存在着许多缺陷。如对宪政体制、意识形态等非经济因素的分析深度不够，对影响税制变迁各个因素之间的相互作用、经济全球化与国际税收竞争背景下税制变迁模式的演变以及中央与地方税权划分等问题的分析仍然十分薄弱。更为重要的是，对这一框架的检验和完善还需要细致扎实的税收史方面的工作，这些都是在未来研究中需要解决的问题。

第二章　税收、税制与税制变迁

第一节　税收的概念——一个复杂的问题

一　税收界定的困难

什么是税收？这是一个古老而又新鲜的问题。税收自古就有，存在于人类历史的各个阶段，但是税收的本质和特征却随着历史的发展在不断地演变。在本书中，我们更关心的是建立一个解释长时期制度变迁过程的理论框架所适用的税收概念是什么。在这里我们需要解决两个问题：第一，这个概念应当是具有更多实证意义的概念。一般而言，社会科学理论通常包含着两种意义，一方面要对历史进行解释，回答"是什么"的问题，而另一方面理论往往明确或隐含地阐述了"应当是什么"的问题。从逻辑上讲，根据著名的"休谟铡刀"原则[1]，我们无法从"是什么"的论述中推导出"应当是什么"。[2] 因此，我们对税收概念的分析应当注意区分关于"税收是什么"的表述和"税收应当是什么"的表述。"税收是什么"的表述是把税收作为一种客观存在的事物看待，是对其特征的归纳

---

① 大卫·休谟在他的《论人的本质》中定下了"一个人不能从是中推论出应该是"这个命题，认为纯事实的、描述性的论述本身只能赋予或暗示着其他事实的、描述的论述，而永远不会得出标准、伦理见解或做某些事情的规定。这个命题被称为"休谟的铡刀"（见布莱克，1970年，第24页），意思是他在事实领域和价值领域之间做了一刀切的逻辑区分。参见马克·布劳格《经济学方法论》，北京大学出版社1990年版，第5章第1节。

② 但是在现实中，人们对"应当是什么"的认识往往对"是什么"产生巨大的影响。例如，契约论意义上的国家可能与历史上国家产生和存在的现实不完全相符，但是它的最大意义在于为"国家应当是什么"提供了一个分析框架，这一框架又反过来指导着现实的政治活动，成为许多国家制定宪法、产生政府机构的基础。同样，经济学中意义重大的完全竞争理论，在现实中从来不存在，但完全竞争却是理解现实市场的参照系，是政府对市场进行干预或管制的重要依据。

和总结。

在我们常见的税收定义中常常包含有关于税收应当是什么的内容，如美国财政学家塞里格曼将税收定义为："赋税是政府对于人民的一种强制征收，用以支付谋取公共利益的费用，其中并不包含是否给予特种利益的关系。"① 与之相似的一个定义是："税收是为了满足一般的社会公共需要，凭借政治权力，按照国家法律规定的标准，强制地、无偿地取得财政收入的一种分配关系。"② 这种定义将税收的概念延伸到了税收的使用，即财政支出的领域，也就是说，税收应当是为公共利益或一般社会公共需要而征收的，而这是一个典型的规范性定义。从这个定义出发无法解释历史与现实中许多税收问题，如帝王的横征暴敛、奢侈无度以及各利益集团对征税权的争夺。在税制变迁研究中，我们更多地需要从实证意义上的税收概念。

第二个问题与对客观事物进行归纳分类时遇到的困难有关，客观事物本身的发展变化以及相互之间错综复杂的关系，使归纳分类得到的概念与客观事物之间很难做到严格的一一对应。

首先，在税制变迁的过程中，税收和税制是在不断发展变化的，要找到一个适用于长时期历史演变各阶段都适用的税收概念是困难的。例如，一般认为，税收的主体是国家，但是非国家共同体的强制性收入是不是税收？在近代意义上的国家③出现以前，还存在许多准国家组织。在中世纪的欧洲，教会组织、城市和封建领地都享有征税权，典型的超国家组织基督教会就在整个西欧征收什一税④。在欧洲这些准国家组织发展过渡为近代意义的民族国家之后，通过建立统一的法律制度才逐步把征税权集中到政府手中。⑤

---

① 《租税各论》英文版，第 432 页，转引自袁振宇等编著《税收经济学》，中国人民大学出版社 1995 年版，第 4 页。

② 严振生编著：《税法》，北京大学出版社 1999 年版，第 1 页。

③ 世界银行的发展报告是这样定义国家的：国家从广义上讲是指拥有法律强制手段的一套制度，这种强制力可以在既定的领土及其人口即社会之内行使。国家在其领土之内享有制定法规的垄断权，它通过有组织的政府来实现。

④ 什一税在欧洲的历史非常悠久，是教会利用《圣经》中有关农牧产品的十分之一应该属于上帝的说法，向所属教区的居民征收的税收。公元 799 年，法国国王查理大帝明确规定，缴纳什一税是每个法国居民的义务，此后西欧各国纷纷效仿。参见夏琛舸《所得税的历史分析和比较研究》，东北财经大学出版社 2003 年版，第 65 页。

⑤ 在法国，直到《拿破仑法典》制定后，法国才建立了统一的法律制度。意大利直至 1860 年后，才有意大利王国的建立，意大利国家法律的统一化，则是 1865 年之后的事情。见 [美] 孟罗·斯密《欧陆法律发达史》，中译本，中国政法大学出版社 1999 年版，第 8 页。

从历史角度来看，税收的主体并不一定是国家或政府。一个组织只要拥有制定规则和执行规则的强制力，就可以拥有征税权，成为税收的主体。只有当一个国家拥有了在其领土之内制定法规的垄断权之后，课税的主体才可能被局限为国家。

由于税制变迁的过程与近代国家的形成具有密切的关系，如何界定课税的主体是研究税制变迁历史必须解决的问题。在本书中，我们将参照青木昌彦对政府与国家的区分，将课税主体定义为政治性共同体，所谓政治性共同体是指政治域①博弈中"独特的中心参与人"，政治性共同体作为博弈参与者拥有和私人参与者不对称的决策集合，这些决策集合包括：单方面将私人参与者的财产转移给自己或其他参与人（税收、补贴和罚金等）；强制动员私人参与者的服务（如服兵役和参加陪审团）；对私人参与者施加有组织的暴力（如死刑、逮捕）和垄断供应某些公共服务，如司法。私人参与者无法通过选择逃避"独特的中心参与人"行动的影响，后者具有排他性的管制权力。但私人参与者可以选择是支持还是抵制"独特的中心参与人"②。在这个框架下，税收可以认为是在上述特殊博弈关系中私人参与者向"独特的中心参与人"进行的单方面、非惩罚性的财产转移。

其次，客观事物之间的关系实际上是错综复杂的，总是存在着相关概念之间过渡性的事物。税收也是如此，从税收与其他财政收入形式的比较来看，税收的概念更为复杂。

众所周知，课征税收所依据的是政治权力，而不是财产权利。这种区分使我们将近代国家称为"税收国家"，以区别于以封建领地地租收入为主的封建"家产国家"。但是，在历史与现实中，财产权利与政治权力是

---

① 所谓博弈的"域"是青木昌彦进行比较制度分析的基本单元，"域"由参与人集合和每个参与人在随后各个时期所面临的技术上可行的行动集组成，参与人可以是自然人，也可以是组织。有六种基本的域类型：共有资源域、交易（经济交换）域、组织域、组织场、政治域和社会交换域。其中政治域包含一个独特的中心参与人——政府和私人参与者——公民、利益集团或阶级等。在政治域中，"独特的中心参与人"被称为政府，拥有和私人参与者不对称的决策集合。当政治域出现某中心参与人被认可为中央政府这一稳定结果时，这一显著特征称为国家。因此，政府是指博弈的参与者，国家是指博弈稳定的结果。参见青木昌彦《比较制度分析》，中译本，上海远东出版社 2001 年版，第 23—26 页。

② 参见青木昌彦《比较制度分析》，中译本，上海远东出版社 2001 年版，第 156 页。对"独特的中心参与人"及私人参与人在税制变迁分析中作用的进一步阐述详见本章第四节：税制变迁中的国家理论。

不能截然分开的，财产权利要依靠政治权力得以实现。我国唐代前期以均田制为基础的租庸调制就是租税合一的税收制度。在封建的土地国有制下，封建国家单方面增加，并依靠政治权力强制征收的地租与税收是难以区分的。也就是说，如果没有竞争性的财产权利，我们是无法区分税与租的。正是在这个意义上，我们把税收与市场经济联系在一起，只有在竞争性的市场机制下，才能区分基于财产权利的收益与基于政治权力的收益。例如，一般而言，国有企业上缴国库的利润被认为是基于财产权利的收益。但是，如果国家通过法律赋予某个国有企业在特定市场上的垄断权，上缴国库的利润大部分来自于高于市场竞争价格的垄断定价，那么，国家的这部分收益就是基于政治权力的收益，是对作为消费者的纳税人的剥夺，这种收入与特种消费税没有本质的差别。从外表来看，这种财政收入没有税的形式，我们完全可以将其称为"专卖"或者其他名称，但从政治权力的角度，这种收入却具有税的实质，是所谓的"寓税于价"。

二　税收的本质特征

尽管在税制变迁研究框架下定义税收的概念面临着很多困难，但是我们还是尝试着从税收在实证意义上的特征入手，通过与相关财政收入概念的对比给出一个相对适用的税收概念。

一般来说，国家的财政收入形式大体有以下几种：（1）税收、（2）公债、（3）国有资产收益、（4）自愿捐赠、（5）对外掠夺收入（强制性贡赋、战争赔款等）、（6）政府规费收入、（7）惩罚性的罚款和罚金收入、（8）专卖性质收入、（9）货币发行收入（铸币税）、（10）其他非规范性收入。

笔者认为税收区别于其他形式财政收入的本质特征有两个：

首先，税收是凭借政治权力获得的强制性收入[1]。政治权力是相对于内部社会成员而言的权力。凭借政治权力获得的收入可以将税收与国家作为暴力集团从其他国家获得的强制性的贡赋、战争赔款等掠夺收入相区分。

---

[1]　税收是否具有强制性，在不同的理论基础上有不同的回答。从税收实践的角度看，税收的强制性是客观存在的，尤其具体到作为个体的纳税人而言，强制性是毋庸置疑的。

凭借政治权力的强制性获得的收入也可以将税收与基于自愿原则获得的捐赠收入与债务收入①相区分。政府的债务在特殊情况下也可以具有强制性，这种强制性使债务本身具有了税收的性质。强制性政府债务的利息与市场正常利息的利差是实质上的税收。

凭借政治权力获得的收入还可以将税收与基于国有财产的收益相区分。但如前所述，在竞争性的财产权利出现之前，这种区分是困难的。在市场经济条件下，财产性收入按照强制性可以分成三类，一是基于等价交换的市场竞争所获得的财产收入；二是在自然垄断或寡头垄断基础上凭借经济性强制获得的超额利润；三是凭借政治权力获得垄断性市场地位得到的超额利润，专卖性质的收入是其典型形式，另外还包括国家通过设定产权获得的收入，如垄断货币发行获得的铸币税、设置政治性进入壁垒而获得的许可证收入和国有企业的政治性超额利润。在计划经济体制下国家凭借政治权力占有生产资料和进行消费资料分配产生的收入可以看作国有资产收益与税收混合的极端形式。

此外，政府收入中还存在着各种形式的非规范性收入，如中国历史上的各种法外加征，这种非规范性收入是国家或其代理人凭借政治权力获得的，构成了纳税人的实际负担。这部分收入从归属上看分为两种，一种是由于税制的不完善形成的政府额外收入，一种是由于委托—代理问题造成的被征税代理人凭借政治权力获得的合法与非法的收入，如包税人的利润、乱收费形成的部门收入、行政性垄断形成的公共部门没有上缴的超额利润等等。在本书中，前者往往是一种非正式税收规则的产物，而后者尽管构成了社会成员的负担，但并没有成为政府的收入②，在某种意义上可以视为税制的成本或副产品。

税收的第二个本质特征是负担者与受益者不一致。这种不一致是严格

---

① 按照李嘉图－巴罗定理，政府债务最终依靠税收偿还，因此债务实际上是延期的税收。用于公共基础设施的债务起到了建设成本在代际之间合理分担的作用。但从较短的时期及政府债务的外在特征上看，政府债务与税收的区分是非常明显的。此外，政府发行债务属于现金流入，但按照权责发生制会计，债务属于负债，与资产相对应，而收入与成本费用对应，因此债务是不应视为收入的。在本书中，从收付实现制和现金流的角度，我们将债务作为政府获取现金流的一种方式与税收等收入形式并列。其他收入形式，如政府出售国有资产获取的收入实际上是政府资产形式的转换，我们也是在政府获取现金流的意义上将其视为政府的一种收入形式。

② 如果政府作为委托人知道征税代理人有这部分隐性或者灰色的收入，并以此刻意减少征税代理人合法的收入（包括工资、福利和公务经费），这会导致政府正常支出的减少，其效果与增加政府收入相似，这种情况被称为"不完全财政"（何平，2000）。

的基于个体的不一致，也就是"不能具体的个别的接受对价给付"。①②税收的这一特征使税收与政府向特定个体索取的补偿性收费相区分。

从一般意义上讲，税收的一个基本特征是具体的纳税人与直接受益人之间无法建立严格的对应联系，而政府的收费是按受益程度向直接受益者收取的费用，体现了受益与负担的对称。正如霍尔姆斯和桑斯坦所说：税是对整个社会征收的，因而不考虑谁获得了资助公益事业的利益。相反，费只向特定的获益者征收，依据是其个人接受服务的数量。③

但是，具有行政垄断权力的政府提供的公共服务是没有竞争者的，从而是无法选择和替代的，因此政府可以利用这种垄断对社会成员进行强制性的收费，获得远远高于成本的超额利润。这种强制性在表现形式上与市场上的垄断厂商利用经济垄断获取超额利润相似，但是政府收费的强制性却来源于政治权力造成的垄断，这部分超额利润可以被认为是凭借政治权力无偿获得的。这种情况我们称之为以"基于个体的名义对价"为形式的"隐性税收"，所谓"基于个体的名义对价"是指对缴纳"隐性税收"的个别纳税人而言，财产转移并不是完全没有对价的，但由于政治权力对产权的设定，个别纳税人为获得名义对价所支付的财产价值高于名义对价的实际价值，差额部分归属于"独特的中心参与人"的部分，是其凭借政治权力无偿获得的，这应被视为实质意义上的税收。"独特的中心参与人"通过设定产权所获得的行政性垄断收入都可以看作是这种"隐性的税收"，如财政性专卖的利润，国有企业由于行政性垄断所上缴的超额利润等。

经合组织（OECD）在税收的分类中指出，在满足以下条件时，征收可以被视为无偿的：（1）费大大超过服务的成本；（2）费的支付者并非利益的获得者；（3）政府并不根据收到的征收额提供相应的具体服务；

---

① 参见［日］北野弘久《税法学原论》，中译本，中国检察出版社 2001 年版，第 21 页。

② 对价是合同法中的重要概念，指的是当事人一方得到某种利益、权利或好处，另一方损失某种利益、权利或好处，从而使双方都收到好处。换言之，对价就是当事人间的一种"我给你是为了你给了我的关系"。在合同法中，订立合同的平等主体之间根据意思自治的原则来确定对价的价值与对方履行或将要履行的价值是否对等，是否合理恰当。如果对价不充分并使接受履行一方当事人所支付的代价和牺牲足以影响对价的真实价值或足以构成欺诈，则属于不适当的对价。

③ ［美］史蒂芬·霍尔姆斯、凯斯·R. 桑斯坦：《权利的成本：为什么自由依赖于税》，毕竞悦译，北京大学出版社 2011 年版，第 7 页。

（4）只有付费的人受益，但每个人所得到的利益并不必然同支付成比例。如果一种政府收入在形式上满足上述条件，那么实际上就是税收。①

另外，在这里所谓负担者与受益者的不一致是指严格的基于个体的不一致，强调这一点意味着我们需要对政府以"负担费"为形式的收入做进一步的分析。所谓负担费，是对特定公益事业的特殊利害关系人，就负担其事业必要费用的全部或部分所课征的金钱给付，根据负担者的种类不同，分为受益者负担费（由享受该事业的特别利益者所课征的负担）和原因者负担费（对造成该项事业必要原因生就者所课征的负担）等。②

对负担费的性质需要进行具体分析。受益者负担费是按照受益原则征收的费用，如特定区域的下水道工程的支出。一般来说，费用负担者与受益者是一致的，但是需要对受益者的范围作进一步的分析。如果每个费用负担者所承担的费用与其受益程度成严格的对应关系，那么这实际上就是一种私人物品的等价交换。但大多数所谓的受益者负担费所承担的是下水道、路灯等市政工程的支出，下水道、路灯等都是公共基础设施，尽管可以限定受益者的范围，把受益者群体与非受益者群体进行区分，但在受益者群体内，每个受益者的具体受益程度却无法准确衡量，因此必然存在着"搭便车"的行为，这种受益者负担费在受益者群体内只能按照负担能力征收。既然按负担能力征收，就存在某种强制征收的必要。③ 如果强制征收的权力来源于政治权力，而又不存在严格的基于个体的等价交换，那么

---

① 转引自贾康、赵全厚"税费体制的理论分析框架、国际比较研究与中国的税费改革研讨"，《中国财政理论前沿Ⅱ》，社会科学文献出版社 2001 年版，第 425—426 页。

② 参见［日］金子宏《日本税法原理》，中译本，中国财政经济出版社 1989 年版，第 7 页。

③ 这里还有一个问题涉及公共产品的自愿供给，也就是不具有"独特的中心参与人"地位的私人组织通过某种组织活动为组织内成员提供公共产品的情况，由于提供的是一定范围内的公共产品，同样可能存在负担者和受益者不一致和由此导致的"搭便车"问题，这与布坎南的"俱乐部产品"和奥尔森的集体行动的逻辑有关。但私人组织不具有严格意义上的政治权力，因此这个问题并不在本书讨论的范围内。与这一问题类似的还有社区"物业费"的收支，社区内部的绿化、保安、照明、电梯等公共设施的运行维护支出要依靠收取物业费维持，物业费通常是按照住宅面积（接近负担能力原则）进行分摊的，而居民家中电路的维修等则要额外收取工本费和服务费。尽管业主大会、业主委员会、物业公司的法律关系主要是民事法律关系，这种依靠收取物业费维持运转的社区实际上已经具备了依靠房产税作为主要收入来源的基层地方政府的雏形。在这个意义上，社区应视为公民自治最基层的单位，未来符合条件的社区应赋予其"地方性公共团体"的资格，成为上级政府预算中独立的预算单位和拨款对象。

对这部分人而言，这种强制征收的受益者负担费实质上就是"税收"。①
从这个角度讲，如果受益范围扩大到一个行政区域，地方税就是地方的
"受益者负担费"；如果扩大到一个国家，任何税收都可以被认为是"受
益者负担费"。

原因者负担费，如排污费，尽管这部分费用可以作为治理污染的专项
资金，在用途上与一般财政支出相区别，但缴纳排污费的厂商与排污费使
用后的收益之间是没有严格对应关系的，而且排污费是按照国家规定强制
征收的。在这个意义上，排污费完全可以改称"排污税"或"环境税"。

在中国，还有大量强制性征收的所谓"专款专用"性质的政府收入，
如教育费附加、地方教育费附加、文化建设事业费、铁路建设基金等，这
些凭借政治权力面向社会强制无偿征收的所谓"专项收入"或者"政府
性基金"，其实质也是税收。这些政府收入项目专款专用、封闭运行，用
于特定支出项目并且到期取消等特征只能说明这些收入项目属于专款专用
的临时性税收，而不能否认其税收的性质。②

负担者与受益者不一致的政府收入还包括行政罚款和刑事罚金，可以
从目的和执行程序上将其与税收相区分。非惩罚性可以视为税收与之相区
别的特征，但非惩罚性本身是否是税收的本质属性则需要对惩罚性作出界
定，政府对烟、酒课征高额税收是否包含有对烟、酒消费者的惩罚意图
呢？对污染企业征收"环境税"是否也是一种惩罚呢？如果我们把惩罚
性界定为对违反法律法规的处罚，则上述税收显然不具有惩罚性，而是庇
古所说的纠正性税收。在本书中，我们认为税收不具有惩罚性，而把类似
于烟酒税和环境税的情况称为歧视或纠正，实质上是一种税收的差别
待遇。

三 税制变迁中税收的概念

综上所述，我们认为税收不仅包括一般意义上以"税"命名的财政
收入形式，还包括所有凭借政治权力获得的，"不能具体的个别的接受对

---

① 社会保险费也是这种"名费实税"的受益者负担费。首先，社会保险费是按照法律、法
规规定强制征收的；其次，缴纳社会保险费的人数众多，个人缴纳的费用与所获得的收益之间如
果没有严格等价的对应关系，那么这种社会保险费是实际上的税收。

② 由于不存在基于个体的名义对价，这些政府收入项目不能因为没有以税的命名就归入
"隐性"的税收，按照我们的定义，这些收入项目是"显性"的税收。

价给付"的非惩罚性的收入形式。也就是说，课税主体凭借政治权力通过设定产权而获得的政治性超额利润也是税收。我们把前者称为"显性的税收"，[①] 而把后者称为"隐性的税收"，隐性的税收与显性税收的显著区别在于是否存在基于个体的名义对价。另外，我们也可以从创立规则、征收形式等方面对其进行区别。这种区分对于认识税制变迁的过程和作用具有重要意义。[②]

这样，我们可以把税制变迁中的税收归纳为：在政治域博弈中作为课税主体的"独特的中心参与人"凭借其政治权力（不对称的决策集合），从私人参与者那里获得的单方面、无个别对价给付的、非惩罚性的财产转移，这种财产转移根据是否有基于个体的名义对价分为"显性"和"隐性"两部分。

第二节　税收制度

一　对制度的理解

制度是社会科学各学科共同关注的基本概念，在经济学中，关于制度的概念或内涵，不同经济学流派，甚至同一流派的经济学家之间，对制度的理解也是千差万别的。从总体上来看，我们大体上可以把关于制度的研究分成工具理性和演进理性两大流派。工具理性的制度学说，通过理性人假设，运用均衡分析框架来解释制度的起源与变迁，可以逻辑地说明现存社会现象的原因[③]，其代表是新制度经济学（New Institutional Economics）。而演进理性的制度学说，则依靠"物竞天择、适者生存"的进化论思路，以有限理性来解释制度，其代表的学派一是由凡勃伦和康芒斯以及米契尔

---

① 显性的税收也可进一步区分为完全显性的税收和部分显性的税收，在理论上，完全显性的税收是指纳税人与实际负税人一致或基本一致的税收，如转嫁困难的直接税；部分显性的税收是指纳税人与负税人不一致的税收，典型的如价税合一的流转税。对最终消费者而言，实际上并不清楚自己为消费品支付的对价中到底包含了多少税，这类似于"隐性的税收"，但流转税对于生产者而言，其缴纳是没有名义对价的。因此，我们将其称为部分显性的税收。

② 税制变迁的过程在某种意义上可以看作对国家通过设定产权谋取"隐性税收"进行制约的过程，是"无产国家"、"税收国家"和税收法定原则代替"家产国家"和"君主主权"国家的过程。详见本书第四章第三节：国家、产权与税制变迁。

③ 汪丁丁：《在经济学与哲学之间》，中国社会科学出版社1997年版，第10页。

等形成的旧制度经济学（Old Institutional Economics），再就是秉承了英国古典经验主义哲学的经济学传统，由门格尔创立，经由维塞尔和米塞斯的发展，到哈耶克最终集大成的奥地利学派。本书的主要任务不是论述这两大制度理论的差异和相互关系，而是根据税制变迁研究的需要，集中分析两者制度结构理论对理解税制变迁的意义。

以诺思为代表的新制度经济学认为："制度是为人类设计的、构造着政治、经济和社会相互关系的一系列约束。是人类设计出来形塑人们相互行为的一系列约束。制度可分为正式制度与非正式制度；非正式制度包括行为准则、伦理规范、风俗习惯和惯例等，它构成了一个社会文化遗产的一部分并具有强大的生命力。非正式制度是正式制度的延伸、阐释或修正，它是可以得到社会认可的行为规范和内心行为标准。正式制度是指人们自觉发现并加以规范化和一系列带有强制性的规则。正式规则包括政治（及司法）规则、经济规则和合约。这些规则可以作如下排序：从宪法到成文法与普通法，再到明确的细则，最终到单个合同，从一般规则到特定的说明书。"① 诺思对制度的理解主要是从规范与约束的功能来界定，凡是具有约束功能的实体和社会心理层面的内容都被诺思列入制度的范畴，其中明确将制度等同于规则，并区分了正式规则和非正式规则。

演进理性制度观的集大成者哈耶克反对工具理性的建构主义，用"orders"（秩序）而不是带有建构理性色彩的"institutions"来定义制度。在哈耶克看来，秩序②可以区分为内部秩序与外部秩序。内部秩序也就是自生自发秩序，它是个人运用知识在遵循某些规则的作用下而呈现出来的，作为行为结果的一种状态、情形，一种人们行为的常规性，包括种种行事方式、习惯、习俗和惯例。外部秩序是一种人造的秩序，组织就是一种外部秩序。内部秩序和外部秩序构成社会的整体秩序（overall orders），而"institutions"则是秩序建立其上的规则系统。演进理性的制度观强调的是一种社会实际存在的状态，是人们对信息和知识的处理模式。

近年来随着专业化分工理论和博弈论的发展，人们对制度有了新的阐

---

① 诺思：《制度、制度变迁与经济绩效》，上海三联书店、上海人民出版社 1994 年版，第 64 页。

② 秩序是指这样一种事态，其间，无数且各种各样的要素之间的相互关系是极为密切的，所以我们可以从对整体事件中的某个空间部分或时间部分（some spatial or temporal part）所作的了解中学会对其余部分作出正确的预期，或者至少是学会作出颇有希望被证明为正确的预期。哈耶克：《法律、立法与自由》第一卷，中译本，中国大百科全书出版社 2000 年版，第 54 页。

释，如杨小凯在新兴古典经济学（New Classical Economics）的理论框架中，从内生交易和外生交易的角度区分了内生制度和外生制度。所谓内生制度是从人类经验中演化出来的，体现了过去曾经最有益于人类的各种解决办法，是随经验而演化的规则。外生制度是由统治共同体的政治权力机构自上而下地设计出来，强加于社会并付诸实施的。外生制度永远是正式的，它要由一个预定的权威结构以有组织的方式来执行惩罚。外生制度对社会成员的行为具有规范性影响。内生制度与外生制度之间的区分是依据规则的起源而定的，而非正式制度与正式制度的区分则与实施惩罚的机制有关。①

青木昌彦从博弈论的角度归纳了经济学家的三种制度观，即分别将制度看作是博弈的参与人、博弈规则和博弈过程中参与人的均衡策略。② 一些经济学家把制度明确等同于博弈的特定参与人，诸如"行业协会、大学、法庭、政府机构、司法等等"③。而诺思的观点显然认为制度是博弈规则，组织是博弈的特定参与人。博弈规则论更为技术性的定义是赫尔维茨（Hurwicz，1993、1996）④ 给出的，他的定义更侧重于博弈规则的实施问题。他认为规则必须是可执行的，唯有对人类行动的一组人为的和可实施的限定才构成一项制度。

青木昌彦则把制度看作博弈均衡，认为："制度是关于博弈如何进行的共有信念的一个自我维系系统。制度的本质是对均衡博弈路径显著和固定特征的一种浓缩性表征，该表征被相关域几乎所有参与人所感知，认为是与他们策略决策相关的。这样，制度就以一种自我实施的方式制约着参与人的策略互动，并反过来又被他们在连续变化的环境下的实际决策不断再生产出来。"⑤ 这一定义将制度理解为博弈均衡，与诺斯将制度理解为博弈规则是有明显差异的，这种理解更接近于演进理性而非工具理性，而博弈方法本身却可以运用工具理性的均衡思想来解释制度，可以认为是两种制度观相互融合的产物。博弈均衡的制度观认为非正式规则和正式规则

---

① 参见汪丁丁《经济发展与制度创新》，上海人民出版社1995年版，第13页。
② 这三种制度观的具体内容参见青木昌彦《比较制度分析》，中译本，上海远东出版社2001年版，第5—11页。
③ Nelson，1994：第57页，转引自青木昌彦《比较制度分析》，中译本，上海远东出版社2001年版，第6页。
④ 青木昌彦：《比较制度分析》，中译本，上海远东出版社2001年版，第7页。
⑤ 同上书，第28页。

共同构成了博弈规则，而博弈规则决定了博弈的环境和条件，并构成了对博弈参与人博弈策略选择集合的约束，制度则是博弈参与人在既定博弈规则下形成的博弈均衡。

二 博弈论视野下的税收制度

在对税收制度的研究中，国内学者通常把税收制度等同于正式规则，如有人认为：税收制度是为了实现税收职能，由国家以法的形式确定并通过行政手段实施的各种课税的总和。[①] 也有人认为"税收制度是国家为取得财政收入而制定的调整国家与纳税人在征税与纳税方面权利与义务的法律规范的总称。"[②] "税收制度就是国家制定的税收活动的工作规程和行动准则，是各种税收法令和征收办法的总称。它是国家税务机关向纳税人征税的法律依据，也是纳税人履行纳税义务的法定准则。"[③] 这些定义突出了税收制度作为国家以强制力保证实施的正式规则的性质，但是从制度经济学的角度来看，上述定义并不符合税制变迁研究的要求。

首先，如前所述，如果我们把制度理解为博弈规则，那么只有可实施的规则才能称为制度，由于种种原因，正式规则并不一定得到有效实施。如青木昌彦所说："成文法和政府规制如果没有人把它们当回事就不构成制度。举例来说，政府根据某项法令禁止进口某些物品，但如果人们相信，贿赂海关官员可以绕开此项法令，而且这是普遍现象，那么，与其把这项法令视为制度，还不如把这种贿赂现象视为制度更为合适。"[④] 就税收制度而言，那些无法得到有效实施的税收法规并不能成为现实中得到贯彻的规则，也就不能称为制度。

其次，新制度经济学认为，制度不仅包括正式规则，也包括非正式规则，如习俗、惯例等。在演进制度学派及新兴古典经济学那里，制度也相应地被区分为内部秩序、外部秩序以及内生制度和外生制度。从税制变迁的历史来看，税收制度也并不一定完全以法律的形式存在。当国家或其代理人拥有任意设定产权的权力时，各种各样设立"隐性税收"的非正式规则也构成了税收制度的重要组成部分。在这个意义上，税收制度应当包

---

① 马国强：《税收学原理》，中国财政经济出版社 1991 年版，第 200 页。
② 杨秀琴、钱晟编著：《中国税制教程》，中国人民大学出版社 1999 年版，第 3—4 页。
③ 张大龙、胡彦炜、赵迎春：《国家税收》，吉林人民出版社 1994 年版，第 42 页。
④ 青木昌彦：《比较制度分析》，中译本，上海远东出版社 2001 年版，第 14 页。

括在税收活动中形成的正式规则和非正式规则两部分。

最后，从博弈论的角度分析，无论制度是博弈规则还是博弈均衡，制度是不能单方面确定的。尽管在政治域博弈中，课税主体是"独特的中心参与人"①，但"独特的中心参与人"相对于私人参与人的不对称决策集合本身并不是制度。也就是说，如果把政府视为在税制确定和变迁过程中的"独特的中心参与人"，那么政府制定的关于税收的正式法规在很大程度上应当被视为"独特的中心参与人"决策集合的一部分，而税收制度则应当是政府和纳税人根据各自的目标函数和决策集合确定的博弈规则或达成的博弈均衡。

综上所述，在税制变迁研究中，税收制度不仅包括以法律形式存在的正式规则，也应当包括在税收活动中发挥作用的各种非正式规则。在博弈论分析框架下，如果我们把税收理解为"独特的中心参与人"与私人参与人之间进行的单方面财产转移的博弈，那么按照博弈论视野下对制度的理解，税收制度可以解释为税收博弈的博弈规则或者是税收博弈的均衡结果。

一个博弈所包括的要素有博弈参与人、信息、行动、策略、支付、结果和均衡等，其中，博弈参与人、策略和博弈参与人的收益（支付）是一个完整的博弈必不可少的三个基本要素。如果我们把制度理解为博弈规则，那么税收制度就是"独特的中心参与人"与私人参与人关于税收活动的博弈规则，这种规则应当是可实施的，也就是所有博弈参与人都严格按照规则办事。税收制度作为外生于博弈的规则决定了"独特的中心参与人"与私人参与人不同博弈策略所获得的收益，并直接影响到博弈的均衡，即所有参与人的最优策略组合。把税收制度定义为税收博弈的规则，研究的重点就应当是博弈规则本身的产生和发展以及博弈规则的实施机制，而不是"独特的中心参与人"与私人参与人在税收博弈中的策略和均衡。也就是说，税收制度是税收活动的外生变量，作为博弈规则同时约束着"独特的中心参与人"和私人参与人，税制变迁实际上是博弈规则及其实施机制的变化。具体来说，税制和税制变迁的研究将主要集中在税收规则是什么，是怎样形成和演变（非正式规则）或怎样制定和修改的（正式规则），又是如何得到有效实施的（税收征管、处罚与救济）。

---

① 参见本章第一节对课税主体的有关论述。

如果我们把博弈规则理解为内生于博弈过程的，那么博弈规则本身应当是博弈参与人之间通过博弈产生的。在这种情况下，制度应当被视为一种博弈均衡，是"关于博弈如何进行的共有信念的一个自我维系系统"。在博弈均衡的意义上理解税收制度，税收制度则是指税收博弈中"独特的中心参与人"与私人参与人通过博弈形成的最优策略组合，即博弈的均衡结果。在本书中，我们倾向于将制度理解为博弈均衡，税收制度则是在特定博弈环境下形成的税收博弈均衡。将税收制度界定为博弈均衡，包含有更多演进理性制度观的色彩，强调的是某种有关税收活动的社会实存状态，这一状态是由税收博弈各方在特定博弈环境下通过博弈活动所内生决定的税收正式规则和非正式规则组成的。

现实中的税收活动是一个复杂的多方博弈，根据博弈环境的不同，博弈参与人的数量有所差异。我们认为，存在四个博弈参与人的四方博弈模型是税收博弈的一种基本形态①，这四个参与人包括"独特的中心参与人"、受"独特的中心参与人"委托负责征税活动的征税代理人、在既定政治权力格局下作为利益集团存在的纳税人、作为个体在税收征管活动中存在的纳税人。在一个完整的税收博弈中，政府与不同利益集团之间的博弈、纳税人与征税代理人的博弈政府作为委托人与征税代理人的博弈以及作为个体的纳税人与其利益集团在"搭便车"等问题上的博弈形成了四个基本的子博弈。② 所谓税收的博弈均衡是指这四个子博弈分别达成了博弈均衡，而且四个博弈均衡之间是协调和稳定的，作为整体的税收博弈均衡也同时存在。当这四个子博弈其中任何一个由于外部环境的变化形成了新的博弈均衡，这一子博弈均衡的结果会导致作为整体的税收博弈的不均衡，对其他子博弈来说，博弈条件也就发生了变化，因此也需要进行调整，这一过程如果最终实现了新的均衡，也就实现了税制的变迁。

从这个角度我们可以解释税收制度的结构，在税法学中，作为利益集团的纳税人与"独特的中心参与人"构成了税收的宪法性法律关系；而

---

① 对税收博弈模式的探讨详见本书第五章：税制变迁的动态分析。

② 在博弈论中，所谓子博弈是指在动态博弈中，不同时间行动的博弈参与人在某一博弈参与人确定策略后形成的博弈。例如，把家庭生活作为一个博弈，这个博弈始于男女双方谈恋爱，结婚后是一个子博弈，生孩子后又是一个子博弈。参见张维迎《博弈论与信息经济学》，上海三联书店、上海人民出版社1996年版，第24页。严格地讲，子博弈是指既定的博弈参与人在动态博弈中的某一阶段的博弈。这里我们使用子博弈的概念更多地强调在税收的多方博弈中，各方之间的相互博弈关系。

作为"独特的中心参与人"代理人的征税机关与作为个体的纳税人之间则构成了税收征纳法律关系。作为"独特的中心参与人"的政府与作为利益集团的私人参与人之间的博弈决定了税收的正式规则（税法），而征税代理人与作为个体的纳税人之间的博弈则在很大程度上决定了税收的非正式规则。税收制度的变迁不仅仅是税收正式规则的变迁，因为正式规则并不一定能够得到有效实施，税制的变迁实际上是税收的正式规则与非正式规则相互竞争、互相协调、共同变动的过程。

政府与不同利益集团的子博弈决定的税收正式规则在税收制度系统中处于核心地位，税收正式规则主要包括税收实体法、税收程序法和税收管理制度。税收实体法是对纳税人、课税对象、税率、纳税环节、纳税期限、减免规定等课税要素的规定，这些规定决定了政府获取税收收入的数量和税收负担在社会各阶层的分配。税收程序法规定了税收实体法的实施机制，即通常所说的税收征管制度，税收征管制度约束了征税代理人和纳税人在税收征纳过程中的行为。税收管理制度是指政府之间划分税收管理权限、规定税务机构设置与隶属关系的制度安排，它不仅是税收制度的重要组成部分，也是财政管理体制的重要组成部分。国家立法机关、行政机关和司法机关的横向权限划分与中央政府和地方政府之间的纵向税权划分是税收管理制度的核心内容。

在税收正式规则的实施过程中，征税代理人与纳税人之间的博弈形成了税收的非正式规则。非正式规则并不一定与正式规则相冲突。因为税法作为税收的正式规则，在许多情况下不可能涵盖税制运行中所有的问题，而税法的修订和变更又是相当缓慢的，在大陆法系国家尤其如此。当征税代理人面临新的、复杂的税基度量与税额确定问题时，难免要根据特定时期、特定地区所通行的惯例、习俗等非正式规则辅助征税。实际上，在人类社会相当长的时间里，征税更多的是依靠惯例和习俗，而不是上升为法律的正式规则。① 近代以来，一方面，随着法律作为正式规则在社会生活各方面的作用不断加强，税收法定主义的确立使税收正式规则成为主导性的税收规则，税收的非正式规则只要没有被法律所确认，上升为正式规则，其实施就得不到法律的认可。另一方面，税收非正式规则与正式规则

---

① 法律代替习俗的发展过程可参见［美］孟罗·斯密《欧陆法律发达史》，中译本，中国政法大学出版社 1999 年版。

在许多情况下也存在着冲突，正式规则在实施中可能被非正式规则部分地修正，有些正式规则甚至会被非正式规则取代，正式规则与非正式规则的这种相互作用产生了与正式规则不完全一致的现实中实际被执行的税制，我们把以法律形式存在的正式规则称为名义税制，而经过非正式规则修正后现实中实际存在的税制称为实际税制，这两者之间的差异在现实中表现为能否实现"依法征税"和"依法纳税"的问题。

三　名义税制与实际税制

我们可以从意愿制度供给和实际制度供给的角度来进一步理解名义税制与实际税制的关系。在制度变迁中，政府根据自身的目标函数和面临的约束条件，在既定的宪政框架下形成制度创新的设想，并据此制定具体的操作规则，这被称为制度的意愿供给。但是，以政府为主导的强制性制度供给并不一定能够得到有效实施，因为制度的其他参与人有着各自的目标函数和约束条件，意愿制度供给在多大程度上能够转化为得到有效运行的实际制度供给是不确定的。① 意愿制度供给和实际制度供给可以解释名义税制和实际税制的差异。

如前所述，所谓名义税制，可以理解为政府颁布的税收正式规则，在税收实践中表现为有关税收的各项法律、法规。名义税制作为政府意愿性的税制供给，其本身并不一定在现实税制运行中得到有效实施，也就是并不一定形成实际的税制供给，根据是否得到有效实施，名义税制所规定的正式规则可以划分为得到有效实施的正式规则和得不到有效实施的正式规则，前者构成了实际税制的一部分，而后者则不能视为税收制度的组成部分。实际税制则是指在现实中得到有效实施的税收规则，包括得到有效实施的正式规则和非正式规则两部分。

在制度变迁研究中，根据制度变迁主体的不同，可以把制度变迁划分为诱致性制度变迁和强制性制度变迁。诱致性制度变迁可以认为是私人参与人为了获取由制度不均衡引致的获利机会而进行的自发性变迁；强制性制度变迁则是指由政府法令引起的变迁。② 在税制变迁过程中，名义税制或者说税收正式规则的变迁更多地具有强制性变迁的特征，而在名义税制

---

① 有关制度供给的全面分析参见杨瑞龙《论制度供给》，《经济研究》1993 年第 8 期。

② 参见林毅夫《关于制度变迁的经济理论：诱致性变迁与强制性变迁》，载科斯等《财产权利与制度变迁——产权学派与新制度经济学派译文集》，上海三联书店 1991 年版。

约束下，税收博弈的私人参与人和征税代理人之间确立非正式规则的过程则更接近于诱致性变迁，现实中有效运行的实际税制是名义税制与税收的非正式规则相互作用的结果。名义税制与实际税制产生差异的原因是多方面的，一般来说，作为制度的意愿供给，其与现实中的非正式规则和其他制度环境相容的程度决定了意愿供给转化为实际制度供给的程度。从税收博弈的过程来看，这种差异主要受到三方面的影响：

一是纳税人对税收正式规则制定的影响，如果纳税人的利益能够通过其代表在立法机关中得以体现，从而对税收正式规则的制定施加影响，税法就可以较好地反映各利益集团的要求，这会减少税法在实施中的成本，避免由少数精英确定的税制改革蓝图偏离实际。而如果纳税人的利益无法通过正式的渠道影响税收正式规则的制定，名义税制又明显地脱离实际，纳税人就只能通过非正式的方式来抵制税收正式规则的实施，包括与征税代理人共谋采用各种手段变更税法的规定，表现为"上有政策、下有对策"。

二是名义税制的制定要科学，要以全面、准确的统计数据，如社会各阶层财产的分布信息为基础。在政府确定税制的过程中，信息不对称是其面临的基本约束，如果政府制定的税收正式规则不符合现实的经济社会发展状况，其实施就要大打折扣，从而产生名义税制与实际税制的差异。

三是税收制度不是孤立存在的，而是建立在一系列更为基本的制度的基础上，税收制度在实际运行过程中的作用和效果受到其他制度的制约，因此在税收正式规则的制定过程中要充分考虑税制得到有效实施所需要的其他制度条件，如会计核算的水平、征税代理人的能力以及纳税人的履行成本等，并需要在此基础上制订切实可行的实施机制，包括对征税代理人的监督、防止逃税和避税的方法、税收争端的解决以及税收信息的反馈等。也就是说，名义税制只有与其他制度环境相协调，实现各行为主体之间的"激励相容"，才能转化为在现实中得到有效运行的实际税制。

综上所述，在税制变迁研究中，我们从博弈论的角度将税收定义为在政治域博弈中作为课税主体的"独特的中心参与人"凭借其政治权力（不对称的决策集合），从私人参与者那里获得的单方面、无个别对价给付的、非惩罚性的财产转移，而税收制度则是指这种财产转移博弈所形成的博弈均衡。作为博弈均衡的税收制度是在特定博弈环境和条件下由税收博弈活动内生决定的，由得到有效实施的正式规则和非正式规则组成，也就是说，税收变迁研究中的税收制度是社会实存的规则，是实际税制而不是名义税制。

第三节 税制变迁

一 制度变迁

新制度经济学认为制度变迁是制度的替代、转换与交易过程。制度作为一种"公共产品"，其替代、转换与交易活动也都存在着种种技术的和社会的约束条件。技术和社会约束条件的变化会导致"外部利润"的产生[①]，所谓"外部利润"或称"潜在利润"，是一种在已有的制度安排结构中主体无法获取的利润。制度变迁和制度创新的过程实际上被认为是外部利润内在化的过程。没有外部（潜在）利润，就不可能有制度的变迁，但有了外部（潜在）利润，制度变迁并不一定发生，因为新制度经济学认为制度变迁还涉及成本问题，只有当通过制度创新可能获取的潜在利润大于为获得这种利润而支付的成本时，制度创新才可能发生。正如诺思所说："如果预期的净收益（即指潜在利润）超过预期的成本，一项制度安排就会被创新。只有当这一条件得到满足时，我们才可望发现在一个社会内改变现有制度和产权结构的企图。"[②]

新制度经济学认为如果在既定的制度安排下：（1）已经获取了各种要素资源所产生的所有潜在收入的全部增量；（2）获得潜在的利润仍然存在，但改变现有制度安排的成本超过潜在利润；（3）或者如不对制度环境作某些改变，就不可能实现收入的重新分配，那么既存的制度结构就处在一种均衡状态（制度均衡）。在这种状态中，"现存制度安排的任何改变都不能给经济中的任何个人或任何团体带来额外的收入"。[③] 当外部

---

① 外部利润的来源主要有四个方面：即规模经济、外部经济内部化、克服对风险的厌恶与交易费用的转移与降低。参见 L. E. 戴维斯、D. C. 诺思《制度变迁的理论：概念与原因》，载于科斯等《财产权利与制度变迁——产权学派与新制度学派译文集》，上海三联书店 1991 年版，第 270—273 页。

② 科斯等：《财产权利与制度变迁——产权学派与新制度学派译文集》，上海三联书店 1991 年版，第 274 页。

③ L. E. 戴维斯、D. C. 诺思：《制度变迁与美国经济增长》，上海三联书店 1976 年版，第 3 章；转引自卢现祥《西方新制度经济学》，中国发展出版社 2003 年版，第 98 页。

条件变化导致潜在利润增加，或技术发明或要素价格变动导致制度安排的成本降低，或者由于制度环境发生变化导致初始的资源与权力分配变动的情况下，现存的制度结构就会被动摇，而产生制度变迁的压力。在新制度经济学的框架内一般认为制度变迁的过程是一种效益更高的制度（即所谓"目标模式"）对另一种制度（即所谓"起点模式"），或者是一种更有效益的制度的产生过程。①

二 税制变迁的特征

上述新制度经济学的制度变迁框架存在着许多问题，这些问题在税制变迁研究中显得尤为突出。首先，制度安排的收益与成本是无法归总计算的，福利经济学的效用加总问题和阿罗不可能定理，说明了要从基于个人效用的成本—收益计算中导出社会的成本和收益会遇到不可逾越的障碍。另外，更为重要的是，"当利益发生冲突时，不可能有总的成本—收益计算。……在 A 的机会对 B 意味着一种成本（放弃的机会），反之也一样，那么，同时考虑双方的成本是不可能的"。②

在税制变迁中，税收零和博弈的性质以及政府公共产品的非排他性使参与税收博弈的各方之间的利益都是对立的，政府的收益就是纳税人的成本。不仅政府与纳税人之间利益是对立的，不同阶层和利益集团之间纳税人的利益也并不统一，如果政府为提供公共产品所需要征收的税收总量一定，一个阶层的纳税人承担的税收多一些，另一个阶层纳税人的负担就会少一些。这种利益对立造成了在税制变迁中应用成本—效益分析方法的困难。

如果外部条件的变动，如某种新技术的发明使政府可以大幅度降低对某些特定纳税人或纳税对象的征税成本（比如计算机与网络技术），从而使对某些资源或行为征税有利可图（潜在收益不变，但制度安排的成本下降，导致出现了可以获得的净收益）。由于有了新的税收收入增量，因此政府有能力增加支出或者减少来自其他纳税人的收入，这样又会引发新的纳税人之间的利益调整。这一系列税制的调整应当被视为税制的变迁，但税制变迁所依据的不是社会成本—效益的分析，而是基于不对称的权力

---

① 参见卢现祥《西方新制度经济学》，中国发展出版社 2003 年版，第 80 页。

② 斯密德：《财产、权力和公共选择》，中译本，上海三联书店 1999 年版，第 356 页。

分布，也就是说，不平等主体之间的权力分布与强制服从关系是税制变迁的基本决定因素，非市场的强制关系而不是平等的交易关系是税制变迁区别于其他制度变迁的重要特征。

其次，新制度经济学认为制度变迁是制度优化的过程，在这个意义上，税制变迁本身也同样被认为是税制优化的过程。但制度优劣的评价标准是什么，税制优劣的评价标准又是什么呢？一个标准是经济学中通行的帕累托效率标准，但是所谓的帕累托最优状态仅指资源配置效率的最优，在形成帕累托改进的交易进行之前，权力是先于交换存在的，与不同收入与财富分配状况相对应的所有帕累托最优状态点构成了埃斯沃斯—鲍利（Edgeworth—Bowley）盒状图中的契约曲线（contract curve），契约曲线上所有的点都是有效率的，由一定制度框架所包含的收入和财富分配状况与资源配置效率无关。[①] 用帕累托最优来判断制度的优劣不包含公平的因素，但公平却是税收的基本原则，更是评判税制优劣的基本要素。因此，税制的变迁即使是实现了帕累托最优，也并不一定就是税制的优化。评价制度变迁的标准还有潜在的帕累托改进（卡尔多—希克斯标准）及适应性效率（经济总量的增长）等标准，但这些标准同样是以既定的权力结构为基础的，同样不包含公平的因素。即使制度的优劣可以用帕累托效率或者其他的有关经济增长的指标来衡量，这些效率指标却不能评判包含公平因素的税制的优劣。

可以设想，如果税制的起点模式是一个较为公平的收入与分配状况，但却没有实现资源配置的最优化；那么通过税制变迁实现了资源配置的最优化但同时造成了一个贫富悬殊的不公平的收入与分配状况（相对于初始分配状态，没有人的收入和福利水平绝对下降，但经济增长的增量被少数人所占有），后者能否看作税制的优化呢？税制的优化不能仅仅是效率意义上的优化，尽管这是税制优化的主流理论所坚持的观点。税制的优化应当考虑到由特定社会的意识形态、伦理规范和文化传统所决定的公平观念，这种对于公平和社会分配状态的主流意识是影响税制变迁的重要因素，也是衡量特定社会税制优劣的重要标准。但公平是一个典型的规范性概念，不同历史时期和不同社会阶层对公平的理解是极不相同的。因此，

---

① 利用埃斯沃斯—鲍利（Edgeworth—Bowley）盒状图及契约曲线（contract curve）对帕累托效率进行分析的详细内容参见斯密德《财产、权力和公共选择》，上海三联书店1999年版，第307—310页。

我们将税制变迁更多的视为一个税制变动的过程，税制变迁本身并不必然包含税制优化的意义。在本书中，对税制变迁的评价是不可避免的，但我们将更多地根据税制变迁的影响进行实证分析，说明税制变迁对效率和经济增长的作用以及税制的变动导致了怎样的权力和利益调整，哪些阶层的利益增长了，而哪些阶层的利益受到了损失，这种损失是否得到了补偿，又是在什么程度上以怎样的方式得到的。我们将尽量避免使用抽象的、没有得到界定的税制优化的概念。

最后，我们认为税收制度变迁相对于新制度经济学一般意义上的制度变迁具有自身的特点。在一般制度变迁中，个人、组织和国家构成了制度安排的三个层次，个人或组织通过发现"外部利润"并通过引入新的制度安排将外部利润内部化从而实现制度变迁的过程，可以近似地看作具有平等或接近平等地位的主体有关制度的交易活动。在这种基于市场交易的制度变迁中，国家并不是必需的，即使需要国家，国家也更多的是作为确认与实施规则的第三方或制度供给者的面目出现的，国家并不是这种制度变迁的直接需求者。但在税制的确定与税制变迁中，国家处于特殊的中心地位，国家不仅是税收正式规则垄断性的供给者，同时也是税制的需求者，税制的变化对国家利益有着直接的影响。

另外，新制度经济学中的制度交易包括了诺思所说的"政治市场"上的交易，诺思所谓的政治市场不仅是指在一定宪政秩序下发生的、旨在改变政府政策的"院外活动"之类的政治交易，而且也包括了宪政秩序在内的政治制度本身为对象的交易活动。诺思认为："政治市场的效率是问题的关键。如果政治交易费用低，且政治行为者有准确的模型来指导他们，其结果就是有效的产权，但是政治市场的高额交易费用及行为者的主观偏好，往往导致产权无法诱致经济增长。"[1]

而在税收制度的变迁中，国家的地位是复杂的，国家作为垄断暴力的组织，在税制变迁过程中与其他主体之间的地位是不平等的。如前所述，税制变迁的基础是不平等主体之间以政治关系为基础的权力的再分配，而不是一般制度变迁中平等主体间的制度交易。政治关系规定社会中不同利益集团、阶层和阶级之间统治与从属、主导与依附的关系，其基础是支配经济资源以及政治、军事和文化资源的权力在不同社会集团、阶层和阶级

[1] 参见诺思《制度、制度变迁与经济绩效》，中译本，上海三联书店1994年版，第71页。

之间的不平等分配，以及由此而产生的强制；而平等主体之间的交易所体现的是权力的平等，以及权利交换的互利性和自愿性。① 我们认为在既定宪政框架下政治参与主体之间的交易引发的税制变动是税制变迁的一种重要模式，但在税制变迁的一般框架中，不平等的政治关系而不是平等的交易关系在税制变迁中起了更为基础的作用。

三　税制变迁的内部因素与外部因素

从博弈论的角度，我们把税收制度视为税收博弈的均衡结果，而税制变迁的过程则可以理解为由于博弈环境和博弈条件的变化改变了博弈参与人的数量（增加或减少了博弈参与人）、博弈的策略集合以及博弈的支付函数，从而打破了原有的博弈均衡，博弈参与人根据新的策略集合和支付函数重新进行博弈并形成新的博弈均衡的过程。这里博弈环境和博弈条件的变化可以视为税制变迁的外部因素，包括资源的总量与结构、基本经济制度、社会观念和意识形态、社会政治权力的分布和宪政体制、国家间竞争格局的变化等。税收博弈参与人的数量、策略集合及支付函数可以视为税制变迁的内部因素。造成博弈环境和条件改变的诸外部因素的变化是税制变迁的客观基础，而外部环境的变化是通过影响内部因素对税制变迁发挥作用的。如议会民主制度的确立改变了基本的宪政体制，使作为公民的纳税人能够制约政府的征税权，从而使政府和纳税人的策略集合发生了改变；再如有限责任制度的发展要求会计核算技术能够相对准确地确定公司的利润，这大大降低了对公司利润征税的度量成本，改变了政府的支付函数。应当特别指出的是，税制变迁外部因素之间也存在着错综复杂的关系，而税收制度作为社会制度的一部分，其变迁的结果也会对这些外部因素产生重大影响，税制的变迁是税收制度与其他社会制度相互影响、相互作用的动态过程，税制变迁的路径受到特定社会、特定历史时期多方面因素的综合影响，正是这种影响造成了历史和现实中不同社会、不同时期税制及税制变迁路径的差异。

税收制度作为一个多方复杂博弈形成的均衡结果，外部因素的变动会对博弈各方的策略和支付产生影响，但是外部因素的改变往往是一个渐进

---

① 参见林岗《诺思与马克思：关于制度变迁道路理论的比较》，《中国人民大学学报》2000 年第 3 期。

的过程，在这一过程中外部因素的改变对税收博弈的影响可以分为四个阶段：在第一阶段，外部因素初始的细微变动并不能导致税制的变化，因为博弈各方在形成博弈均衡时，实际上已经考虑到了税制的稳定性和适应性，预期内的变动可以被税制本身所包容。在第二个阶段，外部因素的变动所导致的博弈环境的变化积累到一定程度，博弈各方会在基本的博弈框架内对税制进行边际上的调整，如果这种边际上的调整没有改变基本的税制结构，而只是税制中某些子博弈均衡的部分修正，如对某些具体税收征管办法的修订，这只能称为税制的边际调整，而不是税制的变迁。在第三个阶段，外部因素变动所导致的矛盾进一步积累，原有的税收博弈框架本身已经不能适应这种变动时，需要改变原有的基本博弈框架以适应新的博弈环境。这时产生了博弈参与人对税制进行改革的主观要求，但是这种主观的税制改革需求能否得到满足则取决于外部因素变动的程度和结构，因为面对外部因素变动所导致的税制不均衡，不同博弈主体所形成的税制改革方案和影响税制的能力是不同的。如果外部因素的变动不足以从根本上改变原有税制结构下形成的既得利益集团的权力分布状况，对那些无法或无力对税制改革产生重大影响的博弈主体而言，尽管主观上不认可原有的税收制度并有进行税制改革的内在动力，但这种动力被既得利益集团的阻力所抵消，税制改革也不能完成。由于税收博弈是以暴力和不平等的命令服从关系为基础的，相对于基于平等交易关系的博弈活动，即使税收博弈的某一方参与人不认可税收制度，也无法退出博弈，而只能被动地接受，这种状态也是一种均衡①。在第四个阶段，当外部环境的变化改变了既得利益集团的支付函数，如危害到既得利益集团本身的税收收入，税制改革的阻力减弱，既得利益集团本身也产生了税制变革的要求，税制变迁可以在既定的宪政框架内实现。而如果外部环境的变化发展到能够改变基本的博弈框架，使博弈参与人的策略集合发生根本性变化从而导致政治权力分布状态的改变，这时会在宪政体制及基本税收博弈模式的变革基础上实现税制的变迁。

综上所述，税制变迁的根源在于税制结构的内部，其实质是博弈参与人之间利益的冲突，外部因素的变化通过影响内部因素而发挥作用，税制变迁既可以表现为在既定宪政体制和博弈框架下的制度变革，也可以通过

---

① 参见唐寿宁《均衡的实现与制度规则的贯彻》，《经济研究》1993 年第 3 期。

宪政体制及基本税收博弈模式的改变实现。

第四节　税制变迁中的国家理论

正如诺思所说："国家的存在是经济增长的关键，然而国家又是人为经济衰退的根源；这一悖论使国家成为经济史研究的核心，在任何关于长期变迁的分析中，国家模型都将占据显要的一席。"[①] 就税制变迁而言，由于税收与税制总是与国家、政府、政治权力、对财产权的侵害以及暴力、反抗联系在一起，有什么样的国家理论，就有什么样的税收理论，进而就会有与之相适应的税制变迁理论，国家理论的分歧是税收与税制变迁理论分歧的根源。因此，国家在税制变迁中的地位和作用是理解税制变迁的核心问题。

一　三种基本的国家理论

政治学、社会学等学科从不同角度分析了国家的起源，形成了有关国家的诸多理论，其中最有影响的主要有两种：一种是契约理论，一种是掠夺或剥削理论。国家掠夺论或剥削论认为国家是某一集团或阶级的代理人，它的作用是代表该集团或阶级的利益向其他集团或阶级的成员榨取收入。如马克思主义认为，国家起源于阶级斗争，是阶级矛盾不可调和的产物，是阶级统治、阶级专政的工具，而税收的本质是体现统治阶级参与社会产品分配的国家意志。

契约论的国家观认为国家是平等的社会成员达成契约的结果，社会成员通过契约成立了作为组织的国家，并自愿让渡一部分权力和财产以使这个组织为社会成员提供公共产品。契约论的国家观认为国家是以社会利益为目的建立起来的，但是，"国家既作为每一个契约的第三者，又是强制力的最终来源，它成为为控制其决策权而争斗的战场。各方都希望能按有利于自己集团的方式再分配福利和收入"。[②] 也就是说，即使国家是按照契约组织起来的，但社会中不同利益集团的最大化行为仍然有可能使国家偏离其最初的契约目标。

---

① 诺思：《经济史中的结构与变迁》，上海三联书店、上海人民出版社 1994 年版，第 20 页。

② 同上书，第 22 页。

诺思的"暴力潜能"分配理论将契约论和掠夺论统一起来，如果暴力潜能在社会成员中间是不平等分配的则产生掠夺性国家，而暴力潜能的平等分配则产生契约论的国家。诺思认为，国家应当被视为在暴力方面具有比较优势的组织，由于产权的本质是一种排他性的权利，在暴力方面具有比较优势的组织处于界定和行使产权的地位。国家提供的基本服务是博弈的基本规则，而国家的目的有两个：一是界定形成产权结构的竞争与合作的基本规则（既在要素和产品市场上界定所有权结构），这能使统治者的租金最大化。二是在第一个目的框架中降低交易费用以使社会产出最大，从而使国家的税收增加。第二个目的将导致一系列公共（或半公共）产品或服务的供给，以便降低界定、谈判和实施作为经济交换基础的契约所引起的费用。而在使统治者（和他的集团）的租金最大化的所有权结构与降低交易费用和促进经济增长的有效率的体制之间，存在着持久的冲突，这种基本矛盾是使社会不能实现持续经济增长的根源。[1]

二　国家的目标与约束

经济学中，不同的国家理论直接导致了对国家的目标与行为模式的不同假设，这些假设又直接影响了国家在经济活动中的地位和作用。经济学中不同学派所理解的国家可以大体分为三种类型：

以契约论为基础的新古典经济学中的国家，被认为是以社会利益最大化为目标的"仁慈的家长"，是与私人部门相对应的，提供公共产品的公共部门。税收并不是单方面、无偿的资源转移，而是纳税人为了获得所需要的公共产品所支付的代价，税收作为公共产品的价格，具有"等价交换"的性质。在这个过程中，国家所面临的约束仅仅是资源配置方面的技术性约束，包括纳税人关于公共产品的"偏好显示"，税收和公共支出对市场机制的扭曲，纳税人与国家之间的信息不对称等。在新古典的国家框架中，核心问题不是国家形态所体现的权力的初始分配和利益集团对国家控制权的争夺，而是国家配置公共产品的效率及其对市场机制的影响。只要技术上可能，国家总是以社会利益最大化为目标设定税制并提供公共产品的。因此，税制的变迁过程仅仅是国家对社会成员公共产品

---

① 诺思：《经济史中的结构与变迁》，上海三联书店、上海人民出版社 1994 年版，第 24—25 页。

偏好显示和偏好变动的反映，只要资源配置效率提高了，税制变迁必然意味着税制的优化。新古典意义上的税制变迁排除了国家作为经济人在确定税制时的干扰，能够比较好地反映税制变迁中外生的技术性变动的影响。

如果我们把国家视为"理性人"，其目标是自身利益的最大化，那么根据国家是否作为代理人和作为谁的代理人可以明确作为"理性人"的国家所面临的基本约束。马克思主义认为国家是统治阶级进行阶级统治的工具，那么作为组织的国家就应当是统治阶级的代理人，作为代理人其本身必然面临着来自委托人的约束，也就是说，统治阶级作为委托人有着自身的目标函数，国家作为其代理人也有着独立的目标函数，但委托人的目标是代理人实现自身目标的约束条件。在诺思的暴力潜能理论中，国家与统治者之间的界限是含糊的。如果假设只有一个单一的统治者，国家就是统治者本身，统治者的第一个目的是企图确立一套基本规则以保证自身收入的最大化，这时的国家不是任何利益集团的代理人，通过设定产权获得的政治性超额利润被我们认为是"隐性的税收"。这样诺思所说的国家两个目的之间的矛盾可以理解为"隐性税收"与"显性税收"之间的矛盾。

但是，诺思紧接着放宽了单一统治者的假设，国家设定产权的目的转变为使统治者所代表的集团或阶级的垄断租金最大化。[①] 这时作为统治者的国家与马克思所说的作为统治阶级代理人的国家是相似的。在国家的两个目标中，通过界定产权使统治者所代表的集团或阶级的垄断租金最大化应当被视为国家所代表的集团或阶级的目标，是国家作为代理人所面临的基本约束。而在使统治集团（阶级）租金最大化的产权约束框架内，国家作为代理人也会通过设定产权为自身谋取收入，同样也存在着"隐性税收"与"显性税收"之间的权衡与矛盾。

假设由于外界条件的变化，如军事技术的变化导致社会中暴力潜能的重新分布，那么作为在暴力潜能方面具有比较优势的利益集团就会发生变化，对国家而言，为获得政治支持所需要代表的集团或阶级就会相应转变，委托人改变了，国家所面临的基本产权框架的约束也必然随之改变，

---

① 诺思：《经济史中的结构与变迁》，上海三联书店、上海人民出版社 1994 年版，第 25 页。

国家在新的产权框架内谋求税收最大化的努力必然会导致税制的重大变迁。

国家并不一定需要作为代理人存在，国家本身就可能成为统治阶级，没有必要一定要代表某个固定的利益集团或阶级的利益，尤其是在社会中缺乏有效的组织，任何利益集团或阶级都不可能单独或持续地控制政治权力时，国家本身就可能成为社会的统治力量。在"朕即国家"和皇权高于一切的社会中，与其把国家看作某个统治集团的代理人，不如把国家看作君主或统治集团本身。这时国家的目标往往就是作为统治者的君主或官僚集团的目标，目标可能是税收的最大化，也可能是某些特殊偏好，如对奢侈豪华排场的追求或者对外拓疆辟土的追求。在这种情况下，由于社会各利益集团缺乏对王权的有效制约，国家可以任意地设定产权和行使征税权以谋取自身利益的最大化。同时，国家作为暴力集团实施着对社会的严格控制，随时准备压制所有偏离其目标的社会活动，尤其是压制有可能减少其收入的社会创新或自发的制度安排。中国封建社会的长期停滞大概就与这种国家力量的过于强大有关。①

三　税制变迁中的国家与政府

在本章第一节对税收的界定中我们认为从历史角度来看，税收的主体并不一定是国家或政府。一个组织只要拥有制定规则和执行规则的强制力，就可以拥有征税权，成为税收的主体。只有当一个国家拥有了在其领土之内制定法规的垄断权之后，课税的主体才可能被局限为国家。

从博弈论的角度，我们需要严格区分国家和政府，国家是政府组织与私人互动关系的稳定秩序，是"政治域中一般政治交换博弈的多重稳定均衡，其中政府和私人之间将达成某种秩序。这样，国家就不仅仅是一种政府组织或它所制定的规则系统（可以被破坏或漠视），而且还是约束政府本身的秩序。"② 也就是说，国家被认为是作为博弈均衡结果的制度，

---

① 当然，这种压制不可能是完全成功的，否则就不会出现唐代"两税法"对"租庸调"制的替代。中国封建社会的停滞也不能完全归因于专制统治，外部竞争环境和文化传统也是重要因素，但"溥天之下，莫非王土；率土之滨，莫非王臣"的强大集权统治极大地阻碍了制度创新和经济发展是毫无疑问的。

② 青木昌彦：《比较制度分析》，中译本，上海远东出版社 2001 年版，第 156 页。

而政府被界定为参与税收博弈的组织，包括通常意义上拥有征税权的准政府组织，如中世纪基督教会，为了避免与人们对政府概念的习惯理解相混淆，我们把税收博弈的独特的中心参与人称为政治性共同体，政治性共同体得以征税的依据是政治权力，而政治权力的基础是暴力，暴力的使用是具有显著规模经济特征的①，政治共同体之间的相互竞争导致了对暴力的垄断，当某中心参与人垄断了暴力和以暴力为基础的制定法规的权力（包括征税权）时，则出现了中央政府，当政治域出现某中心参与人被认可为中央政府这一稳定结果时，这一显著特征称为国家。在近代国家形态产生之后，作为税收博弈特殊参与人的政治性共同体就是政府。在本书中，除非作出说明，我们通常将税收博弈中"独特的中心参与人"称为政府或称为统治者。

在税制变迁中，国家形态可以认为是确定税制的基础性制度安排，或者称为税制变迁的制度环境；而政治性共同体则是税制变迁的"独特的中心参与人"，国家作为确定税制的制度环境对税制变迁有着决定性的作用，而政治性共同体（政府）作为中心参与人与私人参与者之间的博弈结果又会对作为制度环境的国家形态产生根本的影响。

另外，在本书中，有时我们也会从博弈参与人的角度和国际法的角度②使用"国家"这一概念，前者的国家概念可以认为是作为组织存在的国家，涉及国家间竞争问题时，作为组织的国家并不拥有"独特的中心参与人"的地位；而在国际法意义上使用国家概念时，我们强调的是一个主权政府和其统治的人民结成的共同体。

在税制变迁的理论框架中，政府作为"独特的中心参与人"被认为是主权国家的一般行为代表，包括立法、行政、司法、永久性官僚部门、

---

① 保护产权所需要的安全服务的规模经济特征是国家起源的重要解释性因素，而近代以来军事技术的发展使得只有相当规模的民族国家才能提供有效的安全服务，这要求政府对暴力和征税权实施垄断，准国家组织如封建采邑、自治城市、教会组织的征税权逐渐被政府所剥夺和占有，在这个基础上诞生了近代意义上的民族国家。

② 按照奥本海国际公法规定，国际法的主体是国家，当人民在他们自己的主权政府下定居在一块土地之上时，一个国家就存在了。一个国家必须具备四个条件：一是必须有人民。二是必须有定居的土地，流浪的民族不是国家。三是必须有一个政府，有一个或更多的人来代表人民，并且按照本国的法律进行统治。一个无政府状态的社会不是国家。四是必须有一个主权的政府。主权是最高权威，即一个独立于世界上任何其他权威之外的权威。参见［德］奥本海《奥本海国际法》，商务印书馆1971年版，第96—97页。

统治集团等在内的组织①，而私人参与人则被认为是公民、选民或利益集团。与私人参与人相比，政府有着特殊的决策集合，这些特殊的决策集合源于政治性共同体拥有强制性的权力，因而得以建立与私人参与人之间的强制服从关系。这种强制服从关系中与财产单方面转移有关的活动可以被认为是税收，而这种财产转移的规则被认为是有关税收的制度安排，在特定的税收制度安排下"独特的中心参与人"与私人参与人形成的税收博弈均衡就是税收制度。

政府的基本功能在于提供包括界定和实施产权在内的公共产品，可是"强大到足以保护产权和实施合同的政府也同样强大到足以剥夺公民的财产"，这被巴里·温加斯特称为"经济制度的基本性政治悖论"。② 政府的目标是自身利益的最大化，政府的自身利益包括巩固统治地位、积累和消费财富、设置官僚冗员等等，如果政府能够将其作用限定在按"等价交换"原则提供公共产品，那么政府是无利可图的。在税制变迁中，我们将政府的目标概括为政府税收净收入或税收净收益的最大化③。政府为了自身利益会想办法侵犯私人参与人的利益，通过隐性或显性的税收剥夺其财产。但税收制度却不是政府单方面能够决定的，政府的行为受到私人参与人策略的制约。此外，政府谋取税收净收入最大化的努力也受到客观环境（资源的总量与结构）和技术条件（度量成本和交易费用）等因素的约束。

四 现实中的国家和政府：利他主义与民族国家的竞争

经济学中基于"经济人"假设对政府目标的概括既不是"应然"意

① 在国内法意义上，政府一般是指行政机关，与立法机关和司法机关并列，如中国的国务院、各级人民政府，美国以总统为首的行政机关，英国以首相为首的内阁等。在本书中，我们把政府视为"独特的中心参与人"，通常是指国家权力机关的总称，包括行政、立法、司法。在税制变迁的比较静态与动态分析中，我们将把官僚机构视为"独特的中心参与人"的代理人，单独作为博弈参与人来分析；而在说明议会制度对政府征税权力的制约时，政府往往倾向于仅指统治者或行政机关，议会制度的本质是私人参与人影响政府行为的正式制度安排，议会可以视为由私人参与人代表组成的监督政府的机构。因此，在税制变迁的不同时期政府的概念是有差别的。关于这一问题的进一步分析参见本书第五章。

② Weingast, 1995：第 1 页。转引自青木昌彦《比较制度分析》，中译本，上海远东出版社2001 年版，第 156 页。

③ 所谓税收净收入是指税收收入扣除征税成本后的净额，而税收净收益是在税收净收入基础上减去政府用于"等价交换"的财政支出后的净剩余，这部分剩余可以用来满足政府的自身利益。关于税制变迁中政府目标的进一步分析，见本书第三章。

义上对国家和政府目标的设定，也不是"实然"意义上所有历史时期和所有形态国家和政府状况的描述。现实中的国家和政府应当是介于"仁慈的家长"和"利维坦"之间的某种混合物。如黑格尔认为，"国家的目的就是普遍的利益本身，而这种普遍利益又包含着特殊的利益，它是特殊利益的实体"。① 人们组成国家，形成政府组织的最初目的是为了获取共同利益，即使是所谓掠夺型的国家，为社会提供基本的公共产品也是其维护统治地位和获取最低程度合法性的基础。

在现实中，即使"经济人"假设能够解释很大一部分事实，但也绝不是全部事实，基于利他主义和政治理想而投身于公共事务的政治家和公职人员始终是存在的。而以"天赋人权"为开端的近代以来的社会思潮所导致的民主、自由、法治等一系列基本观念的变化实际上重构了私人参与人与"独特的中心参与人"的博弈模式，从而使得政府谋取税收净收入最大化的行为面临着完全不同的外部约束。

而且，近代以来，民族国家的形成以及由此导致的民族国家之间的激烈竞争使得国家作为民族利益的最高代表在残酷的国际竞争中必须有所作为，其中最重要的是经济增长、技术进步以及以"坚船利炮"为代表的竞争实力的提升。②

对于相对落后的国家而言，在"亡国灭种"压力下进行的"救亡图存"往往在很大程度上压倒了国内各阶层的利益纷争，而此时国家和政府合法性的主要来源是国家整体竞争能力的提升。正是在这个意义上，诺斯所谓为特定阶层设定产权以获取垄断租金最大化的目标在很大程度上被民族国家竞争力提升的目标所替代，至少是被暂时替代，从而使得该目标与通过经济增长以实现政府的预期收入最大化的目标相一致。也就是说，在民族国家竞争视角下，即使政府的目标没有本质的变化，政府通过税收制度实现其目标的方式和手段也会有很大的不同。

---

① 参见郁建兴《黑格尔的国家观》，《政治学研究》1999 年第 3 期。

② 冷战时期，东西方阵营基于意识形态的竞争与两次世界大战为代表的民族国家间的竞争有所不同，参见本书第六章的相关内容。

第三章 税制的静态分析

所谓税制的静态分析，是分析税制的均衡状态以及税制达到均衡状态所具备的条件，也就是假设在特定社会资源的总量与结构、社会政治权力的分布、技术水平与交易费用以及外部竞争状况等条件不变的情况下研究税收制度的形成过程，税收负担是如何在政府与不同阶层纳税人之间形成相对稳定的分配格局的。本章的主要任务是分析税制形成的机制，税制中隐性税收与显性税收的结构以及税负在各阶层纳税人中分布的基本规则。

第一节 税收制度的形成机制

在新古典经济学中，税收被认为是公共产品的价格，政府是以社会利益最大化为目标并无所不知的计划者，计划者不仅了解每个个人愿意对公共产品支付的价格，还知道全体个人的效用函数。在这种情况下，能够实现公共产品供给帕累托最优的税制就是最好的税制，这种税制要求每个人对公共产品交付的价格（税收）等于公共产品生产的边际成本。① 在现实中，政府不可能是以社会利益最大化为目标的"仁慈的家长"，更不可能是全知全能的计划者。在现实税制的形成过程中，政府和社会各阶层（利益集团）都是以自身利益最大化为目标的，都面临着不完全信息的约束（未来的不确定性和现实的信息不对称）。现实的税制是政府在实现自

---

① 萨缪尔森运用一般均衡模型分析了公共产品的最优供给问题，即萨缪尔森模型。在该模型中，他假定存在着一个无所不知的计划者或全知全能者（omniscient），他知道每一个公共产品的消费者对于公共产品的真实偏好。在既定的资源和技术条件下，这个计划者可以确定一组最优解的集合，每一个最优解都包含公共产品和私人产品的产量组合以及私人产品在消费者之间的分布，这些最优解都满足消费上的边际替代率之和等于生产上的边际转换率的条件。这一条件是公共产品最优供给的帕累托效率条件，也称为萨缪尔森条件（Samuelson condition）。公共产品最优供给的条件与私人产品最优供给条件的不同之处在于：私人产品的最优解条件是每个消费者的边际替代率都相等，并且等于边际转换率。

身目标的过程中，在各种约束条件制约下妥协调整的产物。

一　税制确定中政府的目标

政府作为税收博弈的"独特的中心参与人"，其在确定税制时的目标与面临的约束条件是税制确定的主导因素。在税制变迁研究中，我们首先将政府的目标概括为财政收入的最大化，虽然现实中政府增进自身利益的途径不仅仅是获得收入，但不可否认的是，收入是政府最重要的利益来源，是实现政府非收入性目标的基础，无论一个君主偏好通过战争炫耀武力来满足征服的欲望还是偏好豪华的宴会以展示皇家的气派，收入都是必不可少的。尽管历史上或现实中也存在过自我约束和自我节制的统治者或政府，但作为经济学分析的对象，将收入最大化作为政府的目标既是经济学研究的需要，也比较贴近现实。

政府的收入不仅包括税收收入，还包括对外掠夺①和借债②等其他方式的收入，非税收入与税收收入是可以相互替代的。如果我们假设政府以非税方式获得的收入一定，政府在税制设计时的目标可以简化为扣除征税成本后的税收净收入最大化。狭义的征税成本是指税收的征管成本，包括设立税务机构、雇用税务官员或征税代理人的成本以及税基的度量成本、税款征集、保管、运输的成本等（在实物税制下，税款征集、保管和运输的成本在征税成本中的比重是相当大的）；从政府的角度看，广义的征税成本除了征管成本外，还包括由于纳税人税负过重（包括纳税人的遵从成本）或税负不公所引发的政府支持度的下降。政府征税的边际收益（边际税收收入）与征税的边际成本（边际税收成本）相等时，税收净收入最大。不考虑其他因素，作为政府将会在这一均衡点附近设立税制。

在经济学规范意义上，一般认为一个好的税制应符合"公平"、"效

---

① 一般来讲，在正常状态的社会中，通过对其内部成员征税而获得无偿收入的成本要低于对外掠夺和借款。以对外发动战争作为收入主要方式只存在于某些特殊情况，如在地理上有可供掠夺的对象，战争的成本低于掠夺的收入等。在历史上全民皆兵，生产与战争转换成本较低的游牧民族在建立国家的初期比较容易满足上述条件，因此这种类型的国家最具有侵略性，成吉思汗时期的蒙古帝国可以视为这种侵略型国家的典型。但是征服不可能是无休止的，当帝国的军事力量与所统治的疆域达到平衡后，在所统治的区域内，征税而不是掠夺对统治者而言更有利可图。

② 借款不可能成为政府可持续的主要收入方式，因为借款需要还本付息，而税收从收入的角度看是无偿的。另外，在商业和金融业不发达的情况下，政府在大多数情况下根本无钱可借。如果政府强制借款或借款不还，那么这种借款实质上相当于税收。

率"和"最小征收成本"等标准。在上面的分析中，我们把征税成本最小化视为政府获取税收净收入最大化时考虑的一个重要因素，但是政府在设定税制时不考虑"公平"和"效率"吗？我们认为，政府设计税制时"公平"因素实际上包含在由税负不公引发的对政府支持度影响中，在利他主义的假设下，在税制设计时实现特定的公平观念可能是政府的目标，但在"经济人"假设下，我们将其视为政府在寻求自身利益最大化过程中需要面对的外生变量。

具体来说，为统治阶级设定产权或实现某些社会目标是统治者获得政治支持，维护其合法性和统治地位所必须进行的投资，这些投资要依靠税收收入来完成。正如诺思所说，国家设定产权使统治阶级租金最大化与政府本身的税收收入最大化是矛盾的[1]。在本书中，我们将政府为获得相对稳定的支持度所必须设定的产权和提供的公共产品视为政府在确定税制时面临的基本约束[2]。

为了获得维持统治必需的社会支持度，政府需要通过财政支出履行其职能，其中包括为统治阶级设定和保护产权的服务以及为实现其他社会目标所提供的公共产品，在扣除了征税成本后，政府为获得必要的支持度所进行的支出并不能用于政府自身的消费，因此我们可以将政府的目标进一步界定为在税收净收入基础上减去政府用于"等价交换"的财政支出后的净剩余，这部分剩余可以用来满足政府的自身需求。

如果引入时间因素，在多期博弈中，政府作为理性人，其目标不仅是当期税收收入的最大化，而是在其统治期限内可预期的税收收入贴现值的最大化。为了预期收入的最大化，政府首先需要保持既定税基的纳税能力，因此一般倾向于对财产的流量（收入）而不是财产的存量征税。如果财产的流量难以确定，政府在以存量财产为税基时会考虑一个能够基本反映财产收入流量的低税率。否则不仅未来的税收收入会下降，很可能由于纳税人缺乏支付能力，即期的税收也很难保障。其次，政府还需要采取种种措施促进经济增长，目的是扩大税基以提高未来的税收收入。在这个意义上，寻求不损害经济增长并使"超额负担"最小化的税制，即所谓"效率"是符合政府长期利益的。

---

① 参见诺思《经济史中的结构与变迁》，上海三联书店、上海人民出版社 1994 年版，第24—25 页。

② 有关的讨论详见本章第三节。

每个统治者都希望其统治可以维持"千秋万代"，因此为了预期收入，统治者会"休养生息"、"轻徭薄赋"。既然统治者为了自身利益会努力扩大生产，增加税收，那为什么还会爆发法国革命、英国内战、太平天国起义呢？这首先与政府即期收入与预期收入的矛盾有关。从外部环境的角度来看，政府所试图获取的即期收入主要取决于政府当期财政支出的需求，由于突发性事件，如战争的影响，政府往往会陷入当期的生存危机与未来税收收入减少的两难困境中，显然增加税收收入获得生存是第一位的①。但如果战争所需要的即期税收增量超过了社会所能承担的极限，统治者要么被外来政权推翻，要么在内战中垮台。即使统治者勉强渡过了难关，战争失败或者代价昂贵的胜利都可能从根本上动摇统治者原来的统治基础，并可能由此引发重大的制度变迁。②

从内部因素看，这个问题涉及税制动态变迁中政府克服原有制度环境约束的能力及政府对未来判断的主观预期与客观实际的差异。政府是"理性人"，但仅具有"有限理性"，面对变幻莫测的未来，人类社会作为整体可以"试错"，而查理一世和大清帝国则是"试错"的代价。

二　可税财产、应税财产与课税财产

如果不考虑统治者预期之外的突发性事件③所产生的临时性税收需求及应对这种临时性需求所进行的临时性制度安排。政府是怎样确立税收制度的呢？在理论上，政府确定税收制度的逻辑起点是一个社会存在的财富，财富可以理解为具有使用价值，并且稀缺的资源。当财富与特定的所有者相联系时，财富会转化为财产。财产并不一定具有马克思所说的价值，也就是财产并不一定都是商品。中国封建时代官窑生产的瓷器不能进入市场，因此没有价值，不是商品，但这并不妨碍其构成社会财产的一部分并被统治者占有，在使用价值上消费。另外，税收制度中的财产应当是一个政府有效统治区域内的财产，别国的财产不构成税制安排的对象。

从税收的角度分析，一个社会的财产可被分为可税财产与不可税财产。不可税财产与财产的使用状态和占有状态有关。私人拥有的作为生产

---

①　增加税收，如开征个人所得税为战争筹资和以未来政府收入为抵押发行公债是战时筹资的两种主要方式，是否有发达的金融市场以及政府的信用是以公债方式筹资成功的关键。

②　战争等突发性财政支出对税制变迁的影响详见本书第四章第二节。

③　应对预期内突发性事件的税收需求应当包括在常规性税制安排中。

资料能够产生当期收入的生产性财产和非生产性财产都可以被政府作为可税财产。但政府直接占有的财产比较复杂,政府占有的非生产性财产,如政府的办公大楼、皇室宫殿或者没有开发不产生收入的自然资源,是没有必要征税的。政府占有的生产性财产,在市场经济条件下,为了确保国有企业与私人企业的平等竞争,政府有必要对国有生产性财产征收与私人生产性财产一样的税收。如果其税后的财产收益中不包含政治性垄断利润,那么这部分利润上缴则应视为政府作为普通资产所有者的收入。在没有竞争性市场和私人企业存在的情况下,政府作为财产所有者与政治权力垄断者的身份是合二为一的,这时政府的财产收益与税收收益也是合二为一,无法区分的。

但是,如果政府在占有生产性财产的同时,利用其政治权力赋予国有企业在某个或某些市场上政治性垄断的地位,由这种政治性垄断所产生的超额利润所形成的政府收入就是"隐性的税收",这时政府占有生产性财产实际上成为政府设定产权以获得"隐性税收"的一种制度安排。①

另外,可税财产应当具有技术上和经济上征税的可能,所谓技术上征税的可能是指特定时期征税技术的水平能够对某些财产进行有效课征。征税技术对税制变迁的影响是非常显著的,如希克斯所说:"……征收有效的所得税的条件只是在相当晚的时候才具备(甚至现在仍然并不是到处都存在的)。直到有了一种查明收入的办法(公认的办法)才能有所得税……因而在收入容易估算的富有者大批出现以前,要完全顺利地实行所得税是不大可能的。"② 正是由于征税技术的不足,政府不可能对所有社会财产同等地征税,如商人的货币资产比土地等不动产更容易隐匿,而在缺乏社会统一的核算技术(会计)的情况下,要了解商人的收入(流量的财产)更是困难,正是征税技术的缺乏使得中国封建王朝对商人的财产不能有效课征,因此重农抑商是封建国家为保证税收收入所必然采取的措施。经济上征税的可能是指当对特定财产的征管成本大于所获得的税收收入时,征税是得不偿失的。技术上不可税强调的是不具备征税条件,而经济上不可税则是指尽管技术上可征税,但在经济上不可行。如在交通、

---

① 政府占有生产性财产的目的并不一定是为了获得隐性的税收,某些外溢性行业或自然垄断行业的国有化可能是为了平衡社会不同利益集团收入分配的目的,可以看作是根据社会中某个或某些利益集团的要求而设定的产权。

② 约翰·希克斯:《经济史理论》,中译本,商务印书馆 1987 年版,第 76—77 页。

通信不发达的情况下，对偏远而居住分散的居民征收运输困难的实物税在经济上就是不可行的。可税财产的范围并不是一成不变的，征税技术的发展，交通、通信和整个社会货币化程度的提高会导致税收征管成本的下降，而征管成本的下降会逐渐扩大可税财产的范围。

在可税财产的基础上，由一定时期具体税收制度决定的法律上应予征税的财产称为应税财产。应税财产的范围小于可税财产，是可税财产的一个子集。政府在确定名义税制时，哪些可税财产应当被作为税基设定为应税财产，不同应税财产的税率又是如何确定的呢？这主要取决于特定社会中不同可税财产所有者政治权力的分布状况。政府作为课税主体并不是为所欲为的，其统治地位要依靠社会中某个或某些利益集团的支持。而获得支持的基本手段有三个：一是为这些利益集团设定产权使其获得垄断租金，如罗马帝国为奴隶主所设定的占有奴隶的权力；二是通过直接给予这些利益集团免税权或低税率优惠而获得支持，如中世纪法国给予基督教会和骑士阶层的免税权，中国封建王朝给予官僚集团的免税权；三是通过财政支出为这些利益集团提供其所偏好的公共产品。对某一特定社会阶层（利益集团）设置的税率越高，这一阶层对政府的支持度就越低，其隐匿税基，偷逃税款甚至用暴力抗税的可能性就越大，政府的征税成本也就越高。由于不同社会阶层的政治权力分布不同，因此政府从不同阶层获得等量税收收入的成本也不同，对骑士阶层征收税款的政治阻力和成本要比对没有政治地位的农民征税大得多。假定其他条件不变，政府从不同阶层所获得的税收收入应当与政治权力在不同阶层中的分布状况成反比。

如果我们把政治权力的分布看作税制安排中的制度环境，制度环境的相对稳定会使税基（应税财产）和税率在较长的时期内相对稳定，缺乏变革的传统社会中这种稳定性最终会演变为这个社会约定俗成的惯例，成为社会意识形态的一部分。正如希克斯所说："税收制度可以追溯到前市场经济；它是以统治者在那种经济中的权利、习惯的权利作为基础的；如果统治者试图通过提高税率或者征收新税的途径来榨取更多的收入，他就在滥用其权力。在民众眼里他这时不是什么合法的君主而是'暴君'，从而将陷入激起一个瓦特·泰勒或约翰·哈普登即波士顿茶叶党的危险。"[1]因此，政府对应税财产及其税率的确定在很大程度上反映了政府在特定社

---

① 约翰·希克斯：《经济史理论》，中译本，商务印书馆 1987 年版，第 78—79 页。

会中所面临的制度环境和社会规范的约束。

应税财产可以视为由名义税制所决定的在税收正式规则下确定的税基，但名义税制要通过政府的征税代理人和纳税人之间的博弈才能够最终实现，在名义税制的约束下，征税代理人和纳税人的博弈往往会形成现实中得到有效实施的种种非正式规则，从而变更名义税制的规定，使名义税制与实际税制产生差异，由实际税制所决定的税基我们称之为课税财产，课税财产是应税财产经过非正式规则修正后的税基。在通常情况下，课税财产是应税财产的子集，纳税人的偷税漏税行为会将一部分应税财产变为不课税财产。此外，即使课税财产与应税财产基本一致，征税代理人与纳税人的博弈也可以通过变更税率而改变税负在纳税人之间的分布状态。而在某些情况下，由实际税制决定的课税财产也可能超出了由名义税制确定的应税财产的范围而对可税而非应税财产进行课征，即所谓的"法外征收"。图 3 - 1 是财产、可税财产、应税财产与课税财产之间的关系。

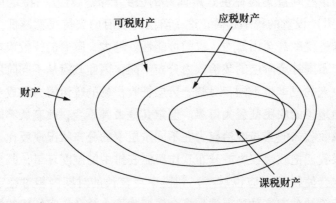

图 3 - 1　财产、可税财产、应税财产与课税财产的关系

三　代理成本与实际税制

政府在确定税收制度时所面临的另一个基本约束是征税代理人的代理成本与征管效率。诺思认为："虽然统治者尽力去监督，但无论哪一个组织机构，其代理人都不完全受约束，他们的利益并不完全与统治者一致，其结果是，统治者在其代理人头上或多或少耗费一些垄断租金，在某些情

况下，代理人与选民在瓜分某些垄断租金时存在着共谋。"[1] 在税收制度的实施过程中，征税代理人无论是官僚机构还是包税人，都存在着诺思所说的代理问题。代理人可能并不按照统治者所确定的名义税基和税率去征收税收，如果缺乏监督，征税代理人可能在名义税基和税率之外进行"法外征收"以中饱私囊，或者私自改变纳税人的负担，在税收总量不变的情况下将某些阶层的税负转嫁给另一些阶层（通常是进一步加剧社会中弱势阶层的税收负担）。征税代理人的上述行为并不一定导致统治者税收收入的下降，但却增加了纳税人的总体负担或改变了税负的分布，从而使统治者的支持度下降，即增加了统治者的征税成本。如果统治者对此缺乏了解，在确定税制时按照其主观估计的税负分布确定征税成本，则会导致统治风险的增加（上层歌舞升平、下层民不聊生）。为控制代理成本，统治者需要增加监督成本，而这会减少统治者的税收净收入。

征管效率与代理成本有关，但这是另一个层次的问题，征管效率可以以名义税负与实际税负的差额占名义税负的比重来衡量。征税代理人的征管效率越低，政府为获得既定的实际税收收入所需要制订的名义税负就越高。而名义税负与实际税负的差距越大，名义税制就越难以得到有效的实施，征税代理人实施机会主义行为的空间就越大。

名义税制要在现实中得到有效实施，成为实际税制取决于征税代理人与纳税人之间的博弈，征税代理人与作为个体存在的纳税人的博弈是一个不完全信息动态博弈。在这一博弈过程中，我们假设纳税人先行动，纳税人有三种策略选择：依法纳税、稳妥逃税和冒险逃税，其中依法纳税是按照名义税制的规定缴纳税款 Φ，稳妥逃税是纳税人在信息不对称情况下通过对征税代理人客观能力的估计所采取的逃税措施，是征税代理人无论多么努力工作都无法发现的。这里我们引入征税代理人客观能力系数 α，通常情况下 $0 < \alpha < 1$，表示纳税人由于拥有征税代理人无法掌握的私人信息所获得的"信息租金"[2]。信息租金是不可避免的，任何一个国家的税务机关都不能保证完全按名义税制的规定获得 100% 的税收收入，征税代理人的能力越强，α 值越大，不考虑其他因素，名义税制与实际税制就越接近。

---

① 诺思：《经济史中的结构与变迁》，中译本，上海三联书店、上海人民出版社 1994 年版，第 27 页。

② 所谓信息租金，是指私人信息拥有者利用私人信息所获得的额外收益。

在稳妥逃税策略下，纳税人的税收负担为 $\alpha\Phi$。需要说明的是，客观能力系数 α 是纳税人通过过去的博弈所形成的主观判断，一旦征税代理人的征税能力得到提高，而纳税人不知道，仍根据原有的判断选择稳妥逃税，那么稳妥逃税就会演变为冒险逃税。另外，不同税种所需要的税基度量技术不同，因此征税代理人的客观能力系数会因为税种的不同而有很大差异。在现实中，对于税基度量比较简单、征税代理人征税能力较强的税种，纳税人选择依法纳税的可能性要大一些，而税基度量技术复杂的税种则容易产生各种各样逃税的方法。

冒险逃税策略是在稳妥逃税的基础上将逃税额增加 Δ，如果逃税成功，纳税人只缴纳税款 $\alpha\Phi-\Delta$，如果逃税被发现则将面临数额为 m 的惩罚，其实际成本为 $\alpha\Phi+m$。纳税人是否选择冒险逃税策略首先取决于征税代理人事后的选择：如果征税代理人选择努力工作则逃税不能成功，反之则逃税成功。纳税人面临的问题是，在决定策略时并不确定事后行动的征税代理人的选择，只能根据以往博弈的经验确定一个征税代理人努力工作的概率，这一概率我们称为工作努力系数 β，通常情况下 $0<\beta<1$，从纳税人的角度也可视为冒险逃税被发现的概率，这一概率同样是纳税人主观的判断。纳税人需要比较冒险逃税的收益 Δ 和逃税的预期成本 βm，当 $\Delta-\beta m>0$ 时，纳税人会选择逃税，反之则选择稳妥逃税。通过以上分析我们可以看出，由于信息租金的存在，纳税人通常不会选择依法纳税，尤其是在名义税制与现实相差太大，不可能得到有效实施的时候，纳税人的行为会普遍偏离名义税制的规定，征税代理人即使知道这种情况，由于客观征税能力的限制也无可奈何。而纳税人是否选择冒险逃税则取决于逃税的数量 Δ、逃税被发现的概率 β 和面临的惩罚 m 三者之间的关系。

现在征税代理人行动，征税代理人并不知道纳税人的选择，由于客观能力的限制，他无法区分依法纳税和稳妥逃税，但是通过努力工作可以发现冒险逃税。征税代理人有两种策略选择：努力工作和不努力工作。努力工作可以发现纳税人的冒险逃税，不努力工作则发现不了；但努力工作的成本为 C，而不努力工作的成本为 c，$C>c$。如果发现纳税人逃税可以增加收入 $m+\Delta$，在包税人制度下，$m+\Delta$ 是征税代理人的收益，因为包税人向政府缴纳的税收收入是一定的，而当征税代理人是拿固定薪水的官员时，$m+\Delta$ 是政府的收益而不是征税代理人的收益，$m+\Delta$ 在多大程度上能够转化成征税代理人的收益是由政府与征税代理人之间的博弈外生给定的。我们引入一个激励相容系数 ε，通常情况下 $0 < \varepsilon < 1$，政府对征税代理人的控制程度越高，ε 的值越大。征税代理人从发现逃税行为中获得的收益①可以表示为 $\varepsilon(m+\Delta)$。

如果这一阶段的博弈是一次性博弈，纳税人与征税代理人的博弈有六种可能的策略组合，即 {依法纳税，努力工作}，报酬组合为 {$-\Phi, \varepsilon\Phi - C$}；{依法纳税，不努力工作}，报酬组合为 {$-\Phi, \varepsilon\Phi - c$}；{稳妥逃税，努力工作}，报酬组合为 {$-\alpha\Phi, \varepsilon\alpha\Phi - C$}；{稳妥逃税，不努力工作}，报酬组合为 {$-\alpha\Phi, \varepsilon\alpha\Phi - c$}；{冒险逃税，努力工作}，报酬组合为 {$-\alpha\Phi - m, \varepsilon(\alpha\Phi + m) - C$}；{冒险逃税，不努力工作}，报酬组合为 {$-\alpha\Phi + \Delta, \varepsilon(\alpha\Phi - \Delta) - c$}。由于是一次性博弈，纳税人如果认为征税代理人的客观能力很强，α 值接近1，而且 $\Delta - \beta m < 0$，他会选择依法纳税；如果纳税人判断征税代理人的客观能力系数小于1，而 $\Delta - \beta m < 0$，他会选择稳妥逃税；如果 $\alpha < 1$ 且 $\Delta - \beta m > 0$，纳税人则会选择冒险逃税。征税代理人在什么条件下会选择努力工作呢？由于假设征税代理人只要努力工作就会发现冒险逃税，其条件是 $\varepsilon(\alpha\Phi + m) - C > \varepsilon(\alpha\Phi - \Delta) - c$，这一条件可以进一步表示为 $\varepsilon(m+\Delta) > C - c$，即为发现逃税额外付出的成本要小于征税代理人的收益。这一条件可以说明在激励相容系数和征税代理人成本一定的情况下，征税代理人的最优选择是查逃税的"大案"，而放弃逃税数额较小的案件。在重复博弈中，我们假设 $\alpha < 1$，那么 {依法纳税，努力工作}、{依法纳税，不努力工作}、{冒险逃税，努力工作} 和 {稳妥逃税，不努力工作} 这四个策略组合对纳税人而言都不是最优的，因为在这四个策略组合中，纳税人的主观预期是错误的，纳税人会根据新情况调整自己的策略。最后，{冒险逃税，不努力工作} 和 {稳妥逃税，努力工作} 是在重复博弈中可能实现的博弈均衡，至于最终会形成哪种均衡则取决于由其他博弈所给定的外生变量。

如果一次性博弈的结果是 {冒险逃税，努力工作}，纳税人还可以选择向征税代理人支付贿赂 σ 以避免惩罚并获得逃税收益。但纳税人同样不知道征税代理人是否会接受贿赂，只能根据经验判断征税代理人的腐败系数 τ，通常情况下 $0 < \tau < 1$。如果贿赂失败，纳税人将面临惩罚 n。当

---

① 这部分收益可以是物质奖励，也可以是晋升、荣誉等非物质奖励。如何实现政府与委托代理人之间的激励相容、降低代理成本是征管制度设计的核心问题。

$\Delta > \sigma + (1-\tau)n$ 时，纳税人会选择贿赂。这时，纳税人与征税代理人的博弈组合为 {贿赂，不接受贿赂} 和 {贿赂，接受贿赂}，报酬组合分别为 {$-\alpha\Phi - m - n, \varepsilon(\alpha\Phi + m + n) - C$} 和 {$-\alpha\Phi + \Delta - \sigma, \varepsilon(\alpha\Phi - \Delta) - C + \sigma$}。在这种情况下，征税代理人不接受贿赂的条件是 $\varepsilon(\alpha\Phi + m + n) - C > \varepsilon(\alpha\Phi - \Delta) - C + \sigma$，即 $\varepsilon(m + n + \Delta) > \sigma$，这意味着征税代理人通过查处逃税行为获取的收益要大于纳税人支付的贿赂。而如果这一条件不具备，在存在贿赂的重复博弈中，{冒险逃税并贿赂，努力工作并接受贿赂} 也可能成为稳定的博弈均衡结果。

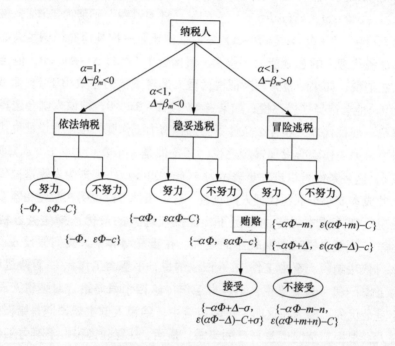

图 3 - 2　征税代理人与纳税人的不完全信息动态博弈

通过上面的分析我们可以看出，在征税代理人与纳税人的不完全信息动态博弈中，最终的博弈均衡是不确定的，纳税人和征税代理人的行为在很大程度上取决于几个重要的外生变量①，征税代理人的客观能力系数 α、

① 实际上，我们对纳税人和征税代理人行为的分析是以确定的名义税制为前提展开的，而降低纳税人冒险逃税的收益是更为重要的。因此，税负较轻且普遍征收的名义税制与部分纳税人税负较重且减免复杂的税制更容易实施，也有利于减少征税代理人的自由裁量权，从而可以有效降低名义税制与实际税制的偏离程度。

工作努力系数 β、腐败系数 τ、政府与征税代理人的激励相容系数 ε。在名义税制的约束下，纳税人与征税代理人之间的博弈结果会对名义税制进行修正，最终形成在现实中得到有效实施的实际税制。如果最终的博弈均衡为 {稳妥逃税，努力工作}，名义税制与实际税制的差异仅仅在于信息租金，在客观能力系数一定的情况下，这种均衡对政府而言是最优的；如果最终的博弈均衡为 {冒险逃税，不努力工作}，或者是 {冒险逃税并贿赂，努力工作并接受贿赂}，政府的名义税制将受到很大冲击，纳税人普遍逃税和逃税被发现后实施贿赂会成为被普遍遵循的非正式规则。

在现实中，政府在确定名义税制时已经考虑到征税代理人的行为对实际税收收入的影响，如果征税代理人与纳税人的博弈所形成的实际税制并没有影响税收收入的增长，政府很可能会默许名义税制与实际税制差异的存在。但如果实际税制的变迁减少了政府预期的收入，政府则有动力加强对征税代理人的监督以控制实际税制与名义税制的偏离程度。例如清代雍正时期所采取的"耗羡归公"、"养廉银"制度[1]在很大程度上就可以看作政府试图控制这种偏离的努力。

此外，实际税制的变迁即使不影响政府的税收收入，也会改变名义税制所设定的税负分布状态，一些纳税人在实际税制下的税收负担要高于名义税制下的负担，而另一些纳税人则相反。在这种情况下，税收负担增加的纳税人组成的利益集团也会对政府施加压力要求政府控制这种偏离。而另一方面，名义税制与实际税制的差异也可以反映出名义税制与现实经济发展水平、会计核算水平、货币化程度等制度环境的不协调，暴露出名义税制设计中存在的问题。因此，实际税制的变迁反过来又会影响名义税制的变迁。

综上所述，从静态的角度来看，如果一个社会中各个阶层的财产和政治权力分布状况，税收征管技术、代理成本与征管效率以及各种非税收入和财政支出一定，在不考虑未来经济结构、社会结构和技术变动的情况下，统治者是以税收净收入最大化为目标来确定税制的。当税收的边际收益与征税的边际成本相等时，税收的净收入最大，这时的税制是一个静态均衡的税制。具体来说，在静态税制的形成过程中，可税财产在社会总财产中的比重是既定的，主要由社会各阶层政治权力分布所决定的作为税基

---

[1] 参见郑学檬主编《中国赋役制度史》，上海人民出版社 2000 年版，第 602—609 页。

的应税财产和由征税代理人与纳税人博弈所决定的课税财产在很大程度上政府也无法任意变动。政府在确定税制时考虑的关键性因素有两个：一是如何选择征税方式以降低征税的成本并在即期收入与远期收入之间进行权衡；二是在无法选择税基的情况下如何在维持基本政治支持度的同时，尽可能地提高税率以获得更多的税收收入。税收方式的选择主要涉及以隐性税收还是以显性税收获取收入的问题，而对既定税基的税率确定则涉及税负在不同阶层的分摊问题。

第二节　隐性的税收与显性的税收

在前面对税收的界定中，我们根据是否存在基于个体的名义对价将税收划分为"隐性的税收"和"显性的税收"，其中隐性的税收是指课税主体凭借政治权力通过设定产权而获得的政治性超额利润，而显性的税收对纳税人个体而言则是无名义对价、非惩罚性的无偿财产转移。对作为课税主体的政府而言，隐性的税收和显性的税收作为收入形式是可以相互替代的，但两者对征管条件的要求和对经济社会的影响有很大不同，政府选择隐性税收还是显性税收获取收入是税制变迁中的重要问题。

一　国有财产收益与隐性税收

税收作为政府财政收入的形式历史悠久，但税收，尤其是显性的税收作为政府财政收入的主要来源，在财政总收入中占据无可比拟的重要地位却是近代以来市场经济发展的结果。

历史上，西欧中世纪占主体地位的是以"分封制"和"军事采邑制"为基础的封建经济，领主不仅享有对土地的所有权，耕种土地的农奴还对领主有人身依附关系。在这种经济体制下，领主的财政收入主要来源于基于土地所有权的"封建地租"收入。一般认为，这种收入是资本收益，应当被视为基于财产权利的收入。但是，正如我们在税收的定义中所指出的，财产权利与政治权力是不能截然分开的，财产权利要依靠政治权力得以实现。在封建的土地国有制下，封建国家单方面增加，并依靠政治权力强制征收的地租与税收是难以区分的。如果没有竞争性的财产权利，我们无法区分税与租。而在历史与现实中，国有财产收益与隐性税收之间有着千丝万缕的联系。

将国有财产收益与隐性税收结合的典型形式是财政性专卖制度。在中外历史上，财政性专卖作为政府获取收入的重要方式一直存在，而中国历史上财政性专卖制度的发展最为充分，也最能体现隐性税收的性质。财政性专卖最基本的形式是通过垄断少数重要产品的生产或销售获得超额利润，其中官营官卖是最彻底的专卖形式，也就是政府通过直接控制生产和销售实现对产品的垄断。由于政府直接垄断产品的生产，就必须将资源和生产资料国有化，并禁止私人掌握相关的资源和生产资料，如盐铁官营官卖制度下政府对铁矿、盐场和生产工具的独占，而官卖则需要建立起一套国有国营的销售网络，这样可以将生产销售各个环节的利润完全据为己有。官营官卖制度下，政府的目的主要不是通过对生产资料的占有获得国有财产收益，而是凭借政治权力独占生产资料以获得垄断利润，这种政治性垄断利润实际上就是隐性的税收。财政性专卖也可以不采取官卖的形式，如元代的"行盐法"实行的就是商运商销。其基本程序是商人向各盐司纳钱，换取盐引，凭引到盐场或盐仓支盐，然后将盐运到各地销售。"行盐法"下，盐引的价格实际上包括了官府对盐的批发价和盐税两部分，只不过盐税没有独立的形式，是所谓的"寓价于税"①。

专卖利润也可以通过赤裸裸的政治权力来获得，并不一定要与生产性国有财产的直接占有相联系，这时专卖的税收性质表现得更为显著。如唐代中后期刘晏对食盐专卖制度进行改革，将民制、官收、官运、官销政策改为民制、官收、商运、商销②，政府既不直接占有生产资料进行生产，也不建立销售网络实施销售，而只凭借政治权力垄断收购与批发权，这种垄断权形成了收购与批发的行政性定价，其价差形成的超额利润就是政府所获得的隐性税收。

专卖体制要求政府占有一定的国有资产，或者至少需要有一笔财政资金用于"官收"中的资金周转。而独占制度则是完全凭借政府设定产权而获得的收入，政府不需要投入任何资金。独占制度分为国内独占和贸易独占③，所谓国内独占制度，是指只有从政府买到独占特许权的个人或企

---

① 参见郑学檬主编《中国赋役制度史》，上海人民出版社 2000 年版，第 462—463 页。

② 参见叶振鹏主编《中国历代财政改革研究》，中国财政经济出版社 1999 年版，第 381 页。

③ 参见刘祚昌等主编《世界史——近代史（上）》，人民出版社 1984 年版，第 14、15、21 页。

业才有权利从事某些商品的买卖。政府的收入就是出售独占特许权的收入，而获得特许权后，专卖商可以获得垄断的市场地位，从而可以以远高于正常市场价格的价格出售独占商品。实行独占制度的商品大多数是人民生活的必需品，如肥皂、植物油、煤、盐、纸、皮革、玻璃等。这些商品的需求弹性较低，人民购买独占商品所额外付出的代价转变成了独占商人的超额利润和政府的特许权收入。所谓贸易独占，是指只有从政府领取特许状的贸易公司才能在指定区域进行独占贸易，一般商人不得插足其间。独占贸易公司依靠独占地位任意抬高物价，进口贸易的独占使国内经由这些公司从海外购买的原料或商品价格远高于正常贸易的价格，与国内独占对人民生产生活的影响相似，而出口贸易的独占则侵害了本国出口生产企业的利益。独占制度是政府通过设定产权形成政治性垄断与个别利益集团瓜分租金的制度，政府的特许权收入是完全凭借政治权力获得的隐性税收。

还有一种重要的国家凭借政治权力获得收入的形式，即"铸币税"和"通货膨胀税"[1]，国家如果垄断了货币的发行权，通过滥发货币也可以获得丰厚的财政收入，在历史上这种情况屡见不鲜。利用发行货币弥补财政赤字相当于对全体货币持有者征收隐性税收。利用货币贬值来获取收入可以节省税收征管中的各项成本，并迅速为政府带来收入，但货币的任意贬值所导致的货币体系的混乱会对经济造成灾难性的影响从而降低政府其他来源的收入。因此，利用货币贬值获得收入大多属于临时性的应急收入措施。

对政府而言，通过独占制度获取隐性税收与显性税收相比具有许多好处，其中最主要的是这种收入的直接成本很低，统治者不需要建立庞大的税收机构，不需要雇用官员并对官员进行监督，也不需要面对广大的纳税人——进行复杂的税基度量和困难重重的税款征收，只需要与少数的商人达成协议，由商人垫支税款。以政治权力与商人直接交换获得收入快捷、

---

[1] 通货膨胀税与铸币税二者既有联系又有区别。铸币税是政府利用其法定货币发行权力所取得的一种特殊的税收。在政府为弥补财政赤字而发行货币的情况下，铸币税是指政府为弥补财政赤字而通过发行货币所获得的收益。从定义上看，二者的角度不同。通货膨胀税是从"通货膨胀"角度来说的，而铸币税是从"发行货币"角度来说的。从量上看，二者有可能相同，也有可能不相同。在通货膨胀情况下，纳税人由于名义收入的增加而提升了纳税等级，由此要多缴纳税金，这属于通货膨胀的一种再分配效应，而不属于"通货膨胀税"。参见王利、左大培《关于预算赤字、铸币税和货币扩张通货膨胀税的关系》，《经济研究》1999 年第 8 期。

方便，尤其当统治者急需收入应对突发性财政支出需要时，出售特许权比通过烦琐的征税程序获得收入要有效得多，在征税权受到议会制约的西欧国家尤其如此。

专卖制度的成本与独占制度相比要高一些，在官营官卖体制下，政府需要占有财产，直接负责生产、销售，即使仅仅垄断收购和批发权，为了防止利益驱动的走私行为，也需要设立相应的专卖管理机构。在中国，很早就建立起来的以中央集权为基础、覆盖全国的官僚体制为专卖管理提供了行政资源，而对商人和商业的压制使得帝国内难以产生全国性商业组织和由商人控制的销售网络，即使存在着这种大家巨室，由于商人的政治地位低下，政府也没有必要与其瓜分垄断利润。实际上，中国历代的专卖制度都包含有压制大商人的动机。商业的发展程度与商人政治地位及官僚体系的差异可以解释历史上为什么西欧国家更多地依靠独占制度获取隐性税收，而中国封建王朝则更多地依靠专卖制度。与显性的税收相比，通过专卖获取收入在很大程度上节省了度量税基的成本，因为专卖商品大多是生活必需品，政府的收入是伴随着销售直接实现的。而允许商运、商销的专卖制度也可以在一定程度上利用已有的商业组织降低管理成本。

出售免税权和卖官鬻爵也是传统社会中统治者出售政治权力以获得收入的方式。出售免税权实际上是政府将某一纳税人应向统治者交纳的未来税收贴现以获得即期收入的一种收入方式。而卖官鬻爵则是向普通纳税人出售政治地位，官员身份和贵族身份代表着社会中的特权，在许多社会中，如中世纪的法国，这种特权身份本身就包含有免税的特权。在历史上，免税权的出售与包税制①有着密切的关系。最初，统治者是以某种税款的征收权作抵押进行借款，后来以包税作抵押进行借款渐渐演变成出售包税，进而演变成出售对将来课税的豁免。出售免税权对政府财政收入的影响是巨大的。"长期不断地求助于免税的办法会造成一种情况，即穷人依然纳税而富人（过去买了免税的人）则大都免税；这种状况已经成为与法国和俄国君主制度的垮台有关的财政腐败的一种合格的象征。……放弃征税权力显然削弱了政府。"②

作为一种收入方式，隐性的税收对政府而言直接的征收成本

---

① 所谓包税制是指包税人在向税收部门缴纳一笔款项后买下征税权，征税所得归自己所有。相当于包税人先借款给政府，再相应决定征税数量以弥补借款和获得高额利润。

② 约翰·希克斯：《经济史理论》，中译本，商务印书馆1987年版，第80页。

很低①,具有很大的吸引力。但隐性税收本身有着自身难以克服的缺陷,首先,无论是专卖制度还是独占制度,必须以生活必需品为对象,其种类和数量不可能过多。从历史上看,专卖往往集中于盐、铁、茶等消费弹性较低的产品,一般来说生产相对集中而且易于进行控制。另外,尽管消费弹性较低,但专卖价格也是受到一定制约的,专卖价格过高不仅会减少消费量,更会刺激走私,从而减少政府的专卖利润。专卖和独占的范围越广,政府为了控制生产销售、打击走私以维持垄断地位和特许权价格所需要增加的监督和实施成本也就越高,这是专卖与独占制度无法大规模实行的重要原因。而出售免税权则意味着政府税基的减少和未来收入的萎缩。因此,隐性的税收所能够提供的收入数量有限且持续性较低,难以作为政府稳定、可持续的收入来源。

其次,通过设定产权获得隐性税收会形成大量的人为垄断,限制市场竞争,不利于经济的发展。政府在一定时期内通过隐性税收获得的收入越多,对经济的损害越大。如 1629—1640 年期间,查理一世无限制地推行工商业独占制度,英国许多消费品的生产及出卖的独占权都被国王出售以获取收入。独占的消费品包括肥皂、盐、铁、煤、砖、玻璃、皮革、淀粉、火药、麻布、染料、纽扣、酒、啤酒、油脂、针和别针等差不多所有的日常用品。这种无限制的独占政策使正常的工商业停滞、消费品价格高涨、失业人数激增。如煤的独占不仅直接影响煤的生产,而且间接影响了以煤为燃料的其他生产部门。没有得到垄断权的企业只能关门歇业或解雇工人,造成大量工人失业。经济的衰退导致大量资本外逃到荷兰,大量清教徒移居美洲。② 而且经济衰退最终会影响到显性税收的收入,并从根本上损害政府长远的税收利益。

最后,隐性税收是对不同阶层利益的再分配,与显性的税收相比,由于没有明确的税基和税率规定,产权的人为设定和限制导致了更为严重的腐败③

---

① 除了政府所支付的度量成本和建立税务机构的成本较低之外,隐性税收由于其"寓税于价"的特征使得在最初实施时纳税人的税负感较轻,因而征收的阻力较小。但从长期来看,纳税人也是理性人,不可能不质疑自己为什么要被迫支付高价,这种质疑所产生的对政府的信任危机危害更大。

② 参见刘祚昌等主编《世界史——近代史(上)》,人民出版社 1984 年版,第 23 页。

③ 明代食盐专卖制度的腐败到了如此严重的程度,"在 16 世纪,一个人如果被任命为盐务官员,其名声立即将受到玷污"。黄仁宇:《十六世纪明代中国之财政与税收》,生活·读书·新知三联书店 2001 年版,第 287 页。

和税负分配不公，只有政府和与政府关系密切的少数利益集团获得了高额利润，而大多数社会阶层则为此付出了沉重的代价。滥用政治权力，通过设定产权获得隐性税收所导致的腐败和贫富差距会极大地削弱政府的统治基础，无限制地推行工商业独占制度的查理一世就上了断头台。随着历史的发展，现代法治社会实现了对政府权力的有效约束，这使得政府与个别利益集团勾结损害其他利益集团的行为受到了很大的制约，这种政治约束使现代社会政府通过隐性税收获取收入的能力被大大削弱。

综上所述，隐性税收的征收成本较低，由于不需要形成覆盖全国的征税机构，因此政府利用其获取收入不必要进行巨额的初始投资。但是，随着隐性税收的增加，为了确保政治性垄断，政府必须大量追加监督成本和实施成本，而且隐性税收的增加不仅会严重阻碍经济发展，其所引发的腐败和贫富差距扩大会大大提高广义的征税成本，增加统治者的政治风险。

二　显性税收的成本特征

显性税收是政府凭借政治权力进行的无名义对价的财产转移，与隐性税收相比，由于征收时没有基于个体的名义对价所形成的"交换"形式，对纳税人而言，显性税收的征收必然带有以命令服从关系为特征的强制性，政府面对众多纳税人实施直接强制的成本是影响税收中显性税收所占比重的关键因素。

从历史上看，政府作为"独特的中心参与人"在其疆域范围内有效垄断暴力的情况在东西方是有很大差异的。中国在很早就实现了中央政府对广阔疆域的有效控制，并建立了自上而下的职业化的官僚集团来实施这种控制。① 但是，在中世纪的欧洲，以暴力为基础的强制力是分散在封建领地、自治城市和教会手中的，名义上的统治者——国王甚至连常备军都没有。② 封建领地、自治城市和教会不仅拥有独立的法庭，而且直接拥有

---

① 这种体制以秦统一全国并建立郡县制度为标志在中国得以确立。秦之后的历代封建王朝都继承并沿袭了这种体制，尽管中国历史上也存在着割据和分裂，如唐后期的藩镇割据及五代十国，但统一而不是分裂是主要特征。东方社会的大一统中央集权体制可以部分地归结为威特福格尔的治水社会理论，即对农耕社会至关重要的灌溉工程和防止水患所需要的公共服务要求在流域内实施统一的管理。（Wittfogel, Karl 1957. Oriental Despotism: A Comparative Study of Total Power. New Haven: Yale University Press.）

② 法国的查理七世于 1445 年才建立了法国历史上第一支常备军。

武装。① 政治权力的分散化导致各个独立的政治实体（政治性共同体）分别征税并据为己有，教会的什一税、王国内林立的关卡、自治城市独立的财政权都使得"中世纪的政府以它们有限的行政能力和对它们领土不完全的政治控制，不可能执行许多属于现代政府权限范围以内的政策。"② 其中也包括无法建立国内统一的税收制度。

在欧洲，政府建立统一的覆盖全国的显性税制以获得所需要的大部分财政收入是一个漫长的过程。从静态角度看，普遍征收显性的税收需要以政治权力的集中为前提，并且需要政府建立起一整套税收机构来执行相对统一的税收法令，这是一笔巨额的初始成本。罗马帝国灭亡后，帝国广阔疆域上的统治机构没有被蛮族所继承，而中华文明的连续性使得"官僚制度在每次解体后都能自行恢复"③，这是古代社会和近代社会早期中西方税制差异的重要解释性因素。尽管建立官僚机构获取税收需要巨额的初始投入，但官僚体系一旦确立，就可以视为沉没成本，在此基础上，政府获取显性税收的边际成本很低。显性税制的这一成本特征使得当政府面临财政支出增加时，采取提高税率或开征新税的措施所面临的征管成本约束很小。在中国历史上，随着生产的恢复，人口的增加，各种形式的附加税和摊派会轻易地以更快速度增长就与这一成本特征关系密切。

显性税制确定过程中另一个重要的影响因素是税基的度量成本，在征管技术和行政组织的效率一定的情况下，不考虑其他因素，政府总是会选择那些易于度量的税基征税，这是政府确定应税财产范围的基本原则。度量成本可以在很大程度上解释显性税制内主体税种的形成。长期以来，土地是最容易确定的税基，也是传统社会中最重要的生产资料，因此土地税是最基本的税种。房屋等不动产也是易于确认的税基，但与农业社会的土地不同，土地的常年平均产量是比较容易确定的，但房屋的价值及其可能产生的收入则难以准确估价。由于估价的困难和估价过程中的成本很高，估价不可能频繁地进行，"结果纳税人通常按其财产在以前某一时期的所值缴付税款而不是按它当时的所值缴纳税款"，由于应纳税财产的价值不

① 封建骑士自不必说，波罗的海的城市联盟——汉萨同盟的海军曾击败过瑞典的海军，而条顿骑士团、神庙骑士团、医护骑士团则是直属于教皇的武装。参见刘明翰主编《世界史——中世纪史》，人民出版社 1986 年版，第 60 页。

② ［意］卡洛·M. 奇波拉主编：《欧洲经济史》第一卷，中译本，商务印书馆 1988 年版，第 267 页。

③ 约翰·希克斯：《经济史理论》，中译本，商务印书馆 1987 年版，第 81 页。

能反映财产价值的变化，因此"征税史上有许许多多财产税的例子，竟是征不到税而烂掉的了"。[①] 历史上长期存在的主体税种还有人头税，严格地讲，人不是税基，而只是容易确认的"税柄"，在人口密度较大，生产区域相对集中的农业社会，通过设立户籍制度并对人口流动实施控制，人头税的度量和征收成本很低。因此，土地税和人头税[②]是传统社会两个最重要的税种，中国历史上经过长期战乱后建立的新王朝确立税制的最基础的工作就是编造户口册籍和土地登记册，如明初的"黄册"和"鱼鳞图册"。[③] 在现代社会，税收的度量成本和征税成本也是决定税制的重要因素，发展中国家以流转税为主体的税制结构与流转税的度量和征管成本低有着直接的关系。

三　税制中隐性税收与显性税收的构成

如前所述，统治者通过隐性税收与显性税收所获得的收入是可以相互替代的，但征收隐性税收与征收显性税收所要求的征管条件和所支付的征管成本有着很大的差异。一般来讲，隐性税收不需要一个庞大官僚体系的支撑，其直接的征管成本很低，但通过隐性税收获得收入受到一个社会商品经济发展程度的制约，其数量不足以成为主要的收入来源。而且隐性税收对社会经济正常运行的干预很大，并更容易引起腐败和社会分配不公的问题从而增加统治者的统治风险。显性税收的成本特征与隐性税收相反，要建立直接面对广大纳税人的税收管理机构意味着政府要实现对疆域内暴力的有效垄断，并雇用和监督官员有效实施这种"合法的暴力"，但这一条件不是所有社会的统治者都具备的。因此，从静态角度看，统治者在确定税制的过程中所面临的不同约束决定了隐性税收与显性税收在税收收入中的比重。在集权程度不高，官僚体系不完善而商业比较发达的社会中，如果没有对利益集团和统治者的有效约束，统治者在直接占有财产获取财产收益之外，更倾向于通过设定产权与个别利益集团勾结获得隐性的税

---

① 约翰·希克斯：《经济史理论》，中译本，商务印书馆1987年版，第78页。

② 在封建社会，"力役"也是一项强制性的封建义务，在某种意义上，可以视为基于人头征收的特殊的税，统治者获得的不是货币或实物，而是无偿的服务。尽管唐代的以庸代役、宋朝免役法、明朝一条鞭法、清朝摊丁入亩中都有以货币税或实物税替代"力役"的规定，但实际上力役仍然以各种名义存在。参见郑学檬主编《中国赋役制度史》，上海人民出版社2000年版，前言第2—3页。

③ 参见郑学檬主编《中国赋役制度史》，上海人民出版社2000年版，第496—502页。

收，如内战前的英国和大革命前的法国。而在一个高度集权，并依靠官僚管理国家的社会中，显性的税收对统治者而言可能成本更低。[①] 在现代法治社会，由于实现了对利益集团和政府权力的有效控制，显性税收成为政府主要的收入来源。[②]

实际上，即使是显性的税收对作为自然人的纳税人的"透明度"也是不同的，如前所述，不以税的名义命名但凭借行政强制力面向社会无偿征收的各种政府性基金和收费，对企业征收的流转税，在零售环节价税合一的流转税，代扣代缴的个人所得税，由自然人纳税人汇算清缴的个人所得税以及按年度计征的房产税等都属于"显性"的税收，但很显然，这些"显性"税收对自然人纳税人而言，其实际税负的"透明度"也有很大的差异。因此，"显性"税收的透明度及其影响也是税制变迁中需要关注的重要问题。

第三节　社会各阶层税负的分布

政府是不可能为所欲为的，其生存需要社会中某个或某些社会阶层的支持，由于错误估计了自己的支持度而导致垮台的统治者不胜枚举，税收负担及其在社会各阶层的分布是影响各个利益集团对政府支持度的关键性因素，因而也是税制确定的核心问题。

一　政府与纳税人的博弈均衡

通过对温加斯特[③]建立的一个简单的政治交换博弈模型的部分修正，我们可以建立起在不考虑代理成本的情况下政府与纳税人在静态条件下关于税负分担的博弈均衡模型。

温加斯特的博弈模型中有两类参与人：政府（独特的中心参与人）与两个私人参与人 A 和 B（A、B 可以用来代表公民、选民、利益集团等的类别表示）。假设政府为了提供 A 与 B 所需要的产权保护等必需的公共

---

① 这里计划经济是个例外，在计划经济条件下，政府大部分的收入都是基于国有财产的收益，但不可否认，这部分收益中包含了基于政治权力的"隐性税收"。

② 隐性税收与显性税收在税制中的变迁过程详见本书第四章第三节。

③ Weingast，1993、1995、1997。青木昌彦：《比较制度分析》，中译本，上海远东出版社2001 年版，第157—164 页。

产品与服务，需要筹集 $2t$ 的税收。假设 A 与 B 可从政府提供的公共产品与服务中获得同等的效用 Γ，但必须各自承担税收成本 t。假定政府为了获取 Φ 单位的额外收益用于自身利益，如巩固统治地位、积累和消费财富、设置官僚冗员等等，政府试图向某个参与人比如 A 增税，转移它的一部分财富据为己有。而 A、B 为抵抗政府的这种增税行为，可以选择采取抵制或默认两种策略。

假设每个人抵制政府的成本为 c，它不依赖另一个人在抵制过程中是否合作。如果 B 与 A 合作，政府侵犯 A 的产权的企图注定要失败，政府因此将承担巨额成本 C（如被赶下台）。但如果 B 不合作，A 单独抵制不能奏效，政府将从 A 攫取 Φ 单位的额外收益。政府的增税行为会对产权的安全性构成威胁，因而造成私人参与人效率损失 2Δ，由 A 和 B 平均分摊。如果 A 不抵制，他能节省冲突成本 c，但每人仍然承受由政府增税引起的效率损失 Δ。表 3-1 是该博弈的报酬矩阵。

表 3-1　　　　　　　　　政治交换博弈的报酬矩阵

增税＼不增税	抵制	默认
抵制	$2t-C$, $\Gamma-c$, $\Gamma-c$	$2t+\Phi$, $\Gamma-\Phi-c-\Delta$, $\Gamma-\Delta$
默认		$2t+\Phi$, $\Gamma-\Phi-\Delta$, $\Gamma-\Delta$

表 3-1 表明，在政府增税的情况下，如果 A、B 都采取抵制策略，则政府的报酬是 $2t-C$，而 A、B 的报酬中都要减少抵制成本 c，结果是 $\Gamma-c$；如果 A 或 B 都选择默认，则政府额外获得 Φ，其报酬是 $2t+\Phi$，被增税的一方损失 $\Phi+\Delta$，报酬为 $\Gamma-\Phi-\Delta$，未被增税的一方损失 Δ，报酬为 $\Gamma-\Delta$；如果被增税的一方选择抵制，而未被增税的一方默认，则被增税的一方额外损失抵制成本 c，其报酬为 $\Gamma-\Phi-c-\Delta$，政府增税成功，仍获得 $2t+\Phi$，而未被直接增税的一方只承担效率损失造成的 Δ，报酬为 $\Gamma-\Delta$。

假定 $\Delta-c\leqslant0$，未被增税的一方的最优策略是选择默认，以保证 $\Gamma-\Delta$。被增税的一方预期到这一点，其最优策略是默认政府增税，以避免冲突成本 c。这时策略组合 {增税、默认、默认} 形成了博弈的纳什均衡，政府在这种情况下的增税措施总能成功。在重复博弈中，如果政府可以任意地增税侵犯私人参与人的利益，而 A 和 B 都采取默认的态度，那么这种博弈均衡就产生掠夺型国家（predatory state）。

假定 $\Delta - c > 0$，即政府增税导致的效率损失大于 A 和 B 合作抵制的成本，在这种情况下，未被增税的一方选择抵制的报酬为 $\Gamma - c$，而选择默认的报酬为 $\Gamma - \Delta$，由于 $\Gamma - c > \Gamma - \Delta$，因此未被增税的一方会选择与被增税的一方合作抵制增税。但是，如果 $\Delta - c < \Phi$，即政府增税获得的额外收益大于未被增税的一方抵制策略的净收益，那么政府会选择向其支付贿赂 ε，其中 $\Delta - c \leqslant \varepsilon < \Phi$，那么未被增税的一方接受贿赂默认政府增税的报酬为 $\Gamma - \Delta + \varepsilon$，大于或等于其抵制的报酬 $\Gamma - c$，在这种情况下，被增税的一方也只能采取默认策略。这时博弈实现纳什均衡的策略组合为 ｛增税并贿赂、默认并接受贿赂、默认｝，其报酬组合表示为 ｛$2t + \Phi - \varepsilon$，$\Gamma - \Delta + \varepsilon$，$\Gamma - \Phi - \Delta$｝。政府通过与未被增税的一方勾结，瓜分增税的收益，实现了对某个特定私人参与人的掠夺。如果这一纳什均衡在重复博弈中不断持续，那么这种国家被称为勾结型国家（collusive state），在勾结型国家，政府和未被增税的私人参与人相互勾结，出于双方的共同利益对另一私人参与人的产权进行剥夺，导致社会成本 2Δ。

掠夺型国家和勾结型国家都会造成私人参与者财产被剥夺和社会效率损失的不利后果，那么在什么情况下，能够实现私人参与者共同抵制政府增税行为，从而实现对政府的有效约束呢？其中一个重要的前提是政府无法有效区分不同的利益集团，也就是说政府无法分辨 A 和 B，在这种情况下，政府只能随机选择一个私人参与者进行增税，这意味着政府与特定的私人参与人之间无法达成长期的合作同盟，因为私人参与者所属的集团是不确定的。这时，在动态博弈中，私人参与者不能保证下一期自己的利益不被侵犯，同时也不能保证未来能够始终获得政府的贿赂，因此对于任何一个私人参与者而言，如果对未来政府随机侵犯自己利益所造成的预期损失的贴现值大于共同抵制的现期成本，那么在现期采取抵制策略是最优的[①]。这时博弈的纳什均衡策略为 ｛不增税、抵制、抵制｝，此时的政府无法通过政治权力获取自身利益，其税收收入 $2t$ 全部用于满足私人参与者的公共需求，实现了税收与公共产品与服务的"等价交换"，这种博弈均衡结

---

① 青木昌彦给出了这种情况下的共同抵制策略所需要的具体条件，参见青木昌彦《比较制度分析》，中译本，上海远东出版社 2001 年版，第 160 页。

果称为民主型国家。

综上所述，在温加斯特的博弈模型中，掠夺型国家和勾结型国家使政府可以通过增税，包括设定产权获得隐性税收和直接对特定参与人征收显性税收来满足自身利益，从而形成对某一特定社会阶层的持续重税剥夺，但这同时会给社会造成效率损失，阻碍经济的发展。而民主型国家形成的一个重要前提是政府无法有效区分不同的利益集团，因此人人自危，从而可以合作抵制政府的剥夺，实现对政府权力的有效制约。

二　社会各阶层对政府的支持度

以温加斯特的博弈模型为基础，我们从政府确定税制的角度对其中一些重要参数进行进一步的分析和修正，希望获得一些更为贴近现实的税负分担规则。

首先，我们对勾结型国家给予某一特定社会阶层的贿赂 ε 进行细化，如前所述，政府获得某一阶层支持的基本手段有三个，即通过为某个阶层设定产权使之获得垄断租金；直接给予某个阶层以免税权或低税率优惠而获得支持；通过财政支出为某个阶层提供其所偏好的公共物品和服务。其中政府为特定阶层设定产权以使之获取的垄断租金我们定义为产权贿赂 m；直接降低这个阶层的税负我们定义为税收贿赂 n；通过财政支出为某个特定阶层提供其所偏好的公共物品和服务使之获得的额外效用我们定义为支出贿赂 ι。则可以得到：

$$\varepsilon = m + n + \iota$$

需要说明的是，公共产品的受益范围是不同的，公共产品可以分为全国性公共产品、准全国性公共产品和地方性公共产品。所谓全国性公共产品是指那些可供全国居民同等消费并且共同享受的公共产品，如国防、外交等就属于典型的全国性公共产品。所谓准全国性公共产品是指这样的物品，它们满足消费上的公共性即非竞争性，但是不满足消费上的同等性，即不同地域、不同行政区划的居民在对这类物品的消费上不是机会均等的。如某一特定河流的水利工程，流域内居民受益较多，而流域外居民受益较少。地方性公共产品是指在地方层次上被消费者共同地且平等地消费的物品，如治安、消防等公共服务，兴建的公共图书馆和公共广场，其范围局限在某一特定地域内，这一区域以外的居民无法从中受益。

应当注意的是，上述公共产品的区分仅仅是在收益范围上的划分，即使在同一区域内可以平等享受公共产品的居民，其主观效用也是不同的。如公共图书馆为某一区域内的所有居民提供服务，但对其中的文盲而言，其效用几乎为 0。因此，实际上并不存在使所有社会阶层获得同等效用的公共产品，在相同的财政支出水平下，政府可以提供多个不同的公共产品的组合，不同社会阶层对这些组合的主观效用是不同的。例如，有两种公共产品的组合，组合 1 是修建机场和完善城市的交通网络，组合 2 是完善农田灌溉设施和进行农村电网改造，假设组合 1 和组合 2 所需的财政支出相同，那么显然居住在城市和坐得起飞机的人与居住在农村的人对这两项组合的偏好是截然不同的。如果仅考虑财政支出的因素，这两个方案对政府而言是无差别的。假定政府为获取私人参与人 A 的支持，选择了其偏好的公共产品组合，那么 A 从政府提供的公共产品与服务中获得的效用为 $\Gamma + \iota$，而 B 从中获得的效用为 Γ_B[①]。

在财政支出水平和公共产品组合一定的情况下，如果公共产品的供给与税收的征收可以分离，也就是税收的征收与财政支出预算之间并不建立直接的联系，那么政府并不一定按照各个不同参与人所获得的主观效用征收税收，也不一定按照负担能力原则征收税收，而是根据征税成本的高低确定 A、B 两个参与人的税收负担。在这种情况下，度量成本低而反抗能力差的参与人将被迫承担更多的税收。在现实中，在确定公共产品组合方面具有优势的利益集团往往具有较强的对抗政府的能力，这种能力同时会作用在征税方面导致其他阶层的处境进一步恶化。因此，A、B 两个私人参与人的税收负担也不会是相同的 t，政府会从弱势参与人 B 那里征收 $t + n$ 的税收，而强势参与人 A 只承担 $t - n$ 的税收。由于税负在两个参与人中的分配并不平等，私人参与人向政府缴纳的税收与其获得的公共产品的效用是不一致的，因此我们把每个阶层承担的税收作为获得公共产品所付出的代价，在没有政府增税的情况下，A 从政府的财政支出获得的净效用为 $\Gamma + \iota - t + n$，B 从政府的财政支出中获得的净效用为 $\Gamma_B - t - n$，政府获得的税收收入为 $2t$，但都作为财政支出满足社会需要了，因此自身没有净收益。

如果假设政府的增税行为造成的社会效率损失仍为 2Δ，并被 A、B

---

① 这里 B 的效用不是 $\Gamma - \iota$，因为不同主体从公共产品与服务获得的效用是主观的，一方所得，并不是另一方所失，这与下面所说的税负在不同主体间的分配不同。

平均分摊。那么通过对 ε 的进一步分析，我们可以得到政府与参与人 A、B 在存在政府通过贿赂获得额外增税情况下的净报酬。

其中 A 的净报酬为：$\Gamma + \iota - t + n + m - \Delta$，即 A 从政府财政支出中获得的净效用加上通过设定产权所获得的租金减去所承担的效率损失，其中 A 实际承担的税收为 $t - n$，即其应负担的税收减去政府转嫁给 B 的税收 n。B 的净报酬为 $\Gamma_B - t - \Phi - m - \Delta$，其中 Φ 是 B 在缴纳正常税负后额外向政府缴纳的税收，包括了本应由 A 负担的税收 n，m 是直接转移给 A 集团的租金，B 的实际税收负担为 $t + \Phi$。此时政府的净报酬为 $\Phi - n$，即从 B 那里获得的增税 Φ 减去给予 A 的税收贿赂 n，需要说明的是采取 A 所偏好的财政支出方案并不会使政府增加花费，因此 ι 并不会减少政府的净报酬。

下面我们引入一个新的参数：政府的支持度 S[1]，税收增加所导致的政府支持度下降是政府在确定税制时必须考虑的成本。S 可以视作社会对政府约束程度的指标，一般来说，政府维持统治地位所需要的最低 S 值越大，社会对政府的约束程度越高，政府的自由度就小，为自己谋取利益的空间就越小。政府维持统治地位所需要的最低支持度与政府作为独立的利益集团所直接掌握的暴力优势有关。政府如果拥有直接掌握的暴力机构，并采取措施限制私人参与人掌握和实施暴力的能力，政府就可以轻易镇压社会各阶层的反抗，从而大大增加私人参与人的抵制成本，这种情况最容易形成掠夺型国家。因此，在 1689 年英国国会通过的限制王权的《权利法案》中就明确规定没有下议院的同意，国王不得招募常备军。[2]

如果某一特定阶层对政府的支持度用 s 表示，则

$$S = \sum_{i=1}^{n} s_i$$

即政府的支持度是社会各阶层对政府支持度的加总。我们以社会各阶层从政府财政支出和税收负担分配中所获得的净报酬定义为 s，则：

$$s_i = \tau_i - t_i - m_i - \Delta_i$$

---

① 支持度一般是一个相对比例的指标，在本书中我们在量的意义上使用这一指标。

② 1688 年革命后，荷兰执政者威廉于 1689 年 2 月正式即英国王位；1689 年 3 月，英国国会通过了《权利法案》，规定：此后英国国王必须是新教徒，国王必须按照国会的意志行事，而且只有在下院同意的情况下，才能征收新税及招募常备军。参见刘祚昌等主编《世界史——近代史》（上），人民出版社 1984 年版，第 63 页。

其中 τ_i 表示阶层 i 在特定的财政支出组合中获得的效用；t_i 表示在现行税制下所承担的税收负担，包括隐性的和显性的税收；m_i 表示该阶层获得或支付给别的阶层的净租金，如果 $m_i > 0$，表明该阶层从其他阶层那里获取了净租金，反之则表示向其他阶层缴纳了租金；Δ_i 是现行税制所造成的社会效率损失由阶层 i 承担的部分。

我们假设政府是一个以自身利益最大化为目标的博弈参与人，在既定的产权框架、财政支出组合及确定的税制下，其净收益可以表示为：

$$\prod = T - C - E$$

其中，$\prod$ 是政府获得的净收益，T 是政府的税收毛收入，C 是税收的征管成本，E 是为社会各阶层提供公共产品与服务的支出。如果 $\prod = 0$，则意味着政府把所有税收净收入都用来提供公共产品，政府作为一个独立的博弈参与者，其净收益为 0。在这种情况下的税制在总体上是一个"等价交换"的税制，扣除征管成本后，所有的税收净收入都通过财政支出变成了公共产品与服务提供给了社会各阶层，尽管这种分配不一定是公正的。如果 $\prod > 0$，则意味着政府通过财政支出提供公共产品与服务之后，还有剩余用于自身的消费，如维持君主奢侈豪华的生活，增设机构以雇用更多的冗员、提高官僚在职消费水平等等。如果 $\prod < 0$，则意味着政府的税收收入不足以用来为社会提供所需的公共产品，政府需要用其他收入，如借债来弥补赤字。

在上面的例子中，如果我们假设政府的税收净收入为 A、B 实际税负之和，即：

$$T - C = 2t + \Phi - n$$

其中 $2t = E$，则政府的净收益就是博弈的净报酬，即：

$$\prod = \Phi - n$$

假设政府为了维持统治地位需要获得 S 单位的支持度，那么不考虑社会各阶层政治权力的分布状况，则 $S = \sum_{i=1}^{n} s_i$。但是，社会各阶层对政府的支持度对政府而言权重是不同的，这种不同表现为社会各阶层政治权力的差异。导致政治权力差异的原因可以用诺思的暴力潜能理论来解释，暴力的基础是军事技术，在不同的历史时期，总会有一些阶层在暴力潜能方面优于其他阶层，这些阶层所提供的军事服务或金钱构成了政府赖以生存的暴力基础，如希腊城邦从君主专制到寡头制再到民主制的转变就是重装步兵方阵出现的结果，而装备了马镫和重甲的骑士阶层则是西欧封建制度的基础。[①] 这说明不同阶层即使付出相同的抵抗成本 c，其对政府的威胁程度是不同的。

暴力潜能及其导致的政治权力的差异使得政府所需要的支持度并不是社会各阶层支持度简单的加总，而是以政治权力分布为基础调整了权重之后的加总。我们以 α_i 表示这种权重，正常情况下 $0 < \alpha_i < 1$，在极端的情况下，α_i 可以等于 1，这意味着某集团占有所有的政治权力，而其他集团在政治上毫无发言权，政府可以不顾其死活最大限度地对其进行剥夺，在历史上只有奴隶社会中奴隶阶层的权重可以近似地看作 0。我们把经过权重调整后的政府支持度称为有效支持度，其公式为：

$$\bar{S} = \sum_{i=1}^{n} \alpha_i s_i$$

由于不同阶层在支持度中的权重不同，政府总是会贿赂那些权重高的阶层，而尽可能剥夺权重低的阶层。表现在税制确定上，政府会尽可能把税负分配给那些权重低的阶层以避免有效支持度的下降。政府对有效支持度的关注可以解释为什么在历史上许多极不公平的税制可以长期存在，如中国历代封建王朝对农民权益的藐视和对农民的残酷压榨。

三　税负在社会各阶层的分布

在政府与两个私人参与人 A、B 的博弈模型中，A 对政府的支持度可以表示为：

$$s_A = \Gamma + \iota - t + m + n - \Delta \tag{3-1}$$

其中 A 所承担的实际税负 $T_A = t - n$，代入上式，则：

$$s_A = \Gamma + \iota - T_A + m - \Delta \tag{3-2}$$

B 对政府的支持度可以表示为：

$$s_B = \Gamma_B - t - \Phi - m - \Delta \tag{3-3}$$

其中 B 所承担的实际税负 $T_B = t + \Phi$，代入上式，则：

$$s_B = \Gamma_B - T_B - m - \Delta \tag{3-4}$$

设 A 的支持度权重为 α，由于 A 属于社会中的强势阶层，我们假设 $0.5 \leq \alpha < 1$，则 B 的支持度权重为 $1 - \alpha$，此时政府所获得的有效支持度表

---

① 参见诺思《经济史中的结构与变迁》，上海三联书店、上海人民出版社 1994 年版，第 30 页。

示为：

$$\bar{S} = \alpha s_A + (1-\alpha)s_B \qquad (3-5)$$

将式（3-2）、（3-4）代入上式得到：

$$\bar{S} = \alpha(\Gamma + \iota - T_A - m - \Delta) + (1-\alpha)(\Gamma_B - T_B - m - \Delta) \qquad (3-6)$$

式（3-6）经过调整得到：

$$\bar{S} = [\alpha(\Gamma+\iota)+(1-\alpha)\Gamma_B] - [\alpha T_A + (1-\alpha)T_B] + (2\alpha-1)m - \Delta$$

$$(3-7)$$

式（3-7）说明了政治权力分布、财政支出形成的公共产品组合、税负分布、产权贿赂及社会效率损失与政府有效支持度的关系。

假设 $\alpha=0.5$，则 $1-\alpha=0.5$，这意味着 A 与 B 在社会政治权力方面势均力敌，互不相让。将 $\alpha=0.5$ 代入等式（3-7）得到：

$$\bar{S} = 0.5(\Gamma+\iota+\Gamma_B) - 0.5(T_A+T_B) - \Delta \qquad (3-8)$$

式（3-8）说明当社会上私人参与人的政治势力相等或相近时，政府为获得有效支持度没有必要给任何一方产权贿赂 m，也不需要给予任何一方税收贿赂 n，因为一方所得就是一方所失，相互抵消后对有效支持度的影响为 0。如果政府维持其统治所需要的支持度很高，为了获得较高的支持度，政府在确定财政支出方案时，在财政支出水平一定的情况下会尽可能使支出的社会总效用 $\Gamma+\iota+\Gamma_B$ 最大化，这时支出贿赂 ι 归属于谁对政府而言并不重要，重要的是要提高整个社会的福利水平。同时，政府在确定税制时也没有动力偏袒任何一方，并会尽可能地减少社会的效率损失，自觉设置一个公平而有效率的税制。

假设 $\alpha=0.75$，则 $1-\alpha=0.25$，这意味着 A 相对于 B 在社会政治权力方面具有更大的优势。将 $\alpha=0.75$ 代入等式（3-7），合并同类项后得到：

$$\bar{S} = [0.75(\Gamma+\iota)+0.25\Gamma_B] - (0.75T_A+0.25T_B) + 0.5m - \Delta \quad (3-9)$$

α 的改变使得政府在获取支持度方面的选择具有了明显的倾向性，在财政支出方面，选择 A 所偏好的公共产品组合比选择 B 所偏好的公共产品组合可以获得更大的支持度。假设组合 1 与组合 2 所需要的财政支出数额相同，组合 1 使 $\Gamma+\iota=100$，$\Gamma_B=200$；组合 2 使 $\Gamma+\iota=160$，$\Gamma_B=80$。组合 1 的社会总效用为 300，组合 2 的社会总效用为 240，从社会利益最大化的角度，政府应当选择组合 1。但是组合 1 实现的有效支持度是 125，组合 2 实现的有效支持度为 140。政府为获得有效支持度会选择社会效益低的公共产品组合2。这可以解释现实中那些看似不合理的财政支出决策为什么会反复被政府采用，在权力分布不均的社会中，政府对特定利益集团实施支出贿赂的有效性使得政府在大多数情况下宁愿锦上添花，也不愿意雪中送炭。

与式（3-8）相比，产权贿赂 m 对政府有效支持度产生了影响，其影响系数为 $2\alpha-1$，α 的值越大，影响系数越高，这说明一个社会中政治权力越不平等，对政府而言等量的产权贿赂 m 所产生的有效支持度越大，政府就越有动力通过设定产权获取特权阶层的支持。税收贿赂与支出贿赂的作用机制相似，政府对 A 增加征收一单位税收所降低的支持度为 0.75，而对 B 增加征收一单位税收只降低 0.25，因此将 A 应当承担的税负转移给 B 承担可以提高政府的有效支持度。α 的值越大，等量税负转移所增加的有效支持度越高，政府也就越有动力通过增加税负转移额以获得更大支持。

以上分析表明，在一个政治权力分布高度不平等的社会中，当政府面临财政支出增长压力需要额外增加税收时，为减少有效支持度的下降，会尽量向弱势群体征税。而当政府面临统治危机急于提高有效支持度时，很可能不仅不会减少对弱势阶层的剥夺，抑制强势阶层，反而会变本加厉，因为统治者需要通过增加对原强势阶层的贿赂以提高其支持度，这可以解释为什么一个政权在走下坡路时总是伴随着越来越严重的贫富分化，而政权的摇摇欲坠总是与上层社会的极度奢侈、醉生梦死联系在一起。

当生产力的发展和与之相适应的军事技术的发展已经在实际上改变了暴力潜能的分布状况时，统治者唯一的办法是通过政治改革改变政治权力的分布状况以适应这种变化。但既得利益阶层的阻挠使得政治改革总是困难重重，因此一个缺乏变革的体制最终只能以流血的革命来结束。

最后，我们对上面的几个等式做一些调整，来说明政府的税收净收益、税收贿赂与其获得的有效支持度之间的关系。

将式（3-1）、（3-3）代入式（3-5）得到：

$$\bar{S} = \alpha(\Gamma + \iota - t + m + n - \Delta) + (1-\alpha)(\Gamma_B - t - \Phi - m - \Delta) \quad (3-10)$$

式（3-10）经过调整得到：

$$\bar{S} = [\alpha(\Gamma + \iota) + (1-\alpha)\Gamma_B] + (2\alpha-1)m + (2\alpha-1)n - (1-\alpha)(\Phi - n) - t - \Delta \quad (3-11)$$

其中 $\Phi - n = \Pi$，Π 是政府通过税制获得的税收净收益，是属于政府而非社会的收益。则等式（3-11）可以表示为：

$$\bar{S} = [\alpha(\Gamma + \iota) + (1-\alpha)\Gamma_B] + (2\alpha-1)m + (2\alpha-1)n - (1-\alpha)\prod - t - \Delta$$

$$(3-12)$$

式（3-12）的前半部分关于支出贿赂与产权贿赂的内容与式（3-7）相同，这个等式的价值在于对税收贿赂与政府税收净收益的说明。税收贿赂的系数与产权贿赂的系数相同，这表明产权贿赂与税收贿赂对政府而言是等价的，也就是说政府通过设定产权为强势阶层谋取租金与政府直接对其减免税对有效支持度的影响是相同的。当 $\alpha = 0.5$ 时，$2\alpha - 1 = 0$，也就是说当社会中政治权力平均分配时，产权贿赂与税收贿赂对政府而言都是没有意义的。

式（3-12）中政府税收净收益的系数为（$1-\alpha$），由于税收净收益是政府有效支持度的减项，因此我们可以将其称为政府谋取私利的阻力系数。α 的值越大，系数越小，这说明社会政治权力越不平等，政府取得等量税收净收益所降低的有效支持度越低，政府利用税收制度为自己谋取私利的阻力越小。当 $\alpha = 0.5$ 时，系数最大，此时政府谋取私利的阻力最大。应当注意的是 $\alpha = 0.5$ 表示的是私人参与人之间的政治权力平等，并不表示政府与私人参与人之间政治地位的平等。在某些情况下，政府与私人参与人之间权力悬殊和私人参与人之间的政治权力平等是可以并存的，掠夺型国家就可以视为这种情况。这时政府不需要为任何阶层支付任何贿赂，但这并不妨碍其通过剥夺某个私人参与人，甚至剥夺所有私人参与人来获取私利。私人参与人对政府的约束程度主要体现在政府维持其统治所必须保持的最低有效支持度方面。当 $\alpha = 0.5$ 时，将其代入式（3-12）得到：

$$\bar{S} = 0.5(\Gamma + \iota + \Gamma_B) - 0.5\prod - t - \Delta$$

$$(3-13)$$

从式（3-13）中可以看出，如果政府所必须保持的 $\bar{S}$ 值越大，政府就越有动力采取实现社会福利最大化的财政支出方案（$\Gamma + \iota + \Gamma_B$），控制为自己谋取私利（$\prod$），并会在实现社会福利最大化的同时尽可能节约财政支出以降低税负（t），同时还会努力减少财政支出和税制对经济效率的影响（Δ）。

通过以上分析，我们可以得到在政府与纳税人的税收博弈中产生公平而有效率的税制所需要的两个条件：首先是要实现社会各阶层政治权力的平等，社会各阶层政治权力平等意味着利益集团之间可以相互制衡，使政府通过贿赂所获得的有效支持彼此抵消，从而政府难以与任何一个利益集团实现相互勾结。① 在政治权力平等的前提下，还需要使政府时刻面临潜在竞争者巨大的竞争压力，迫使政府必须维持一个相当高的有效支持度才能继续执政。满足这两个条件，私人参与人就能够对政府权力进行有效的控制，可以防止政府以社会利益为代价为自己或为某个特定利益集团谋取私利。

---

① 实际上，奥尔森（1995）的利益集团理论意味着即使存在着程序上和名义上的人人平等，不同利益集团的组织成本和行动能力也是不同的，因此社会各阶层政治权力的实质平等只是一种理想状况。

第四章　税制变迁的影响因素

在税制的静态分析中，我们把特定社会资源的总量与结构、社会政治权力的分布、技术水平与交易费用以及外部竞争状况等因素视为外生变量，分析了税制的形成机制、税制中隐性税收与显性税收的结构以及政府与私人参与人在税收博弈中税收负担的分配等问题。本章的主要内容则是分析上述因素的变化对税制变迁产生的影响。税收制度的变迁是一个受到多种因素综合作用的复杂过程，这些因素涉及经济、政治、意识形态、国家间关系等多个方面，税制的变迁不仅是这些因素变化的结果，而且也会对这些因素本身产生重大的影响。

在传统的经济学研究中，税收仅仅被视为经济现象，研究的重点主要集中在税收对经济效率、社会福利水平的影响等方面，而且这种影响通常被放在市场经济框架内进行研究。实际上，税收不仅仅是一种经济现象，与其他经济现象相比，税收与国家、政治权力、意识形态等有着更为紧密的联系。在某种意义上，税收可以视为经济基础与上层建筑之间的纽带，经济基础的变动在很大程度上是通过对税收与税制的影响而被政府所认识和关注的，而税收与税收制度在上层建筑对经济基础的反作用中也扮演了十分重要的角色。

具体来说，税收制度作为政府与社会成员之间博弈均衡的结果，特定社会中经济的总量与结构变动、财政支出变动与非税收入、国家在产权安排中的权力、社会观念与意识形态、税收的度量成本与交易费用以及国家间竞争等因素都会对税制的变迁产生重大影响。

第一节　经济的总量与结构变动

经济的总量与结构变动是税制变迁最基本的影响因素，在人类历史上，经济总量与结构的变动并不是单向的，也就是说，经济的总量并不总是持续增长的，工业革命之前的人类社会经济长时期保持增长的情况并不多见，而疾病大规模流行所造成的人口减少（如欧洲中世纪的黑死病）、周期性大规模衰退（如中国的王朝更替）乃至发达文明的灭亡（如罗马帝国的衰亡）都会造成经济总量的负增长。与经济增长的相对停滞相适应，人类社会经济结构的调整也是相当缓慢的。但是，如果我们把人类历史的时间尺度和地理范围放宽，可以看到人类文明的发展和进步始终存在，在不同历史时期，总有某些社会能够比其他社会获得更快的发展。近代以来，伴随着工业革命在全球的扩展，以技术进步与经济结构调整为基础的经济快速增长成为人类文明发展最为显著的特征，而经济总量与经济结构的巨大变动成为税收制度变迁的基本动力。

美国经济学家丹尼尔·W. 布罗姆利在分析制度变迁时指出："在任何时候，经济条件在决定制度交易的发生以及制度安排的出现过程中将起到重要的作用。当经济和社会条件发生变化时，现存的制度结构就会变得不合时宜。为对新的条件作出反应，社会成员就会尽力修正制度安排（或者是惯例或者是所有权），以至于使它们与新的稀缺性、新的技术性机会、收入或财富的新的再分配和新的爱好与偏好保持一致。"① 税收制度作为政府与社会成员之间关于财产和收入分配的博弈均衡结果，经济总量与结构的变动直接影响到可供分配的财产数量及其在社会成员中的分布状况，可税财产与应税财产的数量与结构变动将导致政府税收收入的变化，进而引发调整税收制度的需求。

一　经济总量与结构变动对税制影响的一般分析

如前所述，在人类社会发展过程中尽管一定时期存在经济衰退的现象，但总的来说，主要由突发性因素所导致的经济全面衰退是暂时的，即使在前资本主义社会，尽管经济增长比较缓慢，而且经济增长的成果经常被人口的过快增长所抵消，但从长时期的发展来看，人类社会经济总量与结构变动的主要趋势仍然是经济的增长。

按照发展经济学的解释，所谓经济增长是指"一国在一定时期中产品和劳务实际产出的增长，或者更恰当地说，人均实际产出的增长"。②

---

① ［美］丹尼尔·W. 布罗姆利：《经济利益与经济制度——公共政策的理论基础》，中译本，上海三联书店、上海人民出版社 1996 年版，第 130 页。

② 谭崇台主编：《发展经济学》，上海人民出版社 1989 年版，第 9 页。

实际产出作为反映经济增长的综合性指标，从其价值构成来看，一般可以包括三大部分，即：物化劳动 C，活劳动报酬 V，剩余产品 M。物化劳动 C 是生产中的转移价值，其中又因转移形式的不同分为 $C1$ 和 $C2$。$C1$ 为折旧，即劳动手段长期使用的逐步转移价值；$C2$ 为劳动对象，包括原材料、燃料、辅助材料等，都是一次性耗用的，其价值一次转入新的产品中。税收从根本上讲是政府对社会产品的分配①，但这种分配在一般情况下不能够妨碍社会再生产的正常进行，也就是说，构成社会总产出价值的三个部分对税收收入的影响是不同的。物化劳动 C 是进行再生产的必要条件，对其征税会直接影响简单再生产的继续。对活劳动报酬 V 应区别对待，人均实际产出的增长使维持基本生活的支出在整个工资中所占比例越来越小，因此，经济越发展，V 中可税部分的比重越高。剩余产品 M 是可以进行征税的主要部分，经济越发展，生产效率越高，M 在总产值中的比例也就越大，因此可税财产在社会总产出中的比重越大。经济增长的结构不同会改变社会产出的价值构成，从而对税收收入产生重大影响。

在基本经济结构保持不变的情况下，经济总量的增长主要表现为在既定的技术水平和生产函数约束下，投入生产的资源总量的增长，如农业社会中可耕种土地的增加，所开发的矿产资源的增加等等。但这种经济总量的变化并不一定导致人均意义上的经济增长，因为在社会产出总量增长的同时，如果人口增长快于经济总量的增长，人均产出水平反而会下降。一般而言，没有结构变动的经济总量增长对税收制度的影响并不显著，因为如果在经济总量增长的同时不发生所有权结构和分配结构的变动，社会产出结构的稳定使得应税财产只是在数量上而非在结构上发生变动。在这种情况下，税基的结构和征税的度量成本、征税技术不需要发生变化，因此经济总量增长反映在税收制度方面，主要表现为征税范围和征税数量的变动。中国传统社会中税收制度的相对稳定就与这种基本社会经济结构的稳定有着密切的关系。②

---

① 对这个问题的解释，西方公共经济学和我国传统理论有很大不同。在西方经济学中，政府利用税收所提供的政府公共服务被认为是社会总产出的组成部分。

② 这里的结构变动主要是指由技术水平和生产函数决定的社会产出的结构，不包括所有权结构与分配结构的变动，中国传统社会中税收制度的变迁在很大程度上主要源于国家土地占有与地主土地占有结构的变化，尽管所有权结构与分配结构的变化与技术水平和生产函数的变化有着密切的关系，但就中国的情况而言，在技术水平和生产方式基本稳定的情况下，对土地占有的所有权关系的变化是税制变迁的主要原因。对这一问题我们将在本章第三节：国家、产权与税制变迁中讨论。

如果经济总量增长的同时伴随着技术水平和生产函数的变动，那么经济增长会导致社会总产出中结构的变化，这种结构变化会直接影响应税财产在社会财产中的分布状况。这时，如果以原有的应税财产分布为基础的税收制度保持不变，政府的税收收入就会发生变化，而为了使税收收入保持稳定和相对增长，政府就需要对税收制度进行调整，以适应新的生产函数及其所导致的经济结构变动。① 从人类历史上看，正是这种经济结构的变化在很大程度上决定了税收制度基本的变迁轨迹。

二　产业结构变动对税制结构的影响

虽然世界各国经济发展水平和产业结构变动的进程有所不同，但在经济增长过程中产业结构的演进具有规律性。由于不同产业产品的价值构成比例不同，因此单位产值的税收潜力也就存在着较大差别。经济增长过程中产业结构的变动及其对税制变迁的影响具体表现为：

在经济发展的早期，第一产业占有绝对的优势，在以农业为主的经济社会中，土地是其最主要的生产资料和物质财富，社会总产出中以实物形式存在的农产品是社会产出的主要形式，因此，这一时期的税收收入以实物形式上缴的农业税为主。由于土地数量和产出受到一国自然条件的限制，因此不可能无限扩大和增长，这也就限制了一国税基的增长。以这种产业结构为基础，相应的税制结构就表现为以土地税、人头税以及财产税等直接税为主体。尽管这一时期也存在着手工业和分布广泛的商品交换，对商品交换的征税也从未间断，在某些时期来自商业的收入还占有相当重要的地位，如中国唐末与宋代。② 但农业始终是社会最基本和最重要的生产部门。从总体上讲，来自商品交换的税收收入从未占据主要地位。

现代意义上的经济增长首先表现为第二产业相对于第一产业的发展，早在 17 世纪，配第就发现制造业比农业，商业比制造业能得到更多的收入。这种不同产业收入上的差异，造成了不同产业中从业人员的收入不同，

---

① 但是，这种调整并不总是能够成功的，除了面临着建立在原有应税财产基础上的政治权力的制约之外，税务机关可能并不掌握对新增财产进行有效征管的技术，如无法准确度量税基，无法准确确定纳税人等。在这种情况下，政府会利用手中的政治权力对这种经济结构的自发变化施加影响以阻止税收收入的减少。

② 关于唐代中后期与宋代国家赋税结构中农业税比例下降，来自商业的征榷之利比重上升的情况及其分析参见包伟民《宋代地方财政史研究》，上海古籍出版社 2001 年版，第 280—320 页。

促进了劳动力在各产业之间的流动。在这之后，克拉克用大量的数据印证了配第的观点。克拉克指出，随着经济的发展，第一产业的从业人口比例将逐渐减少，而第二产业、第三产业的从业人口比例将会逐渐上升。① 产业结构的变动表现在产出上，就是一国物质财富的主要存在形式出土地逐渐变为各种各样的商品和服务，商品、服务与土地相比受到自然条件的限制较少，因此可以不断地扩大和增长，税基的规模也就可以不断扩大。

第二产业的发展也就是一个国家工业化的过程，以技术进步为主要推动力的集约型经济增长是工业革命以来经济发展的基本特征，其实现方式经历了以物化设备为主到以人力资源为主的转变。工业革命后，科学技术在经济发展中的重要性不断提高，但此时的知识和技术主要体现在物化的机器设备中，表现为工业装备水平的升级和发展，而工业装备水平的升级，尤其是重化工业对巨额资本投入的需求使资本成为最稀缺和最重要的生产要素，技术和提供技术的人力资源在当时只是资本的附属物。这一时期对经济发展而言最重要的是进行资本的积累和投入，一个国家国力的发展摆脱了自然资源和人口数量的限制，而主要依赖于资本积累的速度与数量。在这种经济增长方式下，产业结构又同时表现为以原材料工业为中心转向以加工、装配工业为中心的演进过程，这一过程就是加工度不断提高的过程，由此导致各产业的增长对原材料的依赖度相对下降，中间产品的利用能力不断提高，其结果是产品数量的急剧增加和最终产品中附加价值的成分越来越大。产品数量的增加为流转税的增长提供了条件，税制结构相应演变为以对商品流转课税的间接税为主。法国当时是广泛推行间接税制的主要代表，大革命后政府先后修改或增设了酒税、酒精税、糖税、盐税、烟草税、火柴税、奶油税、印花税、营业牌照税等，加上原来的关税，间接税达数十种之多。1908 年法国政府获得的间接税收入达 20 多亿法郎，而直接税收入只有 5.6 亿法郎。②

巨额资本投入产生的规模经济效应，以及工业装备水平提高所带来的迂回生产方式的发展，极大地深化了专业化分工，这一方面导致了产能的迅速扩张，另一方面则大大降低了单位产品的材料与劳动消耗，从而使人均劳动生产率迅速提高。而劳动生产率的迅速提高为个人收入的增加提供了条件③。

---

① 王惠忠、庄卫民主编：《宏观经济调控》，立信会计出版社 1995 年版，第 105 页。
② 参见付伯颖主编《外国财政》，经济科学出版社 2003 年版，第 131 页。
③ 这里的个人收入既包括劳动的报酬 V，也包括各种要素收入。

个人收入的增加导致恩格尔系数不断下降，即用于基本生活的支出在总收入中比例不断降低，剩余产品的比例越来越大，这为现代个人所得税的征收奠定了基础。这一变化体现在税制结构中，表现为这一时期个人所得税从出现到普及，其重要性不断提高。

经济发展到一定阶段，第二产业的比重会逐步趋向稳定，第三产业会取代第二产业的主导地位，成为就业人口最多，增长最快的产业。如美国1960 年产品生产部门在非农产业部门的就业比例中占 37.7%，而到了1994 年，这一比例下降为 20.8%；劳务生产部门的就业比例相应从 1960年的 62.3% 提高到 1994 年的 79.2%。[①] 第三产业主要为社会提供劳务，因为劳务成果不能保存，只能随时"生产"，随时使用，因而劳务成果都具有最终产品的性质。第三产业的发展，人力资本投入所占比重相对较大，假如剩余价值率相同，在单位价值的产出中，相对第二产业而言，第三产业 V 的比例较大而 C 的比例较小，也就是个人收入和利润的比例较大。因此，第三产业的发展为现代社会以所得类税收为主的直接税制的发展提供了条件。

表 4 - 1、4 - 2 是美国与英国 19 世纪末到 20 世纪 60 年代税制结构变动的情况，从表中可以清楚地看出随着产业结构的变动税制结构中所得税所占比重的逐渐上升和传统的财产税和间接税比重的逐步下降。

表 4 - 1　　　　　　　　美国税制结构的发展　　　　　单位:%

年份	个人所得税与遗产税	公司利润税	国内产品与销售税	关税	财产税	其他
1890	—	—	22.2	25.4	49.0	3.4
1902	0.3	—	21.0	18.1	50.2	10.4
1913	—	1.5	16.1	13.8	57.6	11.0
1922	27.5		16.3	4.4	41.3	10.5
1932	6.7	8.7	18.9	4.0	54.9	6.8
1940	11.4	9.5	30.1	2.5	32.0	12.5
1950	33.1	20.2	23.5	0.7	13.0	9.5
1960	36.6	17.5	18.8	0.8	12.2	14.1

注：(1) 包括各级政府的税收。(2) 不含社会保障税。

资料来源：马斯格雷夫：《比较财政分析》，上海三联书店、上海人民出版社 1995 年版，第132—133 页。

———————————

① 黄泰岩：《美国市场和政府的组合和运作》，经济科学出版社 1997 年版，第 112 页。

表 4 - 2   英国税制结构的发展   单位:%

年份	个人所得税与遗产税	公司利润税	国内产品与销售税	关税	财产税	其他
1880	16.2	—	27.6	17.8	23.9	14.5
1890	18.0	—	27.6	15.5	24.3	14.6
1900	21.3	—	21.8	14.0	25.3	17.6
1910	32.3		18.1	12.0	26.1	11.5
1920	27.7	13.8	14.7	8.4	10.6	24.8
1930	39.6	0.3	16.8	11.4	16.5	15.0
1940	39.1	6.0	15.9	17.5	13.3	8.2
1950	38.2	6.0	18.4	20.2	7.2	10.1
1960	40.3	3.7	16.2	20.5	10.6	8.7

资料来源及注释同表 4—1。

    表 4 - 3 是 1965 年到 2010 年经济合作与发展组织（OECD）成员国税制结构的情况。1965 年经济合作与发展组织 24 国①的主要税种依次是个人所得税、社会保障税、一般消费税、特殊消费税、公司所得税、财产税，其中个人所得税、社会保障税、公司所得税三项占税收收入的比重 1965 年为 53% 。此后，OECD 的成员国数量逐年增加，1995 年后增至 34 个国家。1975 年，增加了韩国后 25 个成员国个人所得税、公司所得税、社会保障税三项占税收收入的比重增至 60% ，此后尽管有经济发展水平相对落后的东欧和南美、中东国家的加入，这三项税收的比重一直稳定在 60% 左右，其中个人所得税的比重有所下降，社会保障税的比重则有显著上升。此外，从 OECD 国家总体来看，2010 年与 1965 年相比，对商品和服务普遍课征的一般消费税的比重有显著上升，而选择性课征的特殊消费税的比重则有明显的下降。

---

    ① 1965 年经济合作与发展组织（OECD）24 个成员国为澳大利亚、奥地利、比利时、加拿大、丹麦、芬兰、法国、德国、希腊、冰岛、爱尔兰、意大利、日本、荷兰、挪威、新西兰、卢森堡、葡萄牙、西班牙、瑞典、瑞士、土耳其、英国、美国。

税种 \ 年份	1965	1975	1985	1995	2000	2005	2010
个人所得税	26	30	30	27	26	24	24
公司所得税	9	8	8	8	10	10	9
社会保障税	18	22	22	25	25	25	26
工薪税	1	1	1	1	1	1	1
财产税	8	6	5	5	5	6	5
一般消费税	12	13	16	18	18	20	20
特殊消费税	24	18	16	13	12	11	11
其他税	2	2	2	3	3	3	3
合计	100	100	100	100	100	100	100

表 4 – 3 　　　　　　　　OECD 国家的税制结构　　　　　　　　单位:%

注　(1) 1965 年为 24 个国家；1972 年后增加韩国；1980 年后增加墨西哥；1990 年后增加智利；1991 年后增加匈牙利和波兰；1993 年后增加捷克；1995 年后增加爱沙尼亚、以色列、斯洛文尼亚和斯洛伐克。

(2) 由于四舍五入的原因，部分年份各项相加的结果不是 100。

(3) 社会保障税包括不属于雇员和雇主的自营人员和利益接受者交纳的社会保障税。

(4) 其他税包括对商品和服务征收的其他税及印花税。

资料来源：OECD：*Revenue Statistics* 1965 – 2011。

三　经济总量与结构变动对税制变迁的解释能力

如果在较长时间跨度中研究税制变迁，经济总量与结构变动对税制变迁的基础性作用表现得十分显著。但是，如果我们在某一特定时期分析税制的变化，会发现在经济发展水平和产业结构相似的情况下，不同国家的税制仍然有较大的差异，这种差异很难用经济总量与结构以及人均国民收入等因素进行解释。

表 4 – 4 是 OECD 成员国[①] 1965 年和 2010 年的宏观税负水平，从表中可以看出，这 24 个成员国非加权平均的宏观税负水平 1965 年为 25.5%，2010 年为 35.3%，提高了接近 10 个百分点，大部分国家的宏观税负水平均有不同程度上升。唯一的例外是美国，1965 年美国的宏观税负为

----

① 我们选择了 OECD 中 1965 年延续至今的 24 个成员国的数据，这 24 个成员国包括了美国、日本、德国、法国、英国、意大利以及绝大部分西欧和北欧发达国家。

24.7%，在 24 个国家中排名第 16 位，但 2010 年美国的宏观税负水平只有 24.8%，在 24 个国家中排名最靠后。

这 24 个国家的宏观税负水平存在着较大的差异，1965 年，宏观税负水平最高的是法国，为 34.2%，宏观税负水平超过 30% 的国家共有 9 个，宏观税负在 20%—30%（不含）之间的国家也有 9 个；宏观税负在 20% 以下的国家有 6 个。这 24 个国家宏观税负的离散系数为 26.63%。

表 4-4　　　1965 年与 2010 年 OECD 成员国（部分）的宏观税负　　　单位：%

序号	国家	1965 年	国家	2010 年
1	法国	34.2	丹麦	47.6
2	奥地利	33.9	瑞典	45.5
3	瑞典	33.3	比利时	43.5
4	荷兰	32.8	法国	42.9
5	德国	31.6	意大利	42.9
6	比利时	31.1	挪威	42.9
7	芬兰	30.4	芬兰	42.5
8	英国	30.4	奥地利	42.0
9	丹麦	30.0	荷兰	38.7
10	挪威	29.6	卢森堡	37.1
11	卢森堡	27.7	德国	36.1
12	冰岛	26.2	冰岛	35.2
13	加拿大	25.7	英国	34.9
14	意大利	25.5	西班牙	32.3
15	爱尔兰	24.9	新西兰	31.5
16	美国	24.7	葡萄牙	31.3
17	新西兰	23.9	加拿大	31.0
18	澳大利亚	20.6	希腊	30.9
19	希腊	18.0	瑞士	28.1
20	日本	17.8	爱尔兰	27.6
21	瑞士	17.5	日本	27.6
22	葡萄牙	15.9	土耳其	25.7
23	西班牙	14.7	澳大利亚	25.6
24	土耳其	10.6	美国	24.8
25	平均值	25.5	平均值	35.3

资料来源：OECD：*Revenue Statistics 1965 - 2011*。

2010 年，这 24 个国家宏观税负的离散系数为 20.03%，比 1965 年有显著下降，但各国之间宏观税负水平的差距仍然较大。宏观税负水平最高的国家是丹麦，达到了 47.6%，宏观税负超过 40% 的国家共有 8 个，宏观税负在 30%—40% 之间的国家有 10 个，宏观税负低于 30% 的国家有 6 个。其中，北欧国家的宏观税负水平普遍较高，丹麦、瑞典、挪威、芬兰的宏观税负均在 40% 以上；其次是比利时、法国、意大利、荷兰、卢森堡、德国等西欧国家。美国、日本、加拿大、澳大利亚等国的宏观税负水平较低。

表 4-4 中 24 个国家的经济发展水平还有一定的差距，为了更好地比较经济总量和人均收入水平相近的国家的税制差异，我们根据 2012 年世界各国 GDP 总量（现价美元）的排名[①]选择了美国、日本、德国、法国、英国和意大利等 6 个发达国家进行对比，这 6 个国家的 GDP 分别排在全球第 1、3、4、5、6 和第 9 位。

表 4-5 是 2010 年这 6 个国家的税制结构，从表 4-4 和 4-5 中可以看出，这 6 个国家不仅宏观税负水平差距较大，其税制结构也存在着较大差异。在这 6 个国家中，美国个人所得税、财产税的比重较高，而商品和服务税的比重最低；日本社会保障税、企业所得税的比重最高；英国、德国商品和服务税的比重较高。日本、德国、法国社会保障税的比重在 40% 左右，显著高于英国和美国。[②]

表 4-5			2010 年西方主要国家的税制结构					单位:%
税种\国家	个人所得税	企业所得税	社会保障税	工薪税	财产税	商品和服务税		
						合计	一般消费税	特殊消费税
美国	32.8	10.8	25.7	0.0	12.8	18.0	8.1	6.9
日本	18.6	11.6	41.1	0.0	9.7	18.7	9.6	7.2
德国	24.5	4.2	39.0	0.0	2.3	29.5	20.1	8.4
法国	17.0	5.0	38.7	3.2	8.5	25.0	16.8	7.5
英国	28.8	8.8	19.0	0.0	12.1	30.8	18.8	10.7
意大利	27.3	6.6	31.3	0.0	4.8	25.9	14.6	8.5

注：每一行加起来不等于 100，是由于四舍五入和某些小税种被忽略。

资料来源：OECD：*Revenue Statistics* 1965 – 2011。

---

① 数据来源：世界银行网站。http：//data. worldbank. org/indicator/NY. GDP. MKTP. CD? order = wbapi_ data_ value_ 2012 + wbapi_ data_ value + wbapi_ data_ value – last&sort = desc.

② 对西方国家税制结构更全面的分析参见本书第六章。

综上所述，经济总量与结构等因素的变动决定了税制变迁的基本轨迹，但这种影响并不是单独起作用的，税收制度作为政府与纳税人之间博弈均衡的结果，经济总量与结构等因素的变动能否导致税制的变迁还取决于其他影响因素，如一定时期政府所面临的财政支出压力、一个社会基本政治权力分布结构的稳定性、适应新的可税财产的税收度量成本与征管技术被行政组织掌握的程度、政府对整个社会的控制能力和面临的内外部竞争压力等等。

此外，经济总量与结构变动与上述这些因素之间还存在着错综复杂的相互影响关系，例如经济总量与结构的变动不仅会直接影响到可税财产和应税财产的比重和结构，还直接影响到对财政支出需求的变化。因此，税制的变迁是一个复杂的过程，当我们考察一个特定社会税制变迁的方向和轨迹时，经济总量与结构变动仅仅提供了税制变迁的一种动力，尽管这一动力是强大的，但特定社会能够在何种程度上实现这种变迁，新的税制最终会在哪一点上实现均衡则取决于其他因素的作用方向和力度。因此，不同社会在不同时期这些因素的差异导致了税制的多样性和税制变迁速度和变迁方式的差异。也就是说，理解一个国家税制的变迁还要分析更多的因素。

第二节　财政支出、非税收入与政府职能

一　传统社会的财政支出变动与税制变迁

政府制定税制的直接目的是为了取得收入以应付各种财政支出需求，财政支出数量与结构的变动是政府调整税制的直接动因。在传统社会中，可税财产的数量是有限的，其增长也是缓慢的，因而"……税收长期不足，这是中古社会的一个显著特征"。[①] 在这一历史时期，政府开征新的税种，扩大税基或提高税率在很大程度上仅仅为了获得财政支出增长所需要的税收收入，一项当初为了应付临时性财政支出所开辟的新的税源很快会演变成政府的经常性收入，即使当初开征的理由已经不复存在。中国历史上这种临时性加征、摊派的固定化是导致农民负担持续上升的直接

---

① 约翰·希克斯：《经济史理论》，中译本，商务印书馆 1987 年版，第 75 页。

原因。

在传统社会中，由于可税财产的增长缓慢，政府财政支出结构的变动会对税制结构产生直接的影响。例如，军费开支是政府一项重要的财政支出项目，在西欧封建军事采邑制下，国王的军事力量不是通过直接招募军队建立常备军获得的，而是通过封建附庸履行军事义务的方式获得的，其代价是国王需要分封给附庸以军事采邑。在这种体制下，国王不能直接控制和掌握附庸的土地和依附的农民，但也不需要负担军事支出。但是，封建附庸的军役在正常情况下每年仅40天，不适于长期作战的需要，因此国王为了建立属于自己的常备军，免除了附庸的军役，强迫骑士交纳免役钱①，这样税制结构就发生了巨大的变革，骑士对国王的军事义务变成了纳税义务，国王直接掌握的税收收入迅速增加。

中国历史上统治者为了维持一支常备军，避免频繁的力役之征对农业生产的影响，也通常以"募兵法"、"募役法"代替义务兵役制和徭役制度，而募兵法、募役法所引起的财政支出增长则必须通过税制结构的变革获得。如果把力役之征看作农民以直接向政府提供无偿劳务的方式交纳的税收，那么唐代的"以庸代役"，宋代的"免役法"等税制改革则是实物税、货币税对劳役税的替代。

二 临时性财政支出与税制变迁

突发性事件所导致的临时性财政支出对相对稳定的税收制度造成了剧烈的冲击，往往会改变税制变迁的正常进程。在突发性事件中，战争是最主要也是对税制变迁影响最大的，许多税种的创立就是为了应付战争的需要，如1799年英法战争导致了最早的个人所得税——三步合成捐的创立，而美国南北战争期间个人所得税的开征也主要是用来筹措军费。②

英国学者皮科特（Peacock）和怀斯曼（Wiseman）提出了战争等突发事件对财政支出影响的"临界效应（Threshold Effect）"理论来解释与战争等突发事件密切相关的财政收支的阶段性变化。他们假设，政府偏好多支出，而居民偏好少交税，在正常的经济发展阶段，由政治制度决定了

---

① 在英国，免役钱被称为"盾牌钱"，创建免役钱的亨利二世当时对每个骑士领地征收10—20先令。参见刘明翰主编《世界史——中世纪史》，人民出版社1986年版，第80页。

② 参见夏琛珂《所得税的历史分析和比较研究》，东北财经大学出版社2003年版，第67、70页。

财政收支的一个稳定的均衡水平。战争等突发事件改变了这一均衡，大大提高了财政收支的水平。战后，政府倾向于用民用的公共支出替代战时的军事支出，维持战时的收支水平，居民也习惯于政府支出的增加。这样，政府的财政收支达到并维持在了一个更高的均衡水平上。[①]

"临界效应"理论是使用非经济因素解释财政收支变化的模型。临界效应说明作为突发事件的战争有利于打破旧有的均衡状态，在战争背景下，税制变迁的阻力集团会迫于形势接受在正常状态下难以接受的税制安排，个人所得税就是典型的例证。战争过后，战争期间所建立的税制已经运行了一段时间，创建新税制的沉淀成本已经无法收回，围绕着新税制也会产生新的利益集团，这种种因素导致税制难以回到原有的状态。尽管反对新税制的利益集团的阻挠会使新税制在战后的实施有所反复，但战争已经大大降低了新税制的实施成本，这有利于税制变迁的实现。

战争对税制变迁环境的影响也是非常重要的。战争本身在很大程度上会改变一个社会原有的政治权力分布格局，从而导致战后不同社会阶层力量对比的巨大变化，而这些变化会对税制的变迁产生直接影响。如1337年到1453年的英法百年战争和随后持续三十年的英国争夺王位的内战，即"红白玫瑰战争"（1455—1485年），导致封建贵族大量战死，英国内战后贵族只剩下28家，国王直接接管了许多贵族的领地，这在很大程度上减少了封建贵族对土地和农民的控制，农奴制度被废除，到14世纪末英国已经成为自耕农占多数的国家。而法国到15世纪末，各封建领地也大多被王室所兼并，实现了王国在政治上的统一。[②] 农奴制的瓦解和王权的强大，使得以封建领主通过直接占有土地和农民获得地租的收入形式逐渐被代表王权的征税代理人对自耕农直接征税的收入形式所替代。

三 非税收入与税制变迁

当政府面临财政支出压力时，通过显性税制的调整实现收入增加并不是唯一可以采取的办法，除了各种各样的隐性税收方式，如增加货币发行来获取收入之外，政府还可以通过出售国有资产、发行公债等非税收入的方式获取收入。一定时期财政支出变动对税制变迁的影响，在很大程度上

---

① 参见马斯格雷夫《比较财政分析》，上海三联书店1996年版，第83—85页。

② 参见刘明翰主编《世界史——中世纪史》，人民出版社1986年版，第65—77、88—90页。

与政府通过非税方式获得收入的能力有关。如果税制调整的阻力和成本很大，而政府可以通过其他方式以更小的成本获取收入，那么政府进行税制调整的动力相对较小，税制变迁的压力就会降低，税制会保持相对稳定。

在各种非税收入形式中，出售国有资产的收入是不可持续的，因为国有资产总有卖完的一天，而且近代以来市场经济的发展和对政府权力的制约使政府直接掌握的国有资产的数量也是有限的。在正常情况下，公债是唯一可以在收入数量和收入的可持续性方面部分地替代税收的收入形式，因而对税制变迁的影响也就最大。但是在历史上，政府并不总是有钱可借的，即使有钱也并不一定采用借的方式，在一个商业不发达的社会中，以货币形式存在的资本的数量有限，可供借贷的资本数量就更少，而不受约束的政治权力则可以采取对资本课以重税甚至直接充公的方式占有所需的资本，如汉武帝的算缗告缗法令。[1] 没有可替代的非税收入方式应对财政支出的变动使政府必须通过调整税制、增加税负来获取收入，这造成政府按照自身意图进行税制调整的动力很大，但政府单方面改变税制的行为并不一定产生好的效果，税制在短时间内的强制变迁所激发的社会矛盾使得税收往往成为各种起义的导火索。明末为筹措对后金的战争经费不断实行田赋加派就是农民起义的直接原因。

近代早期欧洲的情况则有所不同，16 世纪到 17 世纪欧洲各国的政府开支大幅度增加，在 1520—1600 年间，西班牙的一般物价水平大约上涨了 4 倍，而政府的开支则增加了 8 倍，大约自 1540 年以来，欧洲各国的政府开支都迅速增加了，无论价格是普遍上涨还是下跌，政府开支上升的趋势在 18 世纪之前几乎没间断过。公共开支增长的一个主要原因是战争时期的延长以及战争费用的迅速增加，但是在政府开支大幅度增加的同时，"却没有一个现存的体制能够使岁入相应增加以应付新的高水平的开支"。[2] 在 1500—1700 年间，欧洲各国征收的税额有所变化，但整个税制的变迁却十分缓慢，总的来说，"赋税的性质是保守的：只能根据已有的税种增加赋税，而不能为了权宜之计开征新税种。财政结构仍有利于征收间接税，有利于富人，有利于将征税权分授给各个'包

---

① 参见叶振鹏主编《中国历代财政改革研究》，中国财政经济出版社 1999 年版，第 118—121 页。

② ［意］卡洛·M. 奇波拉主编：《欧洲经济史》第二卷，中译本，商务印书馆 1988 年版，第 482 页。

税人'的方法。"① 也就是说，在政府财政支出迅速增长的同时，原有的税收制度并没有发生变迁以适应这种增长。其中的主要原因在于当时欧洲商业的发展使得各国政府可以从国内外获得相对充足的借贷资金，通过借贷应付战争开支比通过阻力重重的税制改革增加收入要迅速而有效得多。另外，在当时的条件下，如果要通过税制的变迁实现收入的快速增长，就必须对富人增税，而资本在各国之间的流动使得这种措施难以奏效，而且财政支出对借贷资本的依赖越大，政府就越难以对作为自己债权人的富人的资本和收入征税。因此，税制变迁的阻力和税收收入增长的限制在某种程度上可以解释为政府被迫借贷的原因，但政府可以通过借贷迅速获得非税收入则反过来延缓了税制的变迁。

四 政府职能扩张、财政支出持续增长与税制变迁

随着现代社会经济的快速发展和人均收入水平的迅速提高，可税财产急剧增长，政府在确定税收制度时面临的税基约束大大减弱。政治结构的变化和国家间经济竞争的加剧使政府在确定税制时会重点考虑税制对经济的影响和税制的收入分配功能。但对政府而言，满足一定时期财政支出的需求始终是税收制度最基本的目标，而财政支出的变化则是影响税制变迁最直接的原因。

现代社会财政支出的持续增长是政府财政活动的基本规律。德国学者阿道夫·瓦格纳（Adolph Wagner）于1882年提出了"公共支出不断增长规律"。瓦格纳认为，在社会经济日益工业化的过程中，由于工业生产不断发展，社会财富日益增加，人民也日益要求政府采取措施，将更多的国民收入用于社会的公益事业，以改善人民大众的生活。因此，国家的职能在内涵和外延方面都不断扩大。随着国家职能的扩增，政府从事的各项活动不断增加，所需的经费开支相应上升。而经济发展税基扩大，又给经费开支的增加提供了可能条件。因此，公共支出不断增长是一条客观规律。②

自瓦格纳定律提出以来，经济学家们一直在探究其有效性及其根本原因。现代经济学家主要从公共产品的角度来研究这一问题。政府提供的公

---

① ［意］卡洛·M. 奇波拉主编:《欧洲经济史》第二卷，中译本，商务印书馆1988年版，第483页。

② 参见［日］坂入常太郎《欧美财政思想史》，中译本，中国财政经济出版社1987版，第302页。

共产品包括资本品和消费品，当总产出在消费和资本形成之间的分配给定的情况下，公共资本形成在总产出中的份额取决于资本品的适当组合。那些外在效应密集型的资本品必须由公共部门来提供，而另一些（其收益主要是内在的）可以由私人部门来提供。

关于经济发展方面的文献表明，在发展的早期阶段，公共资本的形成是尤其重要的。为了开发国家并使自然资源与市场相联结，就必须提供交通设施，需要作为私人部门生产性资本形成之先决条件的公路、铁道和港口设施；改良的农业技术需要灌溉；机械的使用需要最起码的技术技能等。所有这些类型的投资，其收益基本上是外在的，因而必须由公共部门即地方或中央政府来提供。随着经济的发展以及一个较大的储蓄流成为可能，私人工农业的资本数量必定会增加。社会一般资本的基本存量现在已经得到创立，但以较慢的速度增加。社会一般资本的结构，类似于公用事业，变成了一个不断下降的净资本形成份额。但随着人均收入的继续上升，需要互补性公共投资的私人产品可能会出现，而这有可能会提高公共投资的份额。如消费者收入的上升将使汽车的广泛使用成为可能，所以人们对公路设施的需要会大大增加。与工业化相连的城市集中的发展要求牵涉巨大公共投资的市政方案。对有技能的劳动力需求的增加给教育以及人力投资需求提出了更高的要求。总之，公共资本形成占总资本形成的比率在早期阶段可能较高，而后至少会暂时下降，在较后的发展阶段这一比例又会上升。

在社会满足了基本生活需要之后，人们对教育、卫生设施、安全的需求会引起一个不断上升的公共消费对私人消费的比率。而且，伴随着经济增长，经济组织的日趋复杂可能会产生一系列新兴的属于补救性的基本公共服务。如公司和大企业的出现使得诸如反垄断等管制机构的服务成为必要。

除了公共资本品和公共消费品需求的持续增长之外，导致财政支出持续增长的另一个主要因素是政府的收入再分配目标。现代西方国家收入再分配的目标是降低收入分配的不平等程度，这一目标本身将导致总收入中转移份额的上升。如果考虑到经济发展对要素收益分配的负面影响，要实现这一目标所要求的经政府配置的转移支付份额会更大。这是导致宏观税负水平不断提高的重要原因。[1]

---

① 参见马斯格雷夫《比较财政分析》，中译本，上海三联书店 1996 年版，第 120—124 页。

西方国家收入再分配目标的实现对财政支出及税收制度的影响主要体现在以下几个方面：首先，财政支出中用于转移支付和社会福利的支出在不断扩大。1890 年美国转移支付占 GNP 的比例只有 0.1%，到 1963 年这一比例是 7%，增长了 70 倍；同时期，英国的这一比例从 0.7% 上升到 12.2%；德国从 1891 年的 0.4% 上升到 1958 年的 22.5%。1955 年到 1981 年，美国社会福利支出由 94 亿美元增至 2824 亿美元，超过 28 倍，占财政支出的比重由 14% 增加到 44.7%。其次，专门用于社会福利支出的社会保障税的比重在不断增加。西方国家税收中，社会保障税占 GDP 的比重与其他税占 GDP 的比重大都保持在 1:2 的水平，即以平均税负为 38% 来计算，大约 12% 为社会保障税。社会保障税占美国联邦收入的 40% 左右，居税收收入的第一位。法国、德国及北欧国家的社会保障税也长期居税收收入的首位。最后，带有明显再分配特征的个人所得税成为西方国家的主体税种。个人所得税，尤其是采用高额累进税率计征的个人所得税成为西方国家的主体税种为税收收入的增长快于国民收入增长提供了可能，这导致了总产出中由政府参与分配的比例增加，在调节收入的同时也提高了税收负担。[1]

财政支出变化对税制的影响首先体现在一定时期的总支出水平决定了这一时期必要的宏观税收负担。马斯格雷夫通过统计归纳指出："税收收入与支出是高度相关的。对我们的样本来说，E/GNP 与 T/GNP 之间的相关系数就全体样本而言为 0.919。"[2] 财政支出的持续增长直接导致了西方国家宏观税负水平的迅速攀升，1890 年到 1950 年 60 多年间，西方主要发达国家的宏观税负水平从不足 10% 迅速增加到 40% 左右，其中英国 1890 年的宏观税负只有 9.11%，而到了 1920 年则增加到 28.18%，30 年间增长了 209%；1950 年英国的宏观税负进一步增长为 41.84%，比 30 年前又增长了近 50%，此后英国的宏观税负水平保持了基本稳定并有所下降，但通常都保持在 35% 以上。其他国家的宏观税负水平在这 60 年间也经历了与英国相似的快速增长过程。[3]

宏观税负水平的快速增长不仅意味着税收收入总量的增长，更重要的

---

① 参见樊丽明主编《西方国家财政税收论纲》，山东大学出版社 1993 年版，第 79 页。

② E/GNP：财政支出占国民生产总值的比重，T/GNP：税收占国民生产总值的比重，马斯格雷夫：《比较财政分析》，中译本，上海三联书店 1996 年版，第 116 页。

③ 参见本书第六章第二节的相关内容。

是在单位社会产出中税收所占有的份额越来越大，也就是说，税收增长在这60年间始终高于经济增长，税收收入的弹性在较长时间内保持在1以上，而为了实现这一目标，就必须建立一个税收弹性持续高于1的税收制度。相对于超额累进的个人所得税，以比例税率计征的间接税的税收弹性相对较低，因此以间接税为主体的税制结构通常难以适应财政支出持续增长对税收收入增长的要求，除了建立复合税制体系以扩大税基外，为了从国民收入增长中获得更大份额通常需要依赖超额累进的个人所得税制。因此，这一时期在财政支出持续增长的压力下，西方国家以超额累进为特征的个人所得税的地位不断提高，逐渐替代了以比例税率为特征的间接税成为主体税种，从而实现了税制结构由以间接税为主体向以直接税为主体的变迁。

五 税收的工具化：经济稳定、产业政策与纠正性税收

税收制度的基本功能是为政府筹集其履行职能所需的财政收入，在收入总量一定的情况下，如何按照特定历史时期所认可的公平观念在社会各阶层中分配这些税负，同时还要尽可能减少税收对经济增长的负面影响，也就是在获取必要收入的同时兼顾公平和效率是税制设计时必须考虑的两个主要问题。

但是，在人类社会发展的历史上，税收从来就不仅仅是政府筹集收入的工具，政府的各项职能及政策目标也不仅仅通过财政支出手段实现。通过税制设计增加或减少特定阶层（群体）或行为的税负可以影响纳税人的行为，因此税收本身还作为实现政府特定目标的政策工具被广泛使用。

如在中国汉代，为了鼓励生育，在人头税设计时对晚婚者课以重税，规定"女子年十五以上至三十不嫁，五算"①，即女子十五岁以上还不结婚要增加人头税，到三十岁不嫁则要征收五倍的人头税。而在资本主义发展的早期阶段，关税一直承担着贯彻"重商主义"产业政策的重要职能。在社会主义国家建立计划经济的过程中，对非公有制经济课征较重的税收是实现特定所有制目标的政策工具。

二战后，随着凯恩斯主义的发展，政府被要求通过需求管理在经济稳定中发挥重要作用，超额累进的个人所得税可以随着经济的周期性波动起

---

① 参见《汉书·惠帝纪》。

到自动稳定器的功能，而一定时期的减税或增税也被认为是相机抉择的财政政策的重要组成部分。而 20 世纪 80 年代以来，供给学派兴起后，税收也被作为促进经济增长的重要政策工具使用。

从"保护幼稚产业论"开始，税收政策一直是经济相对落后的国家保护民族产业，实现经济赶超的重要工具。而在二战后，各种形式的税收优惠政策①作为实施产业政策或区域政策的工具被广泛使用。如为了吸引外资实施的对外商投资企业的所得税优惠；为了鼓励特定产业发展允许该产业实施加速折旧；为了扶持特定地区的发展，规定在该区域内注册并经营的企业可以减半交纳企业所得税，等等。

由于负"外部性"的存在，仅由市场根据"私人成本"确定的交易并不能充分补偿"社会成本"，因此政府有必要介入这类具有负"外部性"的交易，对具有负"外部性"的行为征收"纠正性"税收是政府干预的重要政策工具。这种对特定商品和服务额外课征税收形成的特殊流转税体系从最初的烟草、酒精等所谓不良"嗜好"逐步扩大至石化产品、煤炭、木材等不可再生或难以再生的资源。近年来，随着温室气体排放导致的全球变暖等问题的出现，环境保护受到世界各国的普遍关注，对环境污染行为征收环境税，尤其是对温室气体的排放征收"碳税"成为税收制度发展的重要趋势。

此外，随着经济全球化的发展，为了应对全球资本快速流动对金融市场的冲击，美国经济学家托宾提出对现货外汇交易课征全球统一交易税的设想，被称为"托宾税"。2008 年金融危机爆发后，欧盟开始研究开征金融交易税以遏制大额资本的快速流动以提高金融市场的稳定性。欧盟委员会于 2013 年 2 月 14 日正式通过并推出了金融交易税（FTT），将从 2014 年 1 月开始在 11 个国家对所有金融工具的买卖进行征税。

综上所述，随着现代社会政府职能的复杂化，税收制度在筹集财政收入这一基本功能之外逐步演变成为实现多种政府政策目标的工具，即税收的工具化。而税收作为政策工具在收入之外功能的不断增加导致现代税制体系的复杂化，是推动税制变迁的重要动因。

而针对税制功能多样化和复杂化的发展趋势，也开始出现了诸多反

---

① 除作为产业政策使用外，税收优惠政策（税式支出）还被广泛用于特定的收入分配目标，如增值税中对食品、药品的低税率或免税政策；个人所得税中各种形式的差别扣除项目。

思。如从限制政府职能扩张，发挥市场作用的角度强调税收的"中性"，认为税收应当回归筹集财政收入的基本功能，将调节收入分配等功能交由财政支出政策实施以最大限度地简化税制并提高效率。

应当说，现代税制功能的复杂化和复合税制体系的形成是现代社会政府职能扩张和功能复杂化的直接结果，未来税制是趋于简化还是更加复杂首先取决于政府职能的变化。总的来看，在政府职能多样化和复杂化的既定前提下，税收作为政府政策工具箱里的一个重要工具，始终存在着税收政策工具与其他政策工具，如财政支出、价格管制、市场准入等工具的协调配合及最优组合的问题，但政府不可能完全放弃税收作为政策工具的功能而仅让其发挥筹集收入的功能。也就是说，即使税收不是"万能的"，税收作为政府实现诸多非收入目标的政策工具有其自身的局限性，但将税收作为政策工具使用，为实现某种非收入目标而实施税制改革的动力始终是存在的。

第三节　国家、产权与税制变迁

在税制的静态分析中，我们已经从理论上探讨了作为"中心参与人"的政府与作为纳税人的私人参与人在税收博弈中所采取的策略及博弈均衡的形成过程，其中政治权力的分布和政府所面临的约束是导致税制差异的关键性因素。在现实的税制变迁中，不同的宪政体制所决定的产权安排和政府干预产权安排的权力是税收制度变革所面临的基本制度环境，基本制度环境及其变动决定了税制变迁的方式和变迁的路径。

一　产权的自发变动对税制变迁的影响

在宪政体制保持基本稳定的情况下，自发性产权安排的改变使应税财产的所有权分布状态发生变化，从而要求税收制度在基本制度框架内进行调整以适应这种变化。引起产权安排变动的因素很多，其中最主要的是要素相对价格的改变，技术和生产函数的变化和人口数量的增减是要素相对价格变动的主要动因。[1] 产权安排的自发性变动改变了社会不同利益集团

---

[1] 新制度经济学制度变迁理论中对要素价格变动及其对产权安排的影响有着详尽的阐述，这方面研究可以参见诺思等人关于制度变迁的文献。

所占有的财产数量，从而引起税基和政府税收收入的变动。从税收收入的角度分析，这种变动有两种基本类型，一是产权安排的自发性变动导致了既定税制下税基的增长，这种改变有利于政府税收收入的增加，因而政府一般不会阻止这种产权的自发性变动，税收制度也将保持基本稳定。例如历史上农民对荒地的开垦会增加农民的收入，提高税负的承担能力，政府会倾向于承认农民对所开垦荒地的所有权，并采用低税率的政策鼓励这种产权变动，以此换取税基的扩大。

自发性产权变动的另一种类型是产权变动导致原有税制规定下的税基缩减，从而引起政府税收收入的减少。如在近代早期的法国，对沼泽地进行排水或兴建灌溉项目能够提高农田的产量，但多数排干水后的土地落入拥有免税特权的地主手中，从政府的税基中消失。对政府而言，一块不排水的沼泽地有可能比一块有价值的排水农田带来更多的税收。①

如果不考虑不同税基度量成本和征管成本的差异，以税收净收入最大化为目标的政府对这种产权变动有两种基本应对方法，一是动用政治权力阻止和干预这种自发性产权变动以维持税基；二是进行税制的调整以适应这种变动。而税制的调整也有两种基本方式，一种是保持原有税制中对应税财产范围的规定不变，通过提高税率来维持既定的税收收入；二是改变税种的设置，扩大应税财产的范围，通过扩大税基来保持税收收入的水平。

在中外历史上，当产权的自发性变动损害了政府的税收利益时，政府的反应往往首先是动用政治权力试图阻止这种变动。例如，中国历史上当土地兼并盛行造成统治者向广大农民征收税收困难时，统治者总会发布抑制兼并，限制大土地所有的法令，如汉武帝实施的"算缗告缗令"，不仅从法律上规定有市籍的商人不准在原有土地之外再以名占田，而且还通过没收商人土地的行政手段，将商人的私有土地转为国家的公田，并租给农民耕种以维持原有的以分散的小农经济为基础的税收制度。又如西晋统一全国后（280年）颁布"占田制"，严格规定了王公官僚所占田额的数量，超出了限额就是违法，政府有权对此进行干预。② 法国的国王则通过

---

① 参见菲利浦·T. 霍夫曼、让－劳伦斯·罗森塔尔《近代早期欧洲战争和税收的政治经济学：经济发展的历史教训》，载《新制度经济学前沿》，经济科学出版社2003年版，第45页。

② 参见叶振鹏主编《中国历代财政改革研究》，中国财政经济出版社1999年版，第147、243—244页。

鼓励对排水和灌溉项目的诉讼来阻止产权的变动。

如果政府对产权自发性变动的干预难以获得成功,无法阻止税收收入的下降,政府将不得不采取措施进行税制调整。但是,税制调整主要采用提高税率的方式还是采取扩大税基的方式则取决于政府对社会的控制能力。在掠夺型国家中,没有利益集团或利益集团的联合能够有效制约政府的权力,政府进行税制调整的阻力较小,因而有可能进行比较彻底的税制改革,通过扩大税基增加税收收入。在勾结型国家中,政府如果高度依赖某个或某些利益集团的支持,而产权自发变动所导致的社会财产分布的变化有利于这些利益集团,政府将难以将征税范围扩大到这些利益集团,从而不得不采取对原有纳税阶层提高税率的办法弥补税收收入的减少。而在社会能够有效制约政府的国家中,政府则很可能被迫放弃部分甚至全部征税权,让各利益集团在宪政体制框架下通过自行博弈决定税制的变迁。

中国传统社会可以近似地看作一个掠夺型国家,土地兼并是历代封建王朝中期所面临的最基本的自发性产权变动,当统治者通过政治权力干预土地兼并失败后,面对无法遏制的土地集中和税户减少,原有的以分散的自耕农为主的土地占有制度和以人头税为特征的税收制度已经无法获得所需要的财政收入。如唐代中期均田制被破坏后,以均田制为基础的租庸调制就无法实行。而明代中期由于土地兼并的盛行,封建国家直接掌握的作为税基的耕地面积锐减,弘治十五年(1502 年),全国垦田数额从明初的850 余万顷降为 422 万顷,减少了 50%。大量的土地被皇亲贵族等免税阶层和很少向国家纳税的大小官僚阶层所占有。这样一来,国家的田赋收入就减少了一半。[①] 面对土地集中引起的税收收入减少,如果继续坚持原有的税收制度,国家财政势必破产;而如果在原有税收制度基础上提高人头税的税率,则会进一步扩大贫富差距,很容易激起民变。这时,中国封建王朝的统治者往往会利用其至高无上的专制皇权来压制地主阶层,缓和社会矛盾,除了颁布法令限制兼并之外,主要是通过税制改革加重土地所有者的税收负担,从而实现税收收入的稳定和增长。[②]

---

① 叶振鹏主编:《中国历代财政改革研究》,中国财政经济出版社 1999 年版,第 490 页。
② 当然,这种努力并不总是成功的,以土地税为主体的财产税制度需要官僚阶层具体执行,而财产税却并不符合官僚阶层的利益,因而难以真正得到有效实施。当皇权足够强大能够震慑官僚阶层时,财产税制度执行得比较好,因而朝廷税收收入充裕,社会矛盾得以缓和,所以会有所谓的"中兴";但随着官僚阶层不可阻止的腐败,名义上的财产税会通过各种非规范方式转嫁到农民头上,朝廷正税枯竭,不得不频繁加派、加征,社会矛盾激化,最终导致灭亡。

税制改革的主要措施包括扩大征税范围，部分或全部剥夺免税阶层的免税权（如雍正时期"士民一体"当差纳粮），建立以对土地征税为基础的财产税制度，实现税收制度从人头税为主体向财产税为主体的变迁。唐代杨炎的两税法、明代张居正推行的"一条鞭法"以及清代雍正时期的"摊丁入亩"等著名税制改革，其核心都是通过税收负担向土地（田亩）的转移来实现公平税负和增加税收收入的目标。①

历史上，近代早期的西欧王权所具有的专制权力从未达到中国传统社会的程度，而是保持了一个普遍的政治均衡，这种政治均衡意味着统治者的权力受到了特权阶层的有效制约，因而导致财政权力的分割。② 在这种情况下，早期西欧的统治者面临产权自发变动所造成的税收收入减少时，难以采取对特权阶层征税的方式实现税制变迁，只能对原有纳税阶层开征新税和提高税率，这样导致边际税率极高而总体税负相对较低，因为大量可税财产掌握在免税阶层手中。③ 高边际税率造成应税部门的交易活动陷入停滞，而资源大量流向出于政治原因而仍然保留免税特权的经济活动。对于税基的日益侵蚀，"皇室的唯一反应是颁布法令以试图控制投资的流动"。④ 采用提高税率的方式应对产权变动的影响其结果是过高的边际税率导致严重的逃税，为了确保税收收入，专制君主通过制定法律、建立臃肿的官僚机构来监督征税、制止逃税，使税收制度陷于高度依赖强制性却十分低效的境地。

二 政府权力的演变与税制变迁

在既定的制度环境约束下，税制变迁的方式和路径受到政府与社会各阶层之间政治权力分布状态的影响。当一个社会中自发性产权变动发展到

---

① 如唐代两税法的征收原则是"人无丁中，以贫富为差"，与租庸调法的征收原则迥异。租庸调法之租为丁租；庸是役的折纳，也是以丁为征收对象，因此又被称为丁庸；调也是按户交纳，也以丁为根据。而两税法的征收没有丁中之别，而是以"资产为宗"。参见郑学檬主编《中国赋役制度史》，上海人民出版社 2000 年版，第 271 页。

② 这一时期的英国或许还有荷兰是显著的例外。参见菲利浦·T. 霍夫曼、让－劳伦斯·罗森塔尔《近代早期欧洲战争和税收的政治经济学：经济发展的历史教训》，载《新制度经济学前沿》，经济科学出版社 2003 年版，第 46 页。

③ 因此，我们可以理解为什么一个边际税率较低而税负公平的税制会比一个边际税率很高而税基狭窄的税制带来更高的宏观税负水平。

④ 菲利浦·T. 霍夫曼、让－劳伦斯·罗森塔尔：《近代早期欧洲战争和税收的政治经济学：经济发展的历史教训》，载《新制度经济学前沿》，经济科学出版社 2003 年版，第 47 页。

一定程度，原有的宪政体制无法适应社会各阶层实力对比的变化时，实力增强的社会阶层就会要求改变宪政体制以维护自身的利益。宪政体制的变革所导致的政府与社会各阶层权力对比的改变使税收制度面临的制度环境发生根本性变化，因而税收制度能够在各个方面实现更为彻底的变迁。

历史上，由于经济发展水平、文化传统等因素的差异，在东西方不同社会中政府权力的范围和强度是千差万别的，如休谟所说："任何政府都必然要牺牲相当的自由，但即便是禁止自由的专制统治者的权力也不可能真正是绝对和无约束的。苏丹是所有人生命和财产的主宰，但他想要开征新的税目将不会得到允许；法国国王可以随意增加税收，但要对个人生命和财产有所企图将是非常危险的。"[1] 政府权力的差别可以部分地解释税制在不同社会、不同历史时期的多样性，也在相当程度上决定了不同社会税制变迁的路径和特征。从政府财政权力和征税权力的角度分析，政府权力的演变大体上可以分为三个阶段。

第一阶段：政府不仅可以直接占有社会财产，还在一定程度上可以直接控制纳税人的人身权利。这一时期，统治者凭借政治权力直接占有了大量社会财产，财产收益是其主要的收入来源。而要确保财产收益的实现，必须具备两个基本条件：一是只有社会财产作为生产资料与劳动者结合才能产生收益，尤其是当人力资源在要素相对价格中具有比较优势的情况下，直接控制劳动者本身的收益要大于控制生产资料的收益[2]；二是要避免私人参与者的财产权与国有财产权的竞争，因为这种竞争会导致私人参与者与政府之间对稀缺要素的争夺。在通常情况下，国有企业在这种竞争中难以取得优势地位，从而会减少政府的财产收益。历史上，对土地和农民的直接占有形成了中世纪欧洲建立在封建庄园基础上的"家产国家"。而在中国封建王朝建立初期，由于长期战乱导致的人口稀少而闲置土地较多，政府也通常会实施以"均田制"为特征的国有土地分配，建立"租税合一"的赋税制度。

计划经济体制下的政府权力在很大程度上也具备了上述特征。为了实现政府的特定目标，如工业化，国家必须集中掌握最稀缺的要素——资本，而为了获取资本则必须建立起一整套在短时间内最大限度积累资本的收入体制，通常意义上的税收难以满足这种要求，因而凭借政治权力直接占有

---

① 大卫·休谟：《论道德、政治与文学》，转引自青木昌彦《比较制度分析》，中译本，上海远东出版社2001年版，第155页。

② 如奴隶制和农奴制。

几乎所有的生产资料和人力资源，并禁止私人参与者在所有领域的竞争以确保财产收益的最大化是其必然的选择，因此才有公私合营、人民公社和长期固定不变的八级工资制。① 在计划经济时期，即使存在着名义上称为"税"的收入，由于销售价格受到严格的控制，流转税实际上是行政确定的批发价与零售价之差，而由于投入品和工资支出也是严格由计划规定的，那么企业利润或亏损也在政府的严格控制之内，所以所得税与利润上缴并没有区别，这一时期的税收仅仅是政府价格政策和工资政策的附属品。②

第二阶段：政府不直接占有生产资料和劳动者，但拥有任意设定产权的权力。政府直接占有生产资料和劳动者的财政收入模式不能适应经济发展的要求，当私人参与者通过自发的产权安排可以获得更高收益的时候，往往会贿赂政府或政府的代理人以获得政府或其代理人对自发性产权安排的承认或默认。这种趋势发展到一定程度，统治者会发现这种贿赂比继续保持对生产资料和社会成员的强制占有能获得更多的收入，则会把这种贿赂演变为税收，放宽对私人参与者本身及其自主经济活动的限制。这种贿赂的规范化对于理解西欧中世纪城市兴起过程中，封建领主对城市征税制度的形成具有重要意义。

历史上，西欧封建庄园的依附农民要承担劳役义务，而那些有经营手工作坊能力的依附农民发现摆脱劳役而在集市专门经营手工作坊能够获得更大的收益，因此会向领主交纳一笔赎身费或定期交纳一定数量的货币来豁免劳役。对领主而言，这笔收入要远高于强制农民留在庄园务农所获得的收益，因而会认可这种变化。这些摆脱了封建劳役束缚而聚居在一起经营手工业的农民形成了最早的市民阶层，而其所聚居的地方形成了集市，进而发展为城市。以城市为基础的商品经济的发展使得城市成为拥有大量货币资本的经济实体，国王也发现了这一新的财源，为了与封建领主争夺对城市的控制权，国王鼓励城市的发展，赋予城市自治权，并颁布法令规定逃往城市的农民具备一定条件就成为自由民，城市则向国王交纳税收作为报答。③ 随着农奴制的瓦解，政府直接占有生产资料获取财产收益的财

---

① 这种计划经济体制的内生性解释参见林毅夫、蔡昉、李周《中国的奇迹：发展战略与经济改革》，上海三联书店、上海人民出版社1999年版，第二章。

② 参见维德·甘地、杜布拉夫斯科·米哈列克《社会主义税制的改革范围》，载维托·坦齐编《经济转轨中的财政政策》，中译本，中国金融出版社1993年版。

③ 如1227年，英王亨利三世给克劳彻斯特城颁发特许证，明文规定，农奴在城市住一年零一天便成为自由人。参见刘明翰主编《世界史——中世纪史》，人民出版社1986年版，第49页。

政体制被在一定程度上承认私人参与者的财产权利，通过对私人参与者直接征税获取收入的体制所替代。这种变化导致中世纪的"家产国家"开始向"无产国家"和"税收国家"演变。

但是，这一时期政府的权力并没有受到有效的约束，政府仍然拥有任意设定产权的权力，通过对产权的设定，政府试图使其隐性和显性的税收收入最大化。表现在税收制度上，统治者不仅通过设定产权，采用贸易独占、专卖、出售包税和免税权等方式获取了大量隐性的税收，而且也通过各种形式的显性税收，如开征新税、直接或变相提高税率的方式任意剥夺私人参与者的财产。同时，政府的财政支出权力几乎不受任何约束，私人参与者交纳的税收与其所获得的公共产品和服务没有直接的关系。在许多国家，政府通过产权贿赂、税收贿赂和支出贿赂与个别利益集团勾结在一起，强化了自身的统治地位，使其他阶层的纳税人长期处于被压迫的地位。政府对产权的任意干预，使得作为市场主体的私人参与人的财产权利得不到保障，因而丧失了通过创新获取新利润的动力，各利益集团会把大量资源耗费在影响政府设定产权的决策以获取"租金"的活动上。①

第三阶段：政府任意设定产权的权力被剥夺，征税权和财政支出权也在相当程度上被剥夺，显性税收成为政府主要的收入来源。对政府征税权的限制是近代以来宪政体制变革的核心内容，1215年，英国国王约翰被迫签署了《自由大宪章》，宪章规定：国王除因被俘赎身、长子被封为武士和长女出嫁这三种情况可以适当征收税金外，不得随意征收税金和贡金，如需征收，必须召开"大议会"，征求"全国公意"。从而剥夺了国王的任意课税权，这是人类历史上第一次对国王征税权的限制。从1629年的"请愿书"② 到1689年议会制定的"权利法案"，又进一步明确规定国王不经议会同意而任意征税为非法，只有议会通过法律才能规定向人民

————————

① 所谓的"裙带资本主义"（crony capitalism）就是指这种情况，现在许多发展中国家经济发展的长期停滞在很大程度上就与政府设定产权的权力过大有关。因此，正是在这个意义上，布罗代尔说："凡在国家势力太强的地方，资本主义就不能得到充分发展。"参见布罗代尔《资本主义论丛》，中译本，中央编译出版社1997年版，第55页。

② 1629年的"权利请愿书"，是查理一世于1628年召集国会，希望国会通过征收新税时，国会向国王提出的条件。请愿书列举了四点要求：第一，未经国会同意，不得强制向人民借债和征税；第二，除非依据法庭判决及国家法律，不得逮捕任何人或剥夺其财产；第三，不许按照战时法逮捕人；第四，在普通人民家中不得驻扎军队。

征税，上述文件正式确立了税收法定主义原则，实现了税制变迁历史上税收制度制定规则的根本转变。随着现代法治社会的确立，政府的权力受到进一步限制，私人财产权受到了严格的保护，预算的决定权也由议会所掌握，税收与公共产品和服务之间建立起了有效的直接联系，从而在很大程度上减少了政府通过财政支出为自己谋取私利的空间。税制变迁的基本方式由政府单方面的强制性变迁为主转变为社会各利益集团在法治框架内通过议会斗争来实现自身利益的调整。尽管社会各利益集团在议会中的博弈并不能保证会获得一个社会福利最大化的最优税制[1]，但在这一阶段的税制变迁过程中，税收不再是纳税人单方面、无条件履行的义务，"不出代议士不纳税"的原则将税收与纳税人的政治权力联系在一起，纳税人对税收制度的变迁有了更大的发言权和决定权，这不仅使税制变迁的成本大大降低，而且税制的调整更为灵活，更容易适应经济、社会发展的要求。

这一阶段政府设定产权的权力受到了严格控制，在竞争性行业几乎不存在国有企业，而由于自然垄断、外溢性等原因要求政府进行管制和直接控制的国有企业也受到了议会严格的监督，政府难以凭借政治权力利用这些企业获取隐性税收。如日本战后《财政法》第3条明确规定："除租税外，对国家基于国权收纳的课征金以及依法律、事实属于国家垄断事业的专卖价格及事业费用，应当全部依法律或国会制定。"[2]

三 中央政府与地方政府权力的划分与税制变迁

在税制结构中，中央政府与地方政府之间税收收入的划分是公共经济学研究的重要问题，论述中央政府与地方政府之间的博弈对财政体制和税收制度影响的文献很多[3]，本书没有将此问题作为税制变迁研究的重点，下面仅从政府权力演变的角度对这一问题进行分析。

在税制变迁的历史上，地方政府在不同社会、不同历史时期的地位是有很大差别的。在中世纪的西欧，世袭的封建领主在其领地内有很大的权力，国王不得随意干涉，这些权力在现在看来与独立国家相差无几，如铸

---

① 布坎南的公共选择理论、奥尔森的利益集团理论都说明了这一点。

② ［日］北野弘久：《税法学原论》，陈刚等译，中国检察出版社2001年版，第64页。

③ 参见平新乔《财政原理与比较财政制度》，上海三联书店、上海人民出版社1995年版，第3篇中央与地方财政关系；胡书东：《经济发展中的中央与地方关系——中国财政制度变迁研究》，上海三联书店、上海人民出版社2001年版，第1章第2节，关于财政分权与集权问题的文献综述。

币权、设立关卡收税的权力，在王权相对软弱的时期封建诸侯甚至有向其他诸侯宣战的权力。这时的国王只是在名义上拥有对国家的统治权，在大多数时候实际上不过是贵族的首领和调停人。中世纪晚期城市发展起来后，通过赎买和斗争，城市也是自治的，各行会选举的市政委员会负责管理城市，其权限不仅包括收税、安排公共支出，还包括设立城市法庭，拥有独立的司法权。这一时期并不存在着现代意义上的地方政府，同样也不存在能够在领土内垄断法律和暴力的现代国家。除了遍布西欧的超国家组织——基督教会借助神权和世俗政权的协助统一征收什一税外，政治权力的高度分散和各政治经济实体的高度自治导致不存在王国内统一的税制。[①]

同一时期中国的情况恰恰相反，高度集权的绝对君主专制体制早在公元前的秦代就得以建立，郡县体制下的地方官员基于中央政府的委任而非世袭，中央政府通过自上而下的科层体系来贯彻法令，征收税款并提供地方所需的公共服务。除了唐末藩镇割据等少数时期之外，中央政府始终控制着征税权，并在全国范围内执行名义上基本统一的税收制度，地方政府的财政自主权极其有限，从税收的角度来看，地方政府只是中央政府的征税代理人，并不对地方负责而只对中央负责。在中世纪晚期和近代早期，随着王权的加强，西欧民族君主国兴起，法国等专制程度较高的国家也开始建立对中央负责的官僚体系，通过委派官员在地方上征收税收，但国王和官员的行动仍然受到了地方封建贵族的牵制。

近代以来，随着民族君主国的兴起，市场经济的发展以及封建势力的彻底消亡，西欧国家的中央政府逐步确立了在领土内统一法律制度并通过官僚体系管理国家的政治体制，但是历史悠久的自治传统并没有消失，而是通过地方自治的方式在很大程度上保留了下来。在对中央与地方财政关系的分析中，我们往往强调联邦制和单一制对中央和地方权力的影响，但实际上西方国家的分税体制还在很大程度上依赖于地方自治的传统。在现代西方国家，地方自治是基本的宪法原则，与代议民主制的地位同等重要。在地方自治的宪政框架下，地方政府往往被称为地方公共团体，如在

---

① 直到 16 世纪，法国国王铸造的货币才在全国真正推广，而税收的推广也同样迟缓。法国国王菲利浦首先对领主的土地征税，但十分谨慎，他于 1302 年嘱咐税吏说："在大贵族的土地上征税时切莫违背他们的意愿。"参见布罗代尔《15 到 18 世纪的物质文明、经济和资本主义》第二卷，生活·读书·新知三联书店 1993 年版，第 572 页。

北野弘久所著的《税法学原论》中指出：国家或地方公共团体是进行课税的主体。① 这里在国家之外特别指出了地方公共团体作为课税的主体，地方公共团体的课税权是日本宪法保障"地方自治"的条款引申出的权力。而在德国的租税基本法中则将课税的主体定义为"公法上的团体"。② 依据"地方自治"原则产生的地方公共团体是地方居民的自治组织，与中央政府任命的地方政府是不同的。依据"地方自治"原则建立的地方自治组织其征税权来源于宪法的规定，与中央政府的征税权是平行的。而中央政府任命的地方政府的征税权是中央政府赋予的，地方政府在某种程度上只是中央政府的派出机构。

在美国、德国等联邦制国家，州的权力的存在先于联邦的权力，是自然的地方自治体制，而中央政府的权力最初是由各联邦主体权力的让渡形成的，这是分税制的宪政基础。而在单一制的国家，如日本、英国，分税制的宪政基础则是地方自治，地方政府不是中央政府委任的，而是地方居民选举产生的，因此地方政府对当地选民负责，而不对中央政府负责，这一点对于理解分税制的运行机制至关重要。对当地选民负责的地方政府比中央任命的地方官员更有动力按照地方居民的偏好安排公共产品和服务的供给和筹集税收收入，从而能够提高公共产品和服务的供给效率。而只有受到地方选民的监督和制约，地方政府的征税权才能得到有效制约，分税制的体制才能正常运行。正是因为没有地方自治的制度基础，中国历史上才会出现"一统就死、一放就乱"的集权与分权的循环。

第四节　社会观念与意识形态

在制度所提供的一系列规则中，由价值信念、伦理规范、道德观念、风俗习惯、意识形态等因素构成了社会认可的非正式约束。以社会观念和意识形态为表现形式的非正式约束是人们从代代相传的文化传统中获得的用于协调相互关系的一套信念，这套信念包含了与公平、正义有关的价值

---

① ［日］北野弘久：《税法学原论》，陈刚等译，中国检察出版社 2001 年版，第 17 页。

② 在 1919 年的德国租税基本法第一条第一款中将税收定义为："租税作为一种无偿的特别给付，是公法上的团体以收入为目的，对符合法定课税要件而应履行给付义务的一切人，一次性或连续性收取的金钱给付。"参见［日］北野弘久《税法学原论》，陈刚等译，中国检察出版社 2001 年版，第 16 页。

判断标准。诺思认为"意识形态是种节约机制,通过它,人们认识了他们所处的环境,并被一种'世界观'所导引,从而使决策过程简单明了"。同时,"意识形态不可避免地与个人在观察世界时对公正所持的道德、伦理评价相互交织在一起。……对收入分配的'恰当'评价是任何一种意识形态的重要组成部分。""当人们的经验与其思想不相符时,他们就会改变其意识观点。实际上,他们试图去发展一套更'适合'于其经验的新的理性。"[1]

税收是政府与纳税人之间进行的一种特殊的收入分配,而对收入分配的评价是意识形态重要的组成部分,特定社会意识形态中关于"公平"的收入分配的主流标准在很大程度上决定了政府通过税收制度所能够进行的收入分配的广度和深度。为了降低税收的征收阻力,减少税制的实施成本,任何政府都会对意识形态进行投资,以增强社会成员对与特定税制相联系的"公平"价值观念的接受程度。而社会不同利益集团为了争取对自己有利的收入分配制度,也会尽力宣扬符合自身利益的价值观念和意识形态。当新的社会观念和意识形态取代原有的社会观念和意识形态成为价值判断的主流标准时,建立在新的"公平"标准上的税制就会替代以旧的"公平"观念为基础的税制,税收制度就会发生变迁。

一 君主主权与国家本位观念下的税制与税制变迁

在君主主权的社会中,关于公平和权力分配的主流社会观念和意识形态建立在"君权神授"的基础上。所谓"君权神授",在欧洲又称"王权神授",是指君主的绝对统治权是由神直接授予的,君主作为来到世间的神的代理人,处于不受人民追究责任的地位,只对神负责。在中国,帝王不仅"授命于天",而且本身具有神性。在日本,天皇直接就是"天照大神"的子孙,是"现人神"、"现御神",连对神的责任都不考虑。[2] 在这种背景下,君主的权力来自"上天"或神,而君主是"上天"或神在世间的代表,君主的意志即神的意志,其行为具有天然的"合法性"。

在"君主主权"的社会中,向君主缴纳赋税、服劳役是臣民对君主

---

① 诺思:《经济史中的结构与变迁》,上海三联书店、上海人民出版社1994年版,第53—54页。

② [日]杉原泰雄:《宪法的历史——比较宪法学新论》,中译本,社会科学文献出版社2000年版,第58页。

应当履行的基本义务。在中国，长期以来"君为臣纲"的社会观念使得君主拥有对臣民生杀予夺的绝对权力，"皇粮国税"的缴纳从来就是无条件的义务，纳税人所希望的仅仅是出现"明主仁君"来适当减轻税收负担，但求温饱，永远不可能奢望"不出代议士不纳税"。在这种意识形态下，君主的征税限度可以达到基本生存财产之上的所有社会财富，而普通纳税人则习惯于忍受种种苛捐杂税、法外加征，只有生存权受到普遍威胁时才起来反抗。

除通过意识形态建立君主的绝对权威之外，历史上某些社会还发展了支持等级划分的意识形态，如印度的种姓制度、法国的等级制度等。当人们普遍接受了等级制度所宣扬的社会观念后，统治者可以建立起基于等级的歧视性税收制度，使税收负担全部或大部分由低等级的纳税人承担，如法国僧侣与骑士阶层就享有免税权。为了保持等级社会的稳定，社会观念中还必须发展出一整套禁止通婚和等级变动的社会习俗和价值观念。在这种等级社会中，任何可能损害等级制度的经济活动都将受到压制，这会造成经济的长期停滞，而政府不仅无法有效扩大税基，也很难通过提高税率获得税收收入的增长，因为经济发展的缓慢使纳税人的税收负担能力有限，这直接导致了税制的长期停滞。

在近代社会，与君主主权相似的意识形态是国家本位的观念，这种观念被称为外表性立宪主义，以明治维新后的日本宪法和1850年普鲁士宪法为代表。其核心还是维护君主至高无上的权力。在国家本位的观念支配下，尽管国家名义上是全体人民的代表，但国家高于人民，人民应当无条件地服从国家，其中就包括无条件地履行纳税义务。纳税义务与具体的政治权力之间没有必然的联系，议会与其说是权力机构，不如说是君主的咨询机构。纳税义务也与财政支出的使用没有直接联系，预算权属于行政当局。以国家本位为主流意识形态的社会中，税制的调整和变迁更多地带有强制性制度变迁的特征，因此这种变迁更多地反映政府而非纳税人的偏好。

二 权利与个人本位观念下的税制与税制变迁

"天赋人权"与"人人生而平等"的观念是资产阶级启蒙思想家用以批判君权神授和等级制度的基本思想，当这一观念成为被社会大多数成员所接受的主流意识形态的时候，君主专制政体和与等级制度相适应的差别税制就必然让位于近代民主制度和税法面前人人平等的税收制度。

权利与个人本位观念的确立与市场经济的发展有着密切的关系。首先，市场经济是权利经济，从经济史来看，在人类有史以来的所有经济形态中，只有市场经济的运行过程，才必须以个人平等的、全面的自由权利为核心和基础。权利的行使和处分是个人在市场中的行为方式，也是市场秩序的基本要素。在市场经济形态之下，从财产的占有到使用到让渡，从契约的形式到内容到缔结，都是以明确界定的权利和自由为基础的。其次，市场经济要求限制政府权力。作为自由的经济，市场经济的活动具有相对的独立性、自主性或不受任意干预的特性。即在一定的市场秩序内，市场主体依据以"自由权利为本位"的规则进行交易和公平竞争，而不被外力所强迫和干涉。因此，市场经济的发展要求有效限制政府的强制权力对自由经济的干预，只有批判君主主权和国家本位的观念，才能确立权利与个人本位的观念，"权利"而非"权力"至上的意识形态是市场经济健康发展的基本要求。

权利与个人本位的意识形态贯彻到税收领域，社会成员的纳税义务就与其政治权力和对财政支出的控制权联系在了一起，税收不再是社会成员对国家所承担的无条件的义务，而是社会成员为了获取所需要的公共产品和服务缴付给政府的"价格"，政府的职能仅仅是按照社会成员的要求提供公共产品和服务，不能干涉个人在市场活动中的自由和妨碍"契约自治"的原则，在这种社会观念下产生了"夜警国家"。而税收制度的核心是尽量不干涉市场经济的正常运行，包括不干涉要素市场的分配，只要是在市场上通过公平竞争获得的收入，无论多少，都被认为是"公平的收入分配"，税收制度不应当对这种分配有任何歧视。因此以比例税率为特征的普遍征收的流转税和对少数需求弹性低的商品征收的消费税成为这一时期的主体税种，税制收入分配功能较弱而收入弹性较低。由于政府的职能受到了严格限制，财政支出增长缓慢，因此尽管以流转税为主体的税收制度收入弹性较低，但经济增长所提供的税收收入增量足以满足财政支出的要求。这一时期由于战争等因素的影响，政府也采取了收入分配功能较强的个人所得税来筹集收入，但个人所得税对权利与个人本位观念下"公平的收入分配"的干预使其难以被社会所普遍接受。1799年英国皮特政府开征的个人所得税在1802年战争结束后被取消，而南北战争时期林肯政府开征的所得税在战后被最高法院宣布违宪，这表明收入分配功能较强的个人所得税在权利与个人本位占主导地位的社会中难以获得较大的发展。

三 社会本位与福利国家观念下的税制与税制变迁

权利与个人本位的社会观念反映了资本主义自由竞争时期的自由放任经济政策的要求，其核心在于极力保护个人权利，刺激自由竞争。但19世纪中期以后，随着垄断资本主义的发展，由于过分强调契约自由和所有权绝对原则，出现了各种严重的社会问题，贫富两极分化，社会矛盾尖锐。在这一背景下，社会的主流观念发生了重大转变，开始对权利和个人本位进行反思，引入了社会本位和福利国家的理念，这种理念体现为对社会经济强者经济自由权的积极限制和对社会经济弱者的"社会权"的保障。① 社会本位和福利国家观念的提出，要求政府从社会公益出发，担负起调节社会经济生活，缓解社会矛盾的责任，从而导致国家职能的空前扩展，自由竞争时期的"夜警国家"开始转变为向社会提供大量公共物品和准公共物品，全面干预社会经济的"职能国家"。马斯格雷夫在分析支出变动原因时指出："对个人福利的社会责任意识的增强，是本世纪政治思潮发展的特征，它大大地增加了对转移方案的需求，而承认国家所起的更大作用则减少了为提供公共产品所进行的资源配置上的政治阻力。……毫无疑问，在解释本世纪公共支出份额的不断上升方面，这值得引起人们给予极大的重视。"②

职能国家的出现使政府作为公共部门通过财政收支支配和占用的社会资源日益增加，社会公众对收入分配和社会福利的关注，使得收入分配功能显著的个人所得税被普遍接受，而超额累进的个人所得税所具有的较高的收入弹性为政府提高宏观税负水平奠定了税制基础。与以权利和个人本位观念占主导地位的自由竞争时期相比，在社会本位和福利国家的观念占主导地位的现代西方社会中，社会保障税和社会保障支出在政府财政收支中的比重迅速上升，而以超额累进为特征的直接税取代间接税成为主体税种。

社会本位和福利国家观念在政治上被接受的程度还可以用来解释美

---

① 参见［日］杉原泰雄《宪法的历史——比较宪法学新论》，吕昶、渠涛译，社会科学文献出版社2000年版，第114页。

② 马斯格雷夫：《比较财政分析》，中译本，上海三联书店1996年版，第81页。

国、日本与西欧国家在宏观税负水平上的差异。以社会本位和福利国家为主要政治纲领的社会民主党二战后在欧洲主要国家长期执政，因此这些国家的福利水平和宏观税负水平较高，典型的福利国家瑞典其宏观税负水平高达50%以上，这与瑞典社会民主党执政长达二十年有密切的关系。而社会民主党在美国、日本的政治力量一直较弱，从未获得过执政地位，因此美国、日本的社会福利水平和宏观税负水平比西欧国家低十个百分点以上。

四　社会科学知识的发展与税制变迁

在制度变迁中，作为社会观念一部分的社会科学知识的发展起到了非常重要的作用，制度选择集合确定了制度选择的范围，而先进的、不断积累的社会科学知识大大扩展了制度选择集合。拉坦认为，正如当科学和技术知识进步时，技术变迁的供给曲线会右移一样，当社会科学知识和有关商业、计划、法律和社会服务专业的知识进步时，制度变迁的供给曲线也会右移。也就是说，社会科学和有关专业知识的进步降低了制度变迁的成本，正如自然科学及工程知识的进步降低了技术变迁的成本一样。[1]

具体到税制变迁而言，社会科学知识的发展对税制变迁的影响主要表现在：第一，有关税收活动及其影响的社会科学知识的积累增加了税制安排的选择集合，使人们实现税制变迁的能力得以提高，税收博弈参与人博弈策略集合中策略选择的增加会导致更稳定和更优的博弈均衡的出现。如税收对经济影响作用机制和结果认识的深化使得税收在促进经济增长和社会发展方面能够发挥更大的作用。第二，与税收有关的社会科学知识的发展，尤其是与工商业和政府机构的发展密切相关的统计手段、会计核算方法及法律体系的完善，加强了政府税制设计的能力以及进行税基度量的技术，为新的税种，如公司所得税和个人所得税的引入以及以申报纳税为主的新的税收征管制度的发展奠定了基础。第三，舒尔茨通过对近三个世纪以来英国和其他西方经济的研究发现，一个社会中各种不同的政治经济制度安排的变动和确立，都是由那个时代占统治地位的社会思想诱发和塑造的。[2] 税制的变迁也不例外，20世纪80年代以来世界性税制改革浪潮的

①　V. W. 拉坦：《诱致性制度变迁理论》，载科斯等《财产权利和制度变迁——产权学派与新制度学派译文集》，上海三联书店1991年版，第336页。

② 参见卢现祥《西方新制度经济学》，中国发展出版社2003年版，第128页。

出现就与新自由主义经济学取代凯恩斯主义有着密切的关系。

第五节　税制变迁中的交易费用

在制度分析中，交易费用是一个重要的基本概念，但不同学者使用这一概念时的侧重点或范围各不相同。当交易费用主要用来解释市场主体订立契约的行为时，交易费用被认为是事前准备合同和事后监督及强制合同执行的费用。当交易费用用来解释产权安排时，则被定义为与转让、获取和保护产权有关的成本。张五常则把"交易成本"看作所有在鲁宾逊·克鲁索经济中不存在的成本。阿罗对交易费用的定义具有一般性，即"交易费用是经济制度的运行费用"。[①] 在税制变迁研究中，我们参照阿罗的定义，将交易费用定义为税收制度的运行费用，包括税基的度量成本、税款缴纳保管和运输的成本、设立税务机构并对其监督的成本以及征税代理人的代理成本。

一般来说，假设其他条件不变，政府总会选择运行费用最低的税收制度以实现税收净收入的最大化。如果社会经济环境的变化影响了税制的运行成本，政府将会按照新的运行成本来调整税制。在税制变迁过程中，影响税收制度运行的关键性因素主要有三个，即货币制度、经济核算水平和行政组织的能力与效率。

一　货币制度对税制变迁的影响

税收征收实体的发展演进是税制变迁的重要内容，从历史上看，税收征收实体经历了从力役、实物到货币的发展过程。一般认为，在自然经济占主导地位的社会中，由于商品经济不发达，货币化程度较低，因此税收的征收对象以力役和实物为主。随着商品经济的发展，社会中使用货币的范围逐渐扩大，开始出现了货币形式的税收。现代信用货币体系和银行系统的建立使货币成为社会中最基本的价值度量尺度，以货币为计量单位和交纳实体成为现代税收制度的基本特征。

历史上经济活动的货币化是一个漫长的过程，不同国家在不同历史时

---

① 关于西方学者对交易费用的不同定义参见卢现祥《西方新制度经济学》，中国发展出版社 2003 年版，第 4—5 页。

期货币体系和货币制度的发展存在着很大的差异，这种差异深刻地影响了税收制度的变迁。货币作为价值尺度的功能，为税基和税额的度量提供了一个方便、易于计算的标准；而货币作为支付手段的功能，为政府课征税收和财政支出提供了成本较低的结算方式。与实物税相比，货币税有许多不可替代的优点：

首先，货币作为基本的度量尺度，可以极大地降低税收的度量成本。以实物方式交纳税收，政府必须对实物进行复杂的等级检验，并根据某些标准进行折算。如稻米与谷物之间的折算，麻与丝绸之间的折算，等等；即使交纳的都是稻米，脱粒的稻米与未脱粒的稻米之间也需要折算，不同品质的丝绸也需要进行折算。税额度量的复杂不仅增加了征税成本，也使政府的征税代理人拥有较大的自由裁决权，以次充好和刻意降低折算比例为代理人中饱私囊提供了机会。而以货币为尺度度量税基和税额则可以在很大程度上避免上述问题。

其次，货币税可以降低政府在税款征集、保管、运输和使用中的成本。实物税在征集、保管、运输和使用过程中需要耗费大量的人力、物力。在中国历史上，为了把南方的税粮运到京城开凿了运河，并在沿途设立了专门的官仓用于周转，而为了管理漕运则设立了专职的官僚机构，即使这样，税粮在途中的发霉变质、漕船的事故和漕运官员的腐败仍然导致比例极大的损耗。[①]相对于实物税，货币税可以在相当程度上减少税收在上述过程中的损耗，但在不同的货币制度下，成本还是有很大差异的，贵金属作为支付手段有利于运输，但不方便小额税收的交纳；贱金属，如铜币有利于小额税收的交纳，但在征集、运和使用中的成本较高。只有在现代信用纸币制度和银行体系较为完善的情况下，上述成本才降低到可以被忽略的程度。

但是，货币税在现代信用纸币制度和银行体系得以完善之前，存在着许多难以克服的缺陷阻止了上述优势的发挥。第一，货币要成为税基和税额的度量尺度，其本身应当是基本稳定的。但在以金属作为货币的时期，作为币材的金属产量和流通量的变动会极大地影响这种稳定性。当金属的供应量与经济发展所需的货币量变动不一致时，会出现通货紧缩或通货膨胀。而在近代以前，政府所推行的纸币制度同样由于缺乏金属储备的支

---

① 如唐代文宗时期，每年从江淮漕运的税粮能至渭河仓者不到十分之三。参见叶振鹏主编《中国历代财政改革研究》，中国财政经济出版社 1999 年版，第 390 页。

持难以被广泛接受，即使运用政治权力强制推行也无济于事。① 中国传统社会由于贵金属币材的缺乏，导致难以建立以金、银为本位的货币制度②，而只能长期使用贱金属，主要是铜，也用过铁作为币材，但是贱金属货币的造币成本和运输成本非常高，不便于在商品交易中使用。而且铜、铁同时又是社会生产、生活中被普遍使用的金属，战争对武器的需求及和平时期生产工具、生活用品及宗教活动（佛像）都需要消耗大量的铜和铁。可用于币材的贱金属数量的不稳定对物价和税收负担有着直接的影响。因此，韦伯认为：中国"币值大跌大落及其对物价的影响，使一次又一次建立以纯粹（或接近纯粹）的货币税为基础的统一预算的努力都难逃失败的规律，不得不重新退回到实物税的路上，其不言自明的结果是经济的僵化。"③ 与中国相比，西方国家总体来说贵金属金、银的供给相对充足，不仅欧洲本土有金银矿提供贵金属币材，15世纪开始，大量的金银从非洲和美洲源源不断地运往欧洲，16世纪大量廉价金银从外涌入，引起西欧各国物价上涨，史称"价格革命"，充足的贵金属币材的供应使西方国家以金、银本位为特征的货币体系保持了相对的稳定。④ 而不同国家和政治实体在铸币上的竞争，较好地维持了贵金属铸币的信用，促进了贸易，尤其是需要大额支付手段的批发和远洋贸易的发展，在这种大额贸易结算的基础上，诞生了票据和其他信用凭证，为信用货币和现代银行的建立奠定了基础。⑤ 作为相对稳定的货币体系的副产品，实物税向货币税的变迁在西方国家比中国顺利得多。

第二，以货币为支付手段的税收制度应当建立在商品经济充分发展的基础上。从中外税制变迁的比较来看，中国从唐末五代开始，就开始局部

---

① 典型的如明初的宝钞，黄仁宇认为："明代财政账目缺乏统一管理，同时税收定额制度一直延续下来，虽然造成这种结果有许多原因。但无疑缺乏有效的货币制度也是其中的一个原因。所有这些都源于明初滥发纸币的政策。"参见黄仁宇《十六世纪明代中国之财政与税收》，生活·读书·新知三联书店2001年版，第81页。

② 明代中期开始，通过对外贸易，美洲的银大量输入中国，这为明、清两代进行田赋折银的税制改革提供了货币基础，但相对于庞大而分散的小农经济，银的数量仍然不足以支持彻底的货币税的实施，部分田赋仍然以实物交纳。参见上引书，第93页。

③ 马克斯·韦伯：《儒教与道教》，商务印书馆1995年版，第51页。

④ 参见宋则行、樊亢主编《世界经济史》上卷，经济科学出版社1993年版，第123—125页。

⑤ 关于西方货币体系的发展演变参见［英］约翰·F.乔恩：《货币史》，商务印书馆2002年版。

实行计亩征钱，宋代继续推行货币税，并取得了较大的成效。但到明代前期，田税仍以税粮形式存在，明中叶各地陆续将税粮折征银两，一条鞭法实施后，丁粮折银，合并征收，以银纳税才成为比较普遍的形式，一直延续到清代。中国货币税代替实物税的进程是相当缓慢的，直到20世纪直接征粮仍未完全停止。[①] 中外在货币税发展上的差异是商品经济发展水平的差距造成的，没有发达的商品经济为基础，在以农业经济为主体的社会中推行货币税会大大加重农民的负担，因为农产品具有明显的季节性，农产品收获的时间也是纳税的时间，短时间内农民要完成纳税义务，不得不集中卖出粮食，这造成粮价下跌，农民不得不承担比实物税制下更重的负担。工商业不受季节影响，可以持续产生货币收益，因此一个稳定的货币税制应当以工商业而不是农业为基础。西方国家货币税制的发展是与经营工商业的城市的发展联系在一起的，尽管在变迁过程中也存在农民负担加重的情况，但工商业的发展吸纳了大部分破产农民，货币税在某种意义上成为工商业发展的催化剂。而在中国，政府对商业的歧视和压制及对农民流动的控制使得货币税的这种作用难以发挥。

第三，完善的货币税制度的建立需要信用体系的配合，中央银行制度和银行系统的发展使政府可以通过票据和信用凭证完成税收的征集和拨付。在货币税发展历史上，作为支付手段的货币有三种基本形式，即直接支付贵金属条、块，支付铸币和支付纸币等信用凭证。直接以贵金属条、块作为支付税收的手段成本最高，因为贵金属的成色需要检验，而且收税后需要将其重新铸造。中国历史上货币税主要以交纳银（unminted silver)[②] 为主，征税代理人收税后需要重新铸造，这一过程产生了所谓"火耗"，火耗需要另外向纳税人加征来弥补，这在明清两代成为官员腐败的重要途径。[③] 而当政府把铸造好的贵金属用于财政支出时，民间则要按照交易的需要对其进行重新分割，分割后的贵金属在下一个纳税年度又会被重新铸造，这产生了数量可观的损耗。政府将贵金属按照统一样式铸成不同单位的铸币，在很大程度上可以减少这种损耗，但铸币本身在使用过程中也会有磨损，面值相同的铸币实际价值可能会有很大差

---

① 郑学檬主编：《中国赋役制度史》，上海人民出版社2000年版，前言第2页。
② 这里指未有铸成银币的银锭、银块、银条等。
③ 参见黄仁宇《十六世纪明代中国之财政与税收》，生活·读书·新知三联书店2001年版，第199页。

异，由于"劣币驱逐良币"，纳税人总会选择那些实际价值与面值相差很大的"劣币"来按面值纳税，而政府用这些"劣币"进行支出时却难以被接受。因此政府需要定期回收流通中的铸币进行重铸以保证货币体系的稳定。另外，贵金属铸币在保管、运输和使用过程中同样需要支付很大成本。用信用凭证支付税款可以避免上述问题，但更大的问题在于人们要相信政府的信用，在现代中央银行制度建立之前，不受约束的政府，其信用总是令人怀疑的。中国历史上不乏政府强制推行纸币的努力，但这些努力总以恶性通货膨胀告终。① 在税制变迁的历史上，只有在现代信用货币制度建立之后，完善的、低成本的货币税才成为税制的基本存在形式。

二 经济核算水平与税制变迁

在税制的运行过程中，货币仅仅提供了度量单位和支付手段，货币税制本身并没有解决税基和税额的度量技术问题。对政府而言，确定税基与税额在征税的各个环节中是最困难、也是最重要的，这不仅直接决定了某个具体纳税人的税收负担，还涉及税负的公平和能否实现"依法征税"的问题。税基与税额的度量技术受到一个社会经济核算水平的制约，由于纳税人与政府之间存在着基本的信息不对称，政府要掌握所有社会成员的可税财产和应税财产的动态分布状况是非常困难的，而要在财产占有的基础上确定财产的流量（收入）则难度更大。在这种情况下，政府在与征税代理人和纳税人的博弈中处于劣势，为了确保税收收入的实现，采用行政手段确定"税收计划"，而不是用"僵化的"税法条文来考核征税代理人是政府的必然选择。但是，以税收计划而不是税法来考核征税代理人的税制运行规则在满足政府税收收入需要的同时，也赋予了征税代理人在其职权范围内更大的自由裁决权，这势必造成税收负担在纳税人中间不是按照税法的规定分布，而是按照征税代理人的征税成本和偏好分布。

政府为了在税收博弈中掌握主动，控制征税代理人的代理成本，实现税收净收入的最大化，就需要采取各种措施来减少信息的不对称。在农业社会中，经济核算水平的制约使得政府只能采取人口普查、财产登记、

---

① 参见马克斯·韦伯《儒教与道教》，商务印书馆1995年版，第54—55页。

土地清丈等手段掌握静态的财产分布。① 但是，这种普查成本高昂，无法经常进行，在普查过程中也难以避免征税代理人对结果的扭曲和篡改。而且随着经济的发展和所有权的变动，静态的普查结果难以满足周期性进行的动态税收征收的要求，更无法从中获得准确的财产流量（收入）信息。

经济核算技术的制约使政府难以以动态信息作为税收课征的标准，只能以容易度量的土地和人丁为基础建立以土地税和人头税为主体的税制。② 这种以静态的普查结果为依据的税收制度，不能反映经济总量和结构的变动，而政府（中央政府）又缺乏进行大规模税制调整所必需的、全面性的统计数据，这造成了税制的陈旧与僵化，既无法调节经济活动，也不能根据经济发展进行自我调整。如中国明代，地方税收定额从 14 世纪晚期开始就很少进行调整，到 16 世纪，人口密度、农业生产力和经济发展的地区不平衡不断扩大，而各地的税粮定额却是 200 年以前确定下来的。③

经济核算水平的低下使得在农业社会中进行税制调整都困难重重，更不用说对商业活动和货币收入实现有效征税了。隐性税收，如独占、专卖制度由于可以减少政府进行税基度量的成本，因此在政府没有掌握对商业活动进行"显性"征税的度量技术之前，是政府从商业中获取收入的主要形式，而对商业活动及收入进行有效征税的条件要等到近代簿记技术和有限责任制度发展起来后才具备。复式记账的出现为微观主体的商业活动提供了更为有效的核算手段，从而能够明确地划分收入与费用，这为以销售收入为基础的商品税的征收奠定了基础。有限责任制度及与确认有限责任相关的簿记技术的发展，是近代以来市场经济发展的结果，同时也为所得税的征收提供了最重要的度量手段。在有限责任制度出现以前，"商人

---

① 中国封建社会的户口册籍和土地登记册是征税的基本依据。在西方，英国 1086 年威廉一世在位时为了征税编制的《土地清丈册》也成为此后若干世纪的课税依据，参见刘明翰主编《世界史——中世纪史》，人民出版社 1986 年版，第 79 页。

② 在中国，由于疆域辽阔，各地自然条件差别很大，不同土地的产出也是千差万别的。水田、旱田、丘陵地的税收负担能力各不相同。因而需要折算成标准"税亩"才能征税，这种折算也是极其复杂和烦琐的。参见黄仁宇《十六世纪明代中国之财政与税收》，生活·读书·新知三联书店 2001 年版，第 218—220 页。

③ 黄仁宇：《十六世纪明代中国之财政与税收》，生活·读书·新知三联书店 2001 年版，第 203 页。

没有什么理由（即使为其自身的目的）来确认其收入的内容"，当然商人会计算商业活动的利润，"但他没有理由将这利润归之于某一个年度"。而要征收所得税必须获得年度利润的数据，"在收入容易估算的富有者大批出现以前，要完全顺利地实行所得税是不大可能的。这些富有者包括以契约地租为生的地主，以契约薪金为生的官员，等等。就早期所得税来说，这些人都是主要的所得税的支付人"。但是，贸易的利润由于度量困难，"仍大量地逃避"。①

有限责任制度的出现要求商业利润必须按年度进行准确的核算，因为股东有限责任的实现是以有效保护债权人的利益为前提的，而保护债权人利益最基本的手段是严格地划分股东投入的资本和由资本产生的利润，股东不能从资本中支付红利，更不允许分配债权人的资产。这要求公司必须明确其可分配的利润有多少，现代财务会计在很大程度上就是为这种准确的利润核算服务的。如果利润被人为高估，债权人的利益就会被侵害；而低估利润有利于保护债权人的利益，但却减少了股东的分红。股东和债权人利益的相互制衡产生了以公认会计准则为标准的利润计算技术，计入费用的薪金和债务利息必须严格地分项确认，不得与股东的分红混淆，以此为基础才可能产生对商业利润和个人收入分配有效征税的现代所得税制度。因此，从税制变迁的历史来看，现代所得税是建立在有限责任制度所必需的利润核算基础上的，股东和债权人的相互制衡使政府可以比较容易地获得相对准确的动态信息，这大大节省了政府为征税进行信息搜集和处理的成本。而微观会计数据的汇总为政府掌握全面的统计数据提供了条件，从而使税制有可能按照经济发展的情况进行及时的调整。

三 行政组织的能力与效率

在税收博弈中，除政府和私人参与人两类博弈主体外，政府向私人参与人征税的活动必须依靠征税代理人才能实现。政府作为委托人，雇佣征税代理人并对其进行监督和控制的成本是税制运行成本的重要组成部分。而征税代理人与政府目标和偏好的差异以及征税代理人相对政府所拥有的信息优势使得征税代理人有可能利用代理地位谋取私利，这部分代理成本也会对税制运行产生重要影响。在历史上，政府（统治者）的征税代理

① 约翰·希克斯：《经济史理论》，中译本，商务印书馆1987年版，第77页。

人有两种基本类型，包税人和由政府控制的行政机构。

政府将征收权交给私人（个人或组织），由包税人负责征收税款的包税制度历史悠久，在人类历史上各个社会都存在过各种形式的包税制。包税制下，统治者不需要建立庞大的行政机构征收税款，对包税人监督和控制的成本也较低。但包税制度的代理成本高昂，由于无法掌握税基变动的情况，政府在与包税人的讨价还价中处于不利地位。随着经济总量和结构的变动，包税的定额化倾向严重，政府通过包税得到的税款占纳税人交纳税款的比例实际上在不断下降，包税制度最终沦为包税人谋取私利的工具。如法国君主专制时期包税制度的盛行导致国家财政取决于负责收纳各种捐税和债款的中间人，国家的财政机构掌握在私人企业或半公半私企业的手中，"直到君主制存在的最后一天，法国的财政始终只是……金融家谋取私利的工具"。①

在这种情况下，雇佣领取固定薪金的官员，建立直接控制的行政机构来征税对统治者来说更为有利。但是，建立直接向统治者负责的官僚体系会增加政府的财政支出，而官僚系统一旦建立，各级官员组成的利益集团也会想方设法从财政收支中获取私利，官僚机构的膨胀，冗员的增加往往不可避免，很难说清楚历史上包税制度和行政机构征税哪一个税制运行成本更高。这种状况直到近代社会建立了以地方自治和法治为基础的政治体制后才得以明显改善。

从税制运行的技术层面来看，行政组织的能力与效率不仅直接关系到税制的运行成本，还与一个社会能否实现税制变迁有着密切的关系。经济的发展往往伴随着新的"先进"的经济部门的产生和壮大。如果政府能够从这些先进部门有效获取税收，政府就会鼓励这些部门的发展，从而有力地促进经济增长，实现税制结构的变迁。正是在这个意义上，诺思认为国家的第二个目标是促进经济增长以获得税收收入的增加。② 但是，即使不考虑"租金"最大化的约束，在一定时期内，政府并不一定能够从经济增长中获取税收，因为如果经济增长主要来源于"先进"部门的扩张，政府从经济增长中能否取得税收取决于行政组织能否掌握"先进"部门

---

① 布罗代尔：《15 到 18 世纪的物质文明、经济和资本主义》第二卷，生活·读书·新知三联书店 1993 年版，第 594 页。

② 诺思：《经济史中的结构与变迁》，上海三联书店、上海人民出版社 1994 年版，第 24—25 页。

产出的度量技术，从而有能力对其进行征税。历史上，中国封建社会官僚集团的知识结构局限于"四书五经"，比较熟悉农业生产，但工商业知识贫乏，更不会试图掌握和推广一整套簿记技术去核算工商业的产出。① 因此，中国行政组织的知识缺陷限制了统治者从"先进部门"获取税收的能力，当"先进部门"与作为税基的传统部门争夺资源时，政府出于税收的考虑会压制"先进部门"的发展，维护原有的税制，从而阻碍经济的增长和税制的变迁。

第六节　国家间竞争与制度模仿

在前面的分析中，大多数情况下我们假设政府在确定税制时不考虑国家间的相互影响，而在现实的税制变迁中，国家并不是孤立存在的，国家之间在政治、经济、军事等方面的竞争会对税制和税制变迁产生重大影响。这种影响随着经济全球化的发展变得越来越显著，在当今世界，任何一个政府在进行税制调整时都需要考虑其他国家的反应，国际税收竞争与协调已经成为各国政府所关心的共同问题。另外，发展中国家在进行税制变迁时，其他国家，尤其是发达国家成功的税收制度为税制变迁提供了"样本"，相对落后的国家可以通过"移植"发达国家的税制来实现制度模仿型的税制变迁。

一　国家间竞争对税制变迁的影响

国家间的竞争是影响税制变迁最重要的外部因素之一。② 近代以来，军备竞赛和战争一直是民族国家财政支出增长的主要动力，而为了获得新的稳定的财源，政府必须在促进经济增长和扩大税收收入之间进行微妙的平衡，通过迅速提高社会成员的税负水平可以在短时间内获得较多收入来建立强大的军事力量，但要长期保持军事优势则需要经济发展的支撑。在长期的军事对抗中胜出的国家是那些较好地兼顾了经济发展与税收收入增长的国家，这些国家的税制既为军事实力的增长提供了充足的税收，又能

---

① 对中国传统社会官僚体系的评述，参见黄仁宇《放宽历史的视界》，生活·读书·新知三联书店 2001 年版，第 169—172 页。

② 民族国家之间的激烈竞争，甚至会对政府的基本目标产生重要影响，对于民族主义势力强大的落后国家尤其如此，参见第二章第四节。

够满足经济增长的需要。在某种程度上，军备和在战场上的竞争同时也是不同税制之间的竞争，税制变迁的速度和方向极大地影响了国家的竞争能力。

历史上，通过给予"羊人团"特权而获取收入的西班牙①衰落了，而包税制盛行的法国在与英国的战争中也节节败退，最终的胜利者是议会掌握征税权，政府权力受到"有效约束"的英国。可以说，正是国家间的竞争淘汰了"落后的"、影响经济增长的税制，促进了"好的"税制的推广，而"好的"税制被广泛学习、模仿、移植的过程导致了各国税制的趋同化发展。

冷战结束后，国家间的竞争主要转向经济的竞争，而经济的全球化导致各国之间经济联系和相互影响日益增强，各种生产要素，主要是资本在世界范围的流动对税收制度的独立性形成了严重的冲击，发达国家税制的趋同化倾向更为明显。20 世纪 80 年代以来持续至今的世界性减税浪潮可以视为各国在税制方面相互影响增强的具体表现。

在经济全球化的背景下，市场经济主体为了追求利润的最大化，需要在全球配置资源，在世界市场进行竞争，而各主权国家对市场主体征收的税收是重要的成本项目。在其他条件不变的情况下，由于主权国家各自确定的税收负担不同，市场经济主体会使易于跨国流动的税基，主要是资本向低税率国家流动以减轻税负。主权国家为了实现本国的经济增长，提高本国产业的竞争能力，则会选择减轻税收负担以吸引外部资源流入本国，并在一定程度上阻止本国资源的外流。这样，各主权国家之间吸引资源的税收竞争会最终导致易于流动的资源在各国税基中的税负不断下降，从而形成"冲向底部的税收竞争"。为了避免恶性税收竞争对各国经济的不利影响，近年来，经合组织倡导各国在税收方面的交流与合作，并酝酿成立国际税收组织进行税制的国际协调，这必将对世界各国的税制变迁产生重大影响。

二　制度模仿型税制变迁

所谓制度模仿型税制变迁是指一个国家通过学习、模仿、移植其他国

---

①　"羊人团"的例子在制度变迁研究中被广泛引用，用以说明国家设定产权与经济增长之间的矛盾。参见诺思《经济史中的结构与变迁》，上海三联书店、上海人民出版社 1994 年版，第 170—171 页。

家的税制来改革本国税制的变迁模式，这种模式可以利用已有的经验，降低税制变迁的风险和成本。日本战后"夏普税制"的建立可以看作制度模仿型税制变迁的成功例证。随着经济的全球化和各国经济联系的增强，一个国家成功的税制改革会很快被别的国家所效仿，增值税在各国的迅速普及就说明了这一点。可以预计，制度模仿型变迁模式在各国税制变迁中的重要性会不断提高。

制度模仿型税制变迁对发展中国家来说意义更为重大，实际上，许多曾经沦为殖民地的发展中国家，其现行税制就是直接从原宗主国移植来的。但是，在税制的移植过程中，人们往往重视正式规则的引入，而容易忽略税制得以有效运行的其他条件。如许多发展中国家模仿发达国家建立了公司所得税制度，但本身却不具备有限责任制度有效运行的基础，债权人的权益得不到保障，会计核算混乱，税务机关根本无法掌握准确可信的费用和利润数据。在这种情况下，公司所得税制形同虚设，名义上的公司所得税实际上更多的是以定额或推定纳税的方式征收的。因此，发展中国家要进行成功的制度模仿型税制变迁，不仅要全面引入税收制度的正式规则，还要积极创造"新"税制运行所需要的各种经济、法律条件，只有这样，才能真正实现税制移植的成功。

此外，需要特别注意引进税制的"本土化"倾向，许多人认为根据国情对税制进行"本土化"改造是制度模仿成功的重要条件。在理论上这固然不错，但在现实中，"本土化"和国情往往成为人们回避深层次问题的借口。实际上，在引入税制的同时，如果不引入税制得以有效实施的其他制度，要么税制移植失败，最终被取消；要么税制被"本土化"得面目全非，基本丧失了原有特征和优点。我们认为，引进税制的"本土化"固然重要，但更重要的是要解决影响税制运行的深层次矛盾。也就是说，制度模仿型税制变迁成功的关键在于"配套改革"，而不是"本土化"改造。

第七节　税制变迁诸因素的综合作用

如前所述，税制变迁是外部因素和内部因素综合作用的结果，其动态过程可以视为影响税制变迁诸外部因素的变动通过对内部因素的作用，打破原有的税收博弈均衡形成新的博弈均衡的过程。由于影响税制变迁的外部因素之间存在着错综复杂的关系，其中某些因素是活跃的、积极的、持续变动的，而某些因素则是相对稳定，变动缓慢的，这些因素综合作用的结果决定了博弈环境和条件的变动方向、变动趋势和速度，从而直接或间接地影响了税制变迁的方向、路径和速度。

从可税财产、应税财产和课税财产变动的角度，我们可以大致区分税制变迁诸因素在税制变迁中的不同作用。在税制变迁中，资源总量与结构的变动决定了可税财产总量和结构的变化，但这种变动并不一定导致税制的变迁，应税财产作为可税财产的一个子集，如果可税财产的变动与名义税制所确定的应税财产的变动保持基本一致，或者可税财产的变动有利于应税财产的增加，就不会减少政府的税收收入。在通常情况下，税制也会保持相对稳定。但是如果资源总量与结构的变动造成可税财产中非应税部分的增长超过了应税部分的增长，不考虑其他因素，在原有税制下，政府税收收入的增长率就会低于经济增长率，在现实中则表现为宏观税负水平的下降。这时名义税制也需要根据资源总量与结构的变动进行相应调整，历史上商品经济的发展使得在资源总量中的工业品相对于农产品的比重越来越大，因此税制结构就需要相应由对土地和农产品征税转变为对工业品征税。

税制变迁中税制运行的交易费用的变动在两个方面影响了可税财产的变动，一是新的度量税基技术的出现扩大了可税财产的范围，如有限责任制度下会计核算技术的发展使对工商业利润征税成为可能；二是交易费用的变动改变了不同可税财产的征税成本，使政府对某些可税财产征税更有利可图，在这种情况下，政府会相应调整应税财产的范围和税率，从而导致税制的变迁。

可税财产的变化只是为应税财产和名义税制的变化提供了必要条件，但这种变化能否导致应税财产的变化则取决于一个社会政治权力的分布状态、政府财政支出的需求以及社会观念和意识形态等因素的制约。社会各阶层政治权力的分布状态及与之相适应的社会观念和意识形态决定了税负在社会各阶层的分布，如果可税财产的变动有利于社会中免税或低税的利益集团，而政府为获得必要的政治支持无法对这些阶层增税，那么即使可税财产变动了，应税财产和名义税制受到政治权力分布状态的制约也无法随之变动。中国历史上土地兼并所导致的政府掌握的以自耕农为主体的税基缩减和财政危机就是一个例证。①

应税财产与可税财产变动的这种差异可以解释名义税制所决定的微观税负与宏观税负之间的背离。用一个例子可以说明微观税负与宏观税负之间的这种关系，假设在可税财产都为 100 单位的两个社会中，一个社会存在着免税的特权阶层，完全不纳税，占有 50 个单位的可税财产，其名义税制所确定的微观税负为 50%，应税财产为 50 个单位，那么政府的税收收入是 25 个单位，宏观税负水平为 25%；另一个社会政治权利的平等使得所有阶层都必须纳税，则应税财产为 100，在名义税制确定的微观税负为 30% 的情况下，政府可以获得 30 个单位的税收收入，而宏观税负水平则为 30%，这说明较低的微观税负可以与较高宏观税负水平并存。

政府财政支出需求的变动是影响应税财产和名义税制变动的直接因素，但政府财政支出需求的变动并不是孤立存在的，影响税制变迁的诸因素也同时对财政支出需求的变动产生作用。如资源总量和结构改变会导致社会对公共产品和服务需求的变动；政治权力分布状态的变化会影响政府的支出决策和政府实施产权贿赂、支出贿赂的成本；而主流社会观念和意识形态的变化导致的对新的收入分配格局的要求也会造成政府财政支出总量与结构的变动。这些因素通过对财政支出需求的影响直接或间接地作用于政府对应税财产和名义税制的调整过程。而且，政府职能的扩张及其复杂化并不仅仅体现为财政支出需求的变动，税收可以作为政策工具直接用于实现政府的某些非收入政策目标，税收的工具化是现代复合税制体系形成和发展的重要因素。

影响课税财产变动的主要因素是征税代理人的代理成本和征管效率，在课税财产和应税财产及名义税制保持稳定的情况下，征税代理人征管成本的下降和征管效率的提高会影响课税财产的数量和结构以及实际税负水平，从而导致税收收入的增长。税制运行中交易费用的变动与社会观念与意识形态中纳税人纳税意识的提高是代理成本降低和征税效率提高的主要原因。如税收征管技术的加强减少了漏征漏管户，将过去没有纳入课税财产范围的应税财产纳入征税范围；而纳税人纳税意识的增强也会减少税收流失，扩大课税财产的范围。

国家间竞争对税制变迁的影响是一种综合的作用。从短期来看，国家

---

① 参见本章第三节"国家、产权与税制变迁"的有关论述。

间竞争状态的改变直接影响了政府的财政支出需求，如国家间的军备竞赛导致的军费开支的增加，这种影响会形成政府增加税收收入的主观需要，从而会影响名义税制的变迁。而从长期来看，国家间的竞争实际上是不同国家制度的竞争，提升国家综合实力的压力会产生学习和模仿先进国家制度，包括税收制度的动力，从而可以促进税制的变迁，在经济全球化的背景下，这种制度模仿还会产生各国之间税制趋同的倾向。

第五章　税制变迁的动态分析

所谓税制变迁的动态分析，是研究在经济的总量与结构、财政支出需求、政府权力与社会政治权力分布、社会观念与意识形态、税制运行的交易费用以及国家间竞争等因素都在变化的情况下，这些因素之间的相互影响是怎样作用于税收制度，并导致税收制度以什么样的方式和轨迹进行变迁的。

与比较静态分析不同，税制变迁的动态分析强调影响税制变迁诸因素之间的相互关系对税制综合作用的过程。在这一过程中，一定时期作为博弈均衡结果的税制随着博弈条件的变化，各博弈参与人的策略和支付集合都会发生变动，这时原有的博弈均衡会被打破，博弈参与人按照变化了的博弈条件重新展开博弈会形成新的博弈均衡，也可能在相当长的时间内无法达成新的均衡。因此，作为动态过程的税制变迁，是在原有税收博弈均衡被打破的情况下，各博弈参与人寻求新的博弈均衡的过程。

第一节　作为动态过程的税制变迁

一　税制的均衡与非均衡

经济学中均衡概念的基本含义包括两方面的内容：一是指对立变量相等的均衡状态，称为"变量均衡"，对立变量不相等，则为"变量不均衡"；二是指对立势力中任何一方不具有改变现状的动机和能力的均势状态，称为"行为均衡"，反之则为"行为不均衡"。制度的均衡分析更多的是指"行为均衡"。① 从均衡分析所使用的方法来看，均衡又可以分为供求分析框架下的"供求均衡"和博弈分析框架下的"博弈均衡"。一般

---

① 参见卢现祥《西方新制度经济学》，中国发展出版社 2003 年版，第 145 页。

来说，供求均衡与博弈均衡在许多情况下具有同等的经济含义，但是在具体的分析过程中，博弈均衡更多地强调博弈主体之间通过选择策略所实施的相互影响，而典型的供求均衡则更多地强调经济主体在既定策略下对外生变量变动的反应。就制度分析而言，供求均衡框架能够较好地说明影响因素对制度供求的变化，而博弈均衡则能够更全面地解释均衡形成的过程。

"供给—需求"分析是西方新古典经济学分析经济问题的基本方法，新制度经济学把供求分析拓展到制度分析领域。但是，制度的供求分析远比新古典经济学以制度为外生变量分析价格体系要复杂得多。在制度的形成和变迁过程中，并不存在纯粹的制度供给者和制度需求者，制度一旦形成对所有社会成员都具有约束力，而所有社会成员的行为都会或多或少地影响制度变迁，税收制度在这方面表现得尤为显著，因为政府作为税收正式规则的供给者本身就是税收制度最重要的需求者。尽管如此，制度供求框架中关于制度供求均衡与非均衡的分析对理解税制变迁仍然具有重要意义。

所谓制度均衡，是指人们对既定制度安排和制度结构的一种满足状态或满意状态，因而无意也无力改变现行制度。从供求关系来看，制度均衡是指在影响人们的制度需求和制度供给的因素一定时，制度的供给适应制度的需求。而制度非均衡，就是人们对现存制度的一种不满意或不满足、意欲改变而又尚未改变的状态。之所以出现了不满意或不满足，是由于现行制度安排和制度结构的净收益小于另一种可供选择的制度安排和制度结构，也就是出现了一个新的盈利机会，这时就会产生新的制度需求和潜在的制度供给，并造成潜在制度需求大于实际制度需求，潜在制度供给大于实际制度供给。从供求关系看，制度非均衡就是指制度供给与制度需求出现了不一致。制度变迁实际上是对制度非均衡的一种反映。[①]

在制度的供求分析框架下，税制变迁的原因是出现了新的"外部利润"，只有通过制度安排的改变人们才能获得这种"外部利润"。但是，正如我们在第二章中所分析的，对税制中不同主体而言，所谓的外部利润是不一致的。对政府而言，外部利润可能意味着新的可税财产的增加，通过调整税制可以将这部分可税财产纳入应税财产的范围来扩大税基，增加

---

① 卢现祥：《西方新制度经济学》，中国发展出版社 2003 年版，第 145—146 页。

税收收入。而对于纳税人而言,外部利润则很可能是发现了新的制度安排,从而可以绕过税收正式规则的约束减少税收负担,如信托制度在很大程度上就是纳税人为了隐匿真实的财产所有和收益状态而进行的制度安排,这一制度安排可以规避税收正式规则的约束。因此,税制的供求均衡和非均衡需要从政府和纳税人两个角度分别进行分析。

对政府而言,影响税制需求的基本因素是应税财产(税基)的变动和财政支出需求的变动,随着经济的发展和政府在特定时期面临的内外部环境变化,在既定税制下,应税财产总量和结构的变动会导致政府税收收入的变化,而财政支出需求的变动会影响政府所需要获取的税收收入的数量。这两个因素并不是独立的,它们之间有着错综复杂的关系,财政史上"以收定支"还是"以支定收"的争论就说明了这一点。对税制变迁而言,一定时期税收收入与财政支出的不一致是政府进行税制调整的基本动因,由于政府同时是税收正式规则的垄断性供给者,一般而言,政府对税制的需求可以通过税收正式规则的调整,也就是自我供给来实现。但是,在不同历史阶段,税收正式规则的供给方式是有很大差别的。在"朕即国家"的时代,统治者集行政权与立法权于一身,君主的命令就是法律,因此当统治者产生对税制变迁的需求时,作为税收正式规则的税法是很容易调整和改变的;在政治权力高度集中,行政需要什么法律,立法机关就产生什么法律的社会中,税收正式规则的供给与政府对税制变迁的需求之间也非常容易达成一致,甚至行政机关的一纸通知就可以在实质上改变税法。而在行政权力受到立法机关有效制约的情况下,政府(行政当局)对税制变迁的潜在需求并不一定能得到满足,这种需求能够在多大程度上通过税收正式规则的供给得以实现取决于作为利益集团存在的纳税人对立法机关的控制和影响程度。

对纳税人而言,影响其税制需求的基本因素是税收负担的变动和对政府提供的公共产品和服务的需求变化。当纳税人对公共产品和服务的需求增加时,纳税人希望政府通过增加财政支出来满足这种需要,而如果财政支出的增加需要增加税收收入,纳税人则希望税收负担尽可能地由其他纳税人承担,即使税负增加,增加的税负也应当小于公共产品和服务增加所获得的主观效用。纳税人对税制的潜在需求可以通过两种基本方式得到满足,一是组成利益集团通过对政府的影响来获得其所需要的税收正式规则的供给;二是根据既定的税收正式规则调整与其他纳税人或征税代理人的关系来形成税收非正式规则，如与其他纳税人达成某种协议和制度安排规避税法规定，或者贿赂征税代理人以获得对其有利的纳税安排。从短时期、单个纳税人的角度来看，这种行为不能称为税收非正式规则的供给，但是如果这些分散的私下安排持续相当长的时间，并被大多数纳税人和征税代理人所默认，这些非正式规则就构成了实质上的税制安排，在税收正式规则没有改变的时候，税制实际上已经通过自发的税制供给进行了调整。尤其当税收正式规则的调整缓慢或者正式规则与实际情况相差太远，无法得到有效实施的时候，税收的非正式规则甚至可以部分取代税收正式规则成为实际运行的"真正的"税收制度。

从税制变迁的过程来看，可以认为经济总量和结构的变动导致纳税人发现了既定税制下的"外部利润"，而这部分外部利润往往没有被政府设定在"应税财产"范围内，因此纳税人通过调整自身的经济活动将资源大量投向低税负的部门，导致政府税收收入的减少。或者是纳税人通过新的制度安排有效规避了原来税收正式规则的约束，这也会造成政府税收收入的减少。纳税人的上述行为导致了政府调整税制的潜在需求，但这种需求能否通过税制变迁获得满足则取决于作为利益集团的纳税人对正式规则供给的影响程度和纳税人私下非正式规则的安排和实施能力。

税制的供求分析框架能够较好地说明政府与纳税人对税制的供求差异和由此导致的税收正式规则和非正式规则的形成。但在税制变迁中各主体之间存在着错综复杂的关系，我们认为博弈分析框架更有利于在总体上说明税制变迁的过程。在税制变迁的博弈分析框架下，税制变迁以两种基本方式得以实现，第一种方式是在既定的博弈参与人保持不变的情况下，由于博弈环境和条件的变化改变了原有博弈参与人的博弈策略集合和支付函数，这种变化导致博弈各方都接受的博弈均衡被打破，博弈参与人根据新的博弈策略集合和支付函数展开新的博弈，形成新的均衡，作为新的博弈均衡结果的税制就取代了原有税制。第二种方式是指博弈环境和条件的变化不仅改变了博弈策略集合和支付函数，而且引入了新的博弈参与人，新的博弈参与人的加入使得博弈本身发生了根本性的变化，由于引入新的博弈参与人所导致的博弈框架的改变我们称之为税制变迁模式的改变。第一种税制变迁方式我们可以视为以量变为特征的税制变迁，而税制变迁模式改变所导致的税收博弈基本框架的变动则是以质变为特征的税制变迁。从税制变迁的历史来看，作为一个动态的过程，税制变迁模式具有稳定性，当博弈环境和条件的改变发展到一定程度，原有的博弈均衡框架不足以实现新的博弈均衡时，税制变迁模式就会发生变化。一般而言，税制变迁模式的改变往往是以更为基础的宪政体制和经济制度的根本性变革为基础的。

在税收博弈中，有时外部环境的变化在打破了原有博弈均衡的同时，还不足以产生一个新的稳定的均衡，这时税制的非均衡状态就会持续很长时间，直到外界环境的变化继续改变博弈参与人的策略与支付集合，可以实现新的均衡为止。如法国大革命前，统治者与利益集团的博弈均衡已经被打破，国王被迫召开三级议会讨论增税的问题。国王召开三级议会的目的是增税，其最优选择是｛和平、增税｝，而三级议会的目的是限制国王的征税权，实现税制公平和减税，其最优选择是｛和平、减税｝，增税与减税的直接对立将导致在和平的前提下永远不会达成均衡。如果其他条件不变，则税制很可能会维持原样，但国王和三级议会潜在的税制需求都不会实现。当环境进一步变化，国王为了实现增税的目标调整策略为｛发出战争威胁、增税｝，三级议会可能会被迫调整策略为｛和平、增税｝，这时博弈可以实现均衡，这一博弈均衡建立在原有的税制变迁模式基础上。但如果三级议会认为国王的战争威胁不可信或者不惜通过与国王对抗来减税，这时其策略会调整为｛战争、减税｝，税制也不可能均衡。直到战争彻底结束，要么实现国王的增税愿望，要么实现三级议会减税的愿望。如果最终的结果是国王胜利，税制变迁模式没有改变，但税制实现了国王所希望的增税目标。而如果议会胜利，则产生了新的博弈模式，税制在全新的宪政框架下实现了均衡。

二　税制变迁的动态过程

如果我们把税制变迁理解为多个参与人进行博弈的过程，按照博弈理论这种博弈应当属于不完全信息动态博弈[①]。这里的不完全信息，是相对于完全信息而言的，所谓完全信息，是指所有参与人都知道博弈的结构、博弈的规则和博弈的支付函数。在税收博弈中，博弈参与人之间的信息是不对称的，如政府并不完全了解可税财产和应税财产的分布状况、也不完

[①]　关于不完全信息动态博弈的分析参见张维迎《博弈论与信息经济学》，上海三联书店、上海人民出版社 1996 年版，第 4 章。

全知道征税代理人是否忠于职守；征税代理人同样不完全了解纳税人的情况。实际上信息在纳税人、征税代理人和政府之间的分布是递减的，如果我们假设纳税人掌握完全信息，征税代理人掌握的信息要小于纳税人掌握的信息，而政府比征税代理人掌握的信息还少，税收博弈中信息在参与人之间的分布状态对于理解名义税制与实际税制的差异具有重要意义。所谓动态博弈，是指在博弈中参与人的行动不是同时进行的，有的参与人先行动，而其他参与人能够观察到这些行动，从而可以根据前者的选择而调整自己的选择。税收博弈显然也具有动态博弈的性质，征税代理人和纳税人都会根据政府确定的名义税制的变动调整自己的行为。在本节中，我们将按照不完全信息动态博弈的思路来分析税制变迁的动态过程。

如前所述，我们把税收博弈理解为一个有四个参与人的复杂博弈，这一博弈过程可以用图 5－1 来表示。我们假设政府与利益集团之间的博弈决定了税收的正式规则——名义税制，而且政府首先行动，提出名义税制的改革方案。政府确定税制改革方案的出发点是获得一定的税收收入增量，之所以需要增加税收可能是因为经济总量和结构的变动导致原有税制产生的税收收入下降，或者是由于财政支出增加需要获得更多的税收收入。财政支出需求增加的原因是多方面的，国家间竞争的加剧、经济增长需要扩大公共资本品和公共服务的供给以及政府本身偏好的改变都可能导致财政支出需求的增加。为了获得既定的税收收入增量，满足政府潜在的税制需求，政府会要求调整名义税制。

政府在提出税制改革方案时还需要考虑征税代理人的征管效率，如果我们把政府与征税代理人之间的博弈结果视为既定，由于信息不对称[①]，政府实际上并不知道调整后的名义税制到底能够带来多少实际税收收入，因为征税代理人在执行名义税制时有着自己的目标和约束。政府与征税代理人的博弈在图 5－1 中表现为博弈过程 I，在这一过程中，政府会采取各种措施降低代理成本，确保名义税制最大限度地得到贯彻，而征税代理人则会根据自身的目标函数和所面临的来自政府和纳税人两方面的约束选择能够实现自身利益最大化的策略。一般来说，政府与征税代理人之间信

[①]　在信息经济学中，常常将博弈中拥有私人信息的参与人称为"代理人"（agent），不拥有私人信息的参与人称为"委托人"（principal）。这样定义背后隐含的假定是，知情人的私人信息（行动或知识）将影响不知情者的利益，或者说，不知情者不得不为知情者承担风险。政府与征税代理人之间就是这种典型的委托—代理关系。

息不对称的程度,决定了政府与征税代理人之间最终的博弈均衡结果,如果政府无法掌握税基的度量技术,因而不能对征税代理人的行为实施有效控制,政府的最优选择是采用包税人制度或财政包干制度①以确保所需要的实际税收收入,或者以税收任务而非名义税制作为考核税收代理人的指标。为了减少搜集信息和征税的成本,政府也可以采取分税制的财政体制,把部分税基度量成本较高或税收收入数量不大的税种,如财产税、契税等下放到较低级次政府以减少信息传递的链条。在政府与利益集团的博弈中,征税代理人不是博弈的参与人,但政府与征税代理人之间过去的博弈结果决定了政府对名义税制变动能够带来的实际税收收入的主观预期。如果政府认为征税代理人的征税效率为80%,那么为了获得100个单位的实际税收收入,政府就需要提出能够增加125个单位税收收入(100/0.8)的方案才能获得100个单位的实际收入。

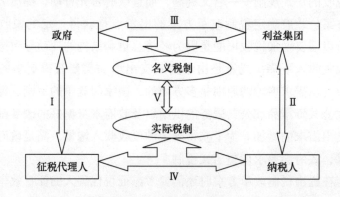

图 5 - 1   四方博弈模型

作为个体的纳税人与利益集团之间的博弈在图 5 - 1 中表现为博弈过程 Ⅱ,博弈 Ⅱ 可以分为两个层次,一是具有共同利益的纳税人之间通过协调行动组成利益集团的博弈,按照奥尔森的利益集团理论,某一特定阶层的人数越多,组成利益集团并协调行动的成本越高②,而组成利益集团的交易费用的变化则可以改变社会中利益集团的权力分布。例如,由于通信

---

① 财政包干制下,政府与作为征税代理人的地方政府之间在不同条件下的博弈选择参见平新乔《财政原理与比较财政制度》,上海三联书店、上海人民出版社 1995 年版,第 13 章。

② 参见奥尔森《集体行动的逻辑》,中译本,上海三联书店、上海人民出版社 1995 年版。

和交通的发展，使得过去分散的某一类型的个体纳税人——如分散的农场主之间进行联系的成本大大降低，这些分散的个体纳税人组建利益集团的交易费用改变了，因此可以组成更为统一和有力的利益集团。当纳税人与其利益集团之间的博弈达到了新的均衡状态，政府与不同利益集团之间的博弈均衡也就不存在了，过去势力弱小的农场主集团在税收正式规则的确定中就会有更大的发言权，这种势力分布的改变会对税收正式规则的改变产生直接的影响。

二是代表不同阶层的利益集团之间的博弈，这种博弈反映了不同利益集团之间政治权力的分布，主要受到特定社会宪政体制的制约。在历史上，宪政体制的变动，尤其是选举权的扩大使得不同阶层的纳税人组成利益集团，通过选举其代表影响名义税制变迁的能力大大增加。在既定的宪政体制和交易成本约束下，纳税人组成利益集团的能力和不同利益集团之间的博弈决定了不同阶层纳税人对名义税制的影响程度。

历史上英国的三次议会改革充分说明了宪政体制的变革如何影响利益集团政治权力分布，从而对名义税制的确定产生实质性影响的。1832 年以前的英国议会选举制度集中反映了土地所有者的利益，在各个郡选区中，选举权只授予年收入超过 40 先令的地产者，而获得被选举权的最低标准是年收入 300 镑以上。1761 年全国 700 万居民中只有 25 万选民，不足居民人数的 4%。在这种选举制度下，能够在议会代表利益集团控制名义税制制定的只能是那些大土地所有者和金融资本家。19 世纪 20 年代工业革命接近完成，英国工业资本家的经济力量足以与大地产者和银行家抗衡，因此他们积极推动议会选举制度的改革以获得对政府的控制，1832 年的第一次议会改革增加了工业资本家所在城市的议席，但仍然保留了选举人的财产资格限制，规定地主或房主年收入达 10 镑、租地经营者达 50 镑者才有选举权。1867 年第二次议会改革将选举权的财产资格限制进一步放宽，凡缴纳济贫税的房主和定居一年缴纳 10 镑以上的房客，均可获得选举权；在各郡，凡每年土地收入达 5 镑的农户或缴纳 5 镑地租的佃农可成为选民，这次改革使工业资产阶级及其代表开始在政治舞台上扮演主角。1884 年，英国进行了第三次议会改革，对郡区选民和城区选民规定了同样的财产资格，每年收入 10 镑的成年男子均可成为选民。1883 年英国登记选民人数由 315 万人增加到 570 万人，60% 的成年男子获得了选举权。这次改革使大量城市工人获得了选举权，彻底改变了工业资产阶级与大地产所有者和金融资本家之间的政治力量对比。① 工业资产阶级政治力量增长的直接结果是有利于自由竞争和自由贸易的税收体系的建立。

图 5-1 中的博弈过程Ⅲ是政府与作为利益集团存在的纳税人之间的博弈，这一博弈建立在博弈Ⅰ和博弈Ⅱ的基础上。政府提出名义税制改革方案的目的是获得某一特定数量的实际税收收入，而政府与利益集团的博弈会在两方面修正政府的方案：一是在数量上，利益集团代表着纳税人的利益，如果不考虑税收增量的分布，利益集团会倾向于压缩政府用于自身的财政支出；二是在税负的分布方面，代表不同阶层纳税人利益的利益集团会在税收收入增量一定的情况下尽可能减少自身的负担数量。而政府为了获得足够多的税收增量则会选择采用各种方式贿赂特定利益集团，使他们保持中立或支持向其他阶层增税，最终的结果很可能是无法组成有力的利益集团，或受到宪政体制制约政治势力较弱的纳税人阶层承担了大部分的税收增量。②

17、18 世纪荷兰的税收制度能够很好地说明这一点，这一时期荷兰的资本主义工商业非常发达，资本充足，但税制结构却恰恰相反，所得税率仅为1%，而且直系亲属继承可免纳遗产税。"捐税的重担压在间接税方面，联省议会以及各省市全都使用这个武器，向着消费者大众开火。观察家们异口同声地说，在十七世纪和十八世纪，任何国家都不像荷兰那样，有如此沉重的税收负担。"③ 间接税是生活昂贵的主要因素，特别对普通百姓是个不堪忍受的重负。富人则可以忍受，并有办法逃税，如商人在关卡有权申报纳税商品的价值，这种申报完全随心所欲，而在检查通过后，也不会再进行任何复查。布罗代尔将这一时期荷兰的税制称为"针对穷人的捐税"。④

博弈Ⅰ、博弈Ⅱ和博弈Ⅲ共同决定了名义税制的变迁，但名义税制确定后，税制变迁并没有完成，名义税制要在现实中得到有效实施，成为实际税制还取决于征税代理人与纳税人之间的博弈，即图 5-1 中的博弈Ⅳ。博弈Ⅳ的参与人是征税代理人和作为个体存在的纳税人，这也是一个不完

---

① 参见阎照祥《英国政治制度史》，人民出版社 1999 年版，第 264—265、292、340—342 页。

② 参见本书第三章第三节：社会各阶层税负的分布。

③ 布罗代尔：《15 到 18 世纪的物质文明、经济和资本主义》第三卷，生活·读书·新知三联书店 1993 年版，第 215—216 页。

④ 同上书，第 215 页。

全信息动态博弈，在本书第三章我们已经对这一模型进行了说明。① 这个模型有三个均衡结果：即征税代理人努力工作、纳税人选择稳妥逃税；征税代理人选择努力工作并接受贿赂、纳税人选择冒险逃税并实施贿赂或者征税代理人不努力工作、纳税人选择冒险逃税。最终的博弈均衡结果取决于客观能力系数、工作努力系数、激励相容系数和腐败系数，其中客观能力系数是名义税制与征税代理人客观能力的差异所决定的，而后三个系数则由征税代理人所面临的制度约束即政府与征税代理人之间的博弈Ⅰ所决定。博弈Ⅳ的均衡结果决定了现实中运行的实际税制对名义税制的偏离程度，如果这种偏离与名义税制确定时政府的主观估计不符，政府会变更名义税制，即修正第一个系数，或者重新进行博弈Ⅰ来改变对征税代理人的控制，也就是修正后三个系数。其中实际税制对名义税制的反作用在图 5 – 1 中表示为过程Ⅴ。

第二节　税制变迁模式的演进

在税制变迁研究中，我们可以从不同角度来阐释税制变迁的历史过程，如从税收征收实体的发展演变的角度，税制经历了力役、实物和货币三个阶段的变迁，在自然经济占统治地位的阶段，税收的征收实体主要是以力役和实物为主。而商品经济的发展，货币化程度的提高，税收逐渐以征收货币为主。进入资本主义社会后，税收征收实体基本上以货币为主，除了在个别国家和个别税种存在着实物征收外，税收征收实体基本上实现了货币化。从主体税种发展演进的角度，一般认为，税制结构的演进经历了由以简单、原始的直接税为主体的税制结构到以间接税为主体的税制结构，再发展为以现代直接税为主体的税制结构的演进过程。从行使征税权力的程序方面，塞里格曼曾把税收的产生与演进划分为七个阶段，一是自由献纳，二是政府求助，三是人民补助，四是为国牺牲，五是法律义务，六是强制征收，七是片面课税。日本的财政学者则将其归纳为四个阶段，即任意献纳时代、租税承诺时代、专制赋课时代、立宪协赞时代。通常也可以将税收法制程度大体分为三个阶段，即简单型征税阶段、专制型征税

---

① 参见本书第三章第一节中代理成本与实际税制的内容。

阶段和立宪型征税阶段。[①]

在本书中,我们更多地从基本宪政体制变动的角度划分税制变迁的不同阶段,根据不同宪政体制下博弈参与人在税收博弈中的地位和作用,可以将税制变迁的过程划分为专制体制下的三方博弈模式、近代议会民主制度下的四方博弈模式和在现代社会行政权扩张背景下的五方博弈模式。[②]

一 三方博弈模式

在前资本主义社会,尤其是封建社会,政治权力几乎全部掌握在以"君权神授"为意识形态基础的君主手中,而税收作为依靠国家强制力无偿获得收入的手段,是国家存在的物质基础,因此是以臣民对君主履行义务的方式获得实现的。在通常情况下,纳税是臣民的无条件义务,统治者依靠征税代理人单方面的强制课征来监督纳税人的行为。从税收博弈的角度来看,纳税人没有参与名义税制制定的权利,也不存在相应的制度安排,而统治者的政治权力,包括征税权没有任何制度上的约束。名义税制是由政府单方面制定并实施的,而征税代理人与纳税人的博弈则决定了实际税制。当实际税制与名义税制发生重大偏离,不能够实现统治者的税收目标时,统治者会相应变更名义税制或加强对征税代理人的监督来控制这种偏离。图5-2是在没有纳税人组成的利益集团约束下政府单方面确定名义税制的三方博弈模型,这一模型基本上能够体现传统社会,如中国封建社会和西欧中世纪早期君主专制社会税制变迁的特征。

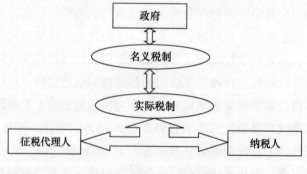

图5-2 三方博弈模型

---

① 参见岳树民《中国税制优化的理论分析》,中国人民大学出版社2003年版,第55—56页。

② 这部分内容曾以《名义税制、实际税制与税制变迁模式的演进》为题发表于《中国税法评论》第1辑,中国税务出版社2012年版。

在三方博弈模式下，由于纳税义务对国家存在的极端重要性，通常情况下名义税制都会在君主制定的成文法中得以体现，如中国历史上的历代税制都是通过"律"、"令"、"制"等法律形式颁布实施的，唐代有"租庸调制"、"均田令"等成文税法，并在《唐律》中对违反税法的行为作出明确的量刑定罪规定。[①] 清代顺治初年、康熙二十四年曾制订和修订了《赋役全书》，[②] 并在《会典》、《则例》等法典式文献中对国家正常的财政收支作出明确的规定，所谓："国家出入有经、用度有制。"[③] 但是税与法的这种关系是脆弱的，这种脆弱性不仅表现在君主随时可以根据自己的意志废止和修订法律上，而且由于国家支出要求的变动性与法律本身规范性、条文化的矛盾，君主利用行政命令管理税收要比利用法律管理更方便。因此，这一时期尽管有税法的存在，但大多是一种原则性的规定，并没有涵盖税收立法、执法和司法等各个环节，不具有可操作性，政府和负责执法的个人具有很大的自由裁决权。而且，即使有法律规定，有法不依、法外征收的现象普遍，税收立法往往流于形式，名存实亡。这导致在税制变迁的三方博弈时期，大多数情况下名义税制与实际税制之间存在着较大的差异，这种差异表现为税收活动没有受到税法的严格约束，征税代理人拥有很大的自由裁量权，在征税活动中为了自身的目标可以任意扭曲名义税制的规定。而政府由于信息不对称，无法掌握进行名义税制调整和有效监控征税代理人的信息，不得不默认征税代理人的行为，甚至自身也采取种种不规范的手段获取税收收入。中国封建社会中官僚机构在征税活动中的任意加派和中世纪早期法国的包税人制度的腐败就说明了这一点。孟德斯鸠曾批评道："包税人并不是立法者，但他已是一种立法的力量了。"[④]

三方博弈模式下名义税制与实际税制产生背离的原因是多方面的，尽管信息传统的技术性因素是其重要原因，但更重要的是传统社会基本的宪政体制妨碍了信息的传递，从而影响了名义税制的及时调整和完善。一般

---

①　如《唐律》规定："诸差科赋役违法及不均平，杖六十。"转引自王成柏、孙文学主编《中国赋税思想史》，中国财政经济出版社1995年版。

②　参见王成柏、孙文学主编《中国赋税思想史》，中国财政经济出版社1995年版，第523—524页。

③　参见何平《清代不完全财政制度下的赋税负担与税收失控》，《税务研究》2000年第2期。

④　［法］孟德斯鸠：《论法的精神》上册，商务印书馆1981年版，第225页。

来说，纳税人对经济总量和结构的变动以及由此引起的税基和税收负担能力的变化最为敏感，而负责税收征收的征税代理人通过征税活动也能了解到这些信息，但是征税代理人并不一定有动力把了解到的真实信息传递给政府，因为征税代理人有自己独立的利益，代理人会倾向于只传递对自己有利的信息而隐瞒不利的信息。而在传统社会中，通常情况下政治权力的分布与纳税人负担的分布是相反的，拥有政治权力的人往往拥有免税特权，而广大的税负承担者的政治势力弱小。由于无法参与名义税制的制定，这些纳税人的真实情况无法通过正式的、规范性的制度安排反映到政府那里，这造成了政府只能从征税代理人那里获得单一的信息来源，而这些信息无法与其他来源的信息进行比较，因此政府难以及时掌握税制环境的变化，从而无法对名义税制作出及时调整。只有税制环境的变化发展到一定程度，影响到了政府的税收收入，政府才有动力去进行名义税制的调整，但这种调整由于信息的缺乏也不能保证符合实际情况。这时，政府可能会放弃名义税制的调整努力转而依靠行政命令和计划对征税代理人施加压力，这种做法在短时期内满足了政府获取既定税收收入的要求，但却等于默认了征税代理人的自由裁决权。在这种情况下，征税代理人会演变成实质上的包税人，名义税制与实际税制之间的背离会不断加剧。

二 四方博弈模式

如上所述，在国家强制力来源于君主意志的"君主主权"的社会中，君主以及代表君主的征税代理人可以根据自己的意志不受限制地使用国家强制力实现自己的政策目标甚至个人目的，那就意味着其他阶层的人身权利和财产权利得不到有效保障，而税收是一种典型的对财产权的侵害，随意征税权始终是社会矛盾斗争的焦点。中外历史上的农民暴动大多以税收的盘剥过重为起因，即可以说明这一问题。近代随着商品经济的发展和西方市民阶层的形成，以新兴资产阶级为代表的社会各阶层通过长期的斗争，通过掌握立法权力逐渐实现了对政府政治权力的限制，基本剥夺了行政机关和个人在行政过程中的自由裁决权，把政府行为严格限制在了法律规定的范围之内，实现了国家的法治化，从而实现了税制变迁模式从专制体制下的三方博弈模式到以近代议会民主制度为基础的税制变迁四方博弈模式（见图5-1）的演进。

近代议会民主制度及税制变迁的四方博弈模式的出现是近代以来市场

经济发展的必然要求。首先，市场经济是权利经济，要求以权利为本位、以自由为本位，"权利本位"是连接法治与市场经济的纽带。哈耶克就此指出："经济活动的自由，原本意指法治下的自由……"① 其次，市场经济的发展要求有效限制国家的强制权力对自由经济的干预，这种限制正是通过宪政民主制度、通过实行法治实现的。因此，市场经济的形成与发展，与宪政、法治有密切的关系。只有确立了一切国家权力来源于公民权利，"权利"而非"权力"至上的法治社会，市场经济才能健康发展。②

市场经济要求限制国家权力，但是并不是排斥任何政府的行动或权力介入。公民需要政府提供基本的产权界定和保护，以防止和惩戒一部分社会成员的侵权行为。另外，公民也需要政府提供必要的公共产品和服务，克服如外部性、自然垄断、信息扭曲等市场缺陷。这样，就必须赋予政府使用暴力以维护社会秩序、动用资源提供公共物品和服务以及采取行动干预市场等各项权力。而国家在行使上述权力时，不可避免地要限制、干预和侵害市场主体的自由和权利。既要确保国家有足够的权威和能力来履行公民所赋予的职责，又必须避免国家权力对公民权利的不合理侵犯，解决这一问题就必须依靠法治。哈耶克认为："由于法治意味着政府除非实施众所周知的规则以外不得对个人实施强制，所以它构成了对政府机构的一切权力的限制……"③ 法治一方面在公民权利和政府权力之间建立起一道屏障，防止国家权力随意侵入自由市场，妨害公民权利；另一方面又在国家权力需要介入或干预市场时，勘定介入或干预的范围，确定介入或干预的手段、程序并公告其法律责任。法治对税制变迁的影响集中体现为税收法定主义的确立和发展。

所谓税收法定主义，又称税收法律主义原则或税收法定性原则，是指税收的征收和缴纳必须基于法律的规定进行，没有法律依据，国家就不能征税，任何人也不得被要求纳税。任何税收行为必须具备法律依据，税收立法与执法只能在法律的授权下进行，税务机关不能在找不到法律依据的情况下征收税款。这里所指的法律仅限于国家立法机关制定的法律，不包

---

① ［英］弗里德里希·冯·哈耶克：《自由秩序原理》（上），邓正来译，生活·读书·新知三联书店1997年版，第279页。

② 没有有效法治约束的市场经济往往会演变成官商勾结、利用政治权力维护垄断经济利益的"裙带资本主义"，东南亚、南美等一些发展中国家就陷入了这种社会困境不能自拔。

③ ［英］弗里德里希·冯·哈耶克：《自由秩序原理》（上），邓正来译，生活·读书·新知三联书店1997年版，第260页。

括行政法规；对税收法律的解释应当从严，不得扩大解释，不得类推适用。税制变迁的四方博弈模式的基本特征是作为公民的纳税人通过选举代表组成立法机关实现了对政府立法权，包括征税权和财政支出权的制约，作为法治原则重要组成部分的税收法定主义成为人们普遍公认和得到确实执行的名义税制确定原则，世界各国普遍把税收法定主义作为基本的宪法原则加以规定。例如，美国宪法第1条就规定征税的法律必须由众议院提出，就是说，只有众议院提出并通过了法律后，政府才能向人民征税。法国宪法第34条规定"征税必须以法律规定"。日本宪法第84条规定"征收新税或改变现行税收，必须以法律定之"，等等。

税收法定主义使税与法之间建立了密不可分的实质性联系，税法作为税收的正式规则是由代表公民意志的立法机关制订的，税收只能以法律的形式存在意味着只有公民或公民代议机关才能决定公民的纳税义务，而且法律不仅要详细规定公民的纳税义务，也要详细规定国家税务行政机关在履行职能时的职责范围、执法程序等内容，以防止其滥用职权，侵害公民利益。作为法律形式存在的税收正式规则不再是公民单方面履行义务的实体性和有关罚则的规定，其目的首先是为了保障公民权利，制约政府的权力；其次才是为了防止作为个体的公民滥用公民权利，拒绝履行法定纳税义务危害公共利益。

税制变迁四方博弈阶段税收的性质也相应发生了实质性变化。在"君主主权"的社会中，税收是臣民对君主无条件的义务，税法是为了保证履行义务而制订的强制性规范。而在"公民主权"的社会中，税收是公民根据自身的公共需要自主或委托代表协商确定的，以税收为主的财政收入的支出安排也是由公民的代议机构——立法机关决定的。因此，税收可以看作公民为获得公共产品和满足其他公共需求通过政治程序而非市场机制作出的财产转让，而税法在某种意义上可以看作是具有约束力的财产转让契约。

在税制变迁的四方博弈模式下，作为公民的纳税人获得了参与名义税制制定的权利，实现了纳税义务与政治权利的统一，与政府单方面制定名义税制的三方博弈模式相比。在这一阶段，尽管也存在着社会各阶层组成利益集团的能力的差异及由此导致的实质上政治权力分布的不均衡，但随着以议会民主制度为特征的宪政体制的完善，尤其是选举权的逐步普及，社会各阶层政治权力的差异实际上在不断缩小，政治权利的平等和对政府权力的制约促进了税制的变迁和优化。

首先，政治权利平等化及选举权的普及使政府与特定利益集团勾结，通过设定产权为自身谋取隐性税收的能力受到了有效制约。选举制度对政府行为制约使政府不能依靠少数人维持统治，而市场经济发展对基于平等权利的公平竞争的客观要求则迫使政府退出竞争性行业。"无产国家"和"税收国家"取代了"家产国家"，显性税收取代国有财产收益和隐性税收成为最基本、最重要的收入形式。

其次，政治权利的平等化使税收制度能够实现在不同利益集团之间相对公平的分配。在三方博弈模式下，拥有免税权的特殊利益集团限制了应税财产在可税财产中的比重，使得大多数税收负担由政治权力分布中的弱势群体承担，政治上的弱势群体往往也是经济上的弱势群体，这形成了较高的微观税负与较低的宏观税负并存的税制特征。而在四方博弈模式中，政治权利的平等化使得应税财产在可税财产中的比重大大增加，税基的扩大使税收负担能够相对公平地在社会各阶层中分布，因此在议会民主制发展比较完善的社会中，名义税负和微观税负较低而宏观税负水平较高，政府的税收收入相对充裕。

再次，在四方博弈模式下，由于作为公民的纳税人能够参与名义税制的制定，税制变迁诸外部因素的变动所导致的对纳税人对名义税制变迁的制度需求可以得到及时的反映，这有利于实现税制的供求均衡。此外，作为公民的纳税人由于能够对政府及其征税代理人的行为实施监督，因此可以降低征税代理人的代理成本，减少非正式规则对名义税制的扭曲。

最后，在四方博弈模式下，作为公民的纳税人不仅能够参与名义税制的制定，而且可以通过对预算的审核实现对财政支出的监督和控制，这时的税收并不仅仅作为公民单方面的义务存在，而突出了税收作为公共产品和服务价格的性质。这有利于增强公民的纳税意识，实现自觉依法纳税，从而降低征管成本，减少名义税制与实际税制的偏离。

三 五方博弈模式

四方博弈模型可以较好地说明近代以来议会民主制下税制变迁的过程，但在现实的税制变迁过程中，名义税制通过政府与利益集团的博弈确定后，征税代理人能否严格按照名义税制的规定进行税收征管，作为个体的纳税人与征税代理人围绕税基度量、税额确定、征税程序等问题发生的争议应当怎样解决，这些问题与名义税制的执行和调整密切相关。尤其在社会经济活动日益复杂，新的交易方式和交易手段不断出现的情况下，名义税制所规定的正式规则不可能解决征税过程中出现的所有问题，作为征税代理人的税务行政机关需要通过行政立法的方式及时处理各种新问题，这对传统意义上的三权分立体制和税收法定主义产生了很大冲击。

税收法定主义原则产生于西方代议民主制度形成的初期，那时的立法活动主要以非技术性的日常事务为主，立法的内容只需要民选代表依其常识判断即可。而随着社会经济的高速发展，专业化分工体系的日益复杂导致了信息在人群之间分布的高度不对称，并由此产生了社会协调管理活动的扩张，这种情况导致许多新的行政管理职能和相应行政机关的产生，如技术标准制定与监督机构、食品药品管理机构、社会保障体系等等。行政机关职能的扩张及其日益专业化使行政机关相对于立法和司法机关，尤其是相对于立法机关具有信息和效率等多方面的优势，这使17、18世纪确立的三权分立运行模式受到了很大冲击。税法立法在这方面的冲击尤其明显，因为税收是建立在对民事主体之间交易及其他行为确认的基础上，随着经济的发展，交易方式日趋多样化，出现了信托、期货、期权等多种新的交易形式，而且每一项具体应税交易都有其特殊性。另外，现代税收不仅仅是政府筹集资金的手段，而且也是政府进行宏观经济调控，保护国内产业，实现社会政策目标的重要政策工具，作为政策工具，其实效性至关重要。因此，税务行政机关在现代税收管理，行政机关在税收政策的制定方面要求获得更大的权力。这直接构成了对近代以来确定的税收法定原则的冲击。

世界各国面对上述情况，分别采取了不同的措施对实际的立法权限进行调整。三权分立是美国的"立国之本"，在不改变宪法的情况下，美国通过司法判例使行政机关能够享有和行使立法权。在税收立法方面，最高法院通过1928年"小J.W.汉普顿及其公司诉合众国"案的判例确认了国会通过1922年关税法中的"灵活税率条款"而授予总统在必要时变更税率的权力的做法，驳回了申诉人认为"税率属于立法事项，故上述条款违背了宪法的分权原则"的主张。最高法院认为，国会在税法中已经规定了一个基本的标准，即：总统所规定的新税率必须达到美国产品的生产费用和进口同类产品的生产费用的平衡。国会由于无法及时掌握足够的信息以确定美国产品的生产费用和进口同类产品的生产费用的差别，且这种差别亦在不断变化，为了实现国会所规定的政策和原则，税率必须作相应的调整，国会必须把这种变更权力委托行政机关行使。①

法国第五共和国建立后，确立了具有自身特色的"准总统制"的体制，在立法权与行政权的横向权力关系上，强调的是总统的行政权，而不注重议会的立法权。第五共和国宪法第 34 条逐一列举了法律事项，作为行政立法的权限范围，其中包括"各种性质的赋税的征税基础、税率和征收方式"；第 37 条则规定，凡在第 34 条列举范围之外的事项都属于条例的范围，而行政条例，也就是我们所称的行政法规，则是基于行政机关单方面的行为而制定出来的，又分为命令（由总统和总理制定）和规定（由其他行政机关制定）两种。宪法第 34 条所规定的议会立法权限，在宪法第 38 条和第 16 条又一次受到限制：根据这两条的规定，本来属于法律的事项，也可以由条例规定，总统制定的条例甚至可以变更和废除现存的法律。此外，还有一种行政法规，行使按照法律规定属于立法机关的权力，其效力和法律相等，称为法令；由于法令是行政机关所制定的普遍性规则，其法律制度和行政条例相同，所以包括在（广义的）条例范围之内。由此可知，法国行政机关享有的立法权由两部分组成，一是基于自身职能而固有的行政立法权；二是基于法律特别授权而享有的授权立法权。而且，条例的范围是如此之广，以至于"在现行制度下条例和法律的关系，可以说条例是原则，法律是例外"，"条例是汪洋大海，法律是大海中的几个孤岛"。②

英国的行政机关并无固有的立法权，其权力来源有二：一是法定权力，即议会通过法律授予的立法权；二是英王的传统特权。在法律与行政法规的关系上，英国与法国相似，"仅从数量上来看，大部分立法也是由行政机关而不是立法机关制定的"。"例如，1891 年，各种行政规章和命令在数量上就多达议会立法的 2 倍。……到 1920 年……各种行政立法和规章则已达到议会立法的 5 倍之多。"③ 由此看来，英国政府享有的委任

---

① 参见王名扬《美国行政法》（上），中国法制出版社 1988 年版，第 295 页，转引自刘剑文《税法专题研究》，北京大学出版社 2002 年版，第 130 页。

② 参见王名扬《法国行政法》，中国政法大学出版社 1988 年版，第 139—142 页，转引自刘剑文《税法专题研究》，北京大学出版社 2002 年版，第 131 页。

③ ［英］威廉·韦德：《行政法》，中译本，中国大百科全书出版社 1997 年版，第 561 页。

立法权的范围如此之大，"甚至，处于下议院严密控制之下的敏感的税收权力，也已经遭到了一种很大程度的侵蚀。根据 1958 年《进口税法》的规定，财政部有权确定货物应征收的税种和税率，只要下议院明确肯定应开征该税或者提高税收。而根据 1972 年《欧洲共同体法》的规定，只要共同体做出决定，英国财政部也有类似权力"。[①]

面对行政立法权的日益扩张，西方发达国家主要从两个方面对其进行限制，第一是坚持立法机关对行政立法的监督，在大多数国家，行政立法不得与议会立法相抵触，其来源主要是议会的授权，议会拥有对行政立法的否决权。立法机关所拥有的这种最终权力使税收法定原则在名义和程序上得以保持。第二是司法机关对行政立法的监督，其中一方面是各国最高法院或宪法法院拥有对涉嫌违宪的行政授权立法的审查与否决权。如英国的法院可以通过审查授权立法是否符合宪法、授权的目的、权限范围等，对授权立法是否越权作出判决。德国联邦宪法法院有权宣布超越了立法机关授予的权限范围的法律条文无效。另一方面是司法机关对行政机关及其相对人行政诉讼的审判权，在判例法国家，这些审判往往形成作为法律正式渊源的判例，会在实际上否定或修改行政当局的规章或条例；在大陆法系国家中，对抽象行政行为的诉讼权使普通公民成为监督行政立法的重要力量，司法机关实际上拥有了对行政立法的否决权。

这里需要特别指出的是英美法系与大陆法系的司法机关在税收立法权力上的差别：在英美法系国家，法院不仅可以否决行政立法，司法判例本身就构成了税法的正式渊源。由于纳税人和税务机关都要服从法院就该争议所做的解释，司法机关通过解决纳税人与税务机关之间的税收争议实际上行使了税收立法权。在美国，"初等法院判决的败诉者可以选择向美国巡回上诉法院上诉。在受理上诉的法院败诉的人可以继续向美国最高法院上诉。但是，最高法院限制再审那些极其重要的（例如，一项宪法的争议）税务案件或是解决受理上诉法院所出的冲突性判决。一项最高法院的判决是不能再审的，它是法律的最终解释。只有国会可以通过修正有争议的法典的节的内容来改变最高法院的解释。"[②]

随着大陆法系与英美法系的相互融合，纳税人不仅可以通过利益集团

---

① [英] 威廉·韦德：《行政法》，中译本，中国大百科全书出版社 1997 年版，第 563 页。

② 凯文·E. 墨菲、马克·希金斯：《美国联邦税制》，东北财经大学出版社 2001 年版，第 17—18 页。

影响立法机关参与名义税制的制定，作为个体存在的纳税人还可以通过向司法机关提起对征税代理人诉讼的方式参与名义税制的调整。正是因为司法机关在税收博弈中作用的加强，纳税人的权利才能得到有效的保障，实现对税务机关行政权力的制约。同时可以使名义税制的调整比较及时，名义税制与实际税制的差异得以不断缩小，只有在这个基础上，才可能实现"依法征税"和"依法纳税"。图 5 - 3 是司法机关作为税收立法者存在的税制变迁五方博弈模型，这一模型能够较好地说明现代法治社会税制变迁的模式。

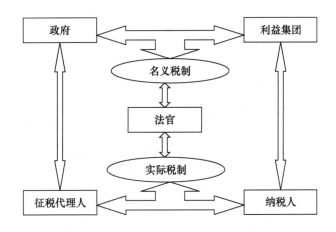

图 5 - 3 五方博弈模型

四 拓展的五方博弈模式：税收公投

税制变迁的四方博弈模式是对近代以来代议制民主框架下税制博弈过程的概括。而在世界各国的民主制度中，如瑞士和美国的部分州，作为公民的纳税人拥有创制权和复决权，可以通过公投，即采取直接民主的方式来制订或修改法律。

所谓创制权，是指公民在法定人数内可以提出立法建议案，交立法机关讨论修改或经投票直接制定为法律的权力。复决权是指立法机关所通过的法律案或其他议案，交付公民投票表决，以决定其是否应当成立。创制权和复决权可以使公民直接参与和影响立法，是对代议制立法的补充。公民对财政支出和税收事项是否有创制权和复决权，各国的规定并不相同。

在美国，公民通常有机会直接投票决定是否同意增加税收，但并没有在联邦一级举行，而是在州和地方举行。① 这可以视为采用"税收公投"的方式由公民直接决定名义税制。将"税收公投"纳入后的五方博弈模型如图5-4所示。

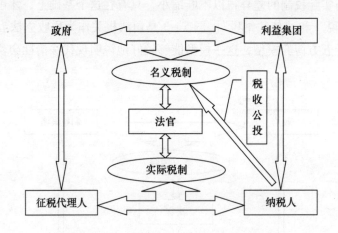

图5-4　包含税收公投的五方博弈模型

美国在州和地方举行的与税收有关的公投中具有代表性的是加利福尼亚州第13号提案和马萨诸塞州的"二又二分之一条款"。1978年，加州选民以公决的方式通过了一项限制房产税负担的提案，以避免因严重的通货膨胀导致的房产税暴涨。该提案将房地产应税额限制在1975—1976年间的市场价（该价格被称为"基准价格"），每年对该价格所做的任何通胀调整不能超过2%，房产税的税率不能超过调整过基准价格的1%。但是如果房屋所有权有变化或是房屋新建的话，该房产的基准价格会重新评估，这造成了相同街区、市价相近的房产由于购买时间不同而税负差距很大。第13号提案仅限制了房产税的"普通税负"，对于经三分之二选民投票通过的用于公共工程的债券，加州的房屋所有权人还需要交纳"选民认可债务税"以偿还债务。②

---

① 美国许多州的宪法规定，地方财产税税率的提高，需要经公民投票才能施行，而且，州政府或地方政府发行新的公债通常也需要公民投票。参见盖伊·彼得斯《税收政治学》，郭维佳、黄宁莹译，凤凰出版传媒集团、江苏人民出版社2008年版，第183页。

② http://us.soufun.com/news/10997844.htm.

马萨诸塞州的"二又二分之一条款"是指马萨诸塞州自治法里的"二又二分之一提议法案",根据这个法案,马萨诸塞州每年的支出增加不能超过 2.5%,如果要超过就必须经过公民投票通过。[①]

税收公投是纳税人直接影响名义税制的博弈规则,这种直接民主制的名义税制决定机制与代议制民主之间孰优孰劣是个复杂的问题。有证据表明,地方性的公决确实能够起到有效防止税收和开支提高的作用。如瑞士那些实行直接民主以及除代议制民主之外还有复决权的地方政府(市镇),比起那些光有代议制而缺乏复决制的地方政府,其公共项目开支要低得多。但这也可能产生财政支出水平无法满足公民需要的问题。[②]

第三节　诺思悖论与税制变迁的停滞

在现实中,并不是所有社会都能实现税制的不断变迁,人类历史上许多社会的税制变迁十分缓慢,不能适应经济发展的要求,最终陷入了循环和停滞。也就是说,在税制变迁与经济增长的相互作用中,税制不仅不能适应经济增长,为经济增长创造良好的外部条件,反而阻碍了经济结构的调整和经济发展,经济的停滞又反过来导致了税制变迁的停滞。在税制动态变迁的过程中,为什么有些社会能够实现税制与经济发展的相对协调,而在有些社会中税制对经济发展的阻碍作用始终非常显著,并最终导致税制变迁的停滞呢?

一　诺思悖论

要解释税制变迁的停滞,就涉及制度变迁理论中著名的"诺思悖论"。所谓诺思悖论,用诺思自己的话讲就是:"没有国家办不成事,有了国家又有很多麻烦。也就是说,如果给国家权力,让它强制执行合同或其他规章,它就会用自己的权力强制性施加影响,造成经济效率不高的现象。"[③] 国家的基本作用是界定并保护产权,这是经济增长的关键,然而

---

① http://zh.wikipedia.org/wiki/麻省。

② 参见[美] B·盖伊·彼得斯《税收政治学》,郭维佳、黄宁莹译,凤凰出版传媒集团、江苏人民出版社 2008 年版,第 186 页。

③ 《经济学消息报》1995 年 4 月 8 日第 4 版,转引自卢现祥《西方新制度经济学》,中国发展出版社 2003 年版,第 195 页。

国家在设定产权的过程中会滥用权力损害其他社会阶层的利益，为自己谋取私利，这又是人为经济衰退的根源，因此国家要对造成经济增长、停滞和衰退的产权结构的效率负责。

在诺思的国家理论中，控制国家的统治者（政府）既垄断暴力又垄断公共产品和服务的供给，而且充当一个具有歧视性的垄断者角色。统治者与私人参与人之间的博弈规定了公共产品和服务与税收之间的交换条件，税收可以看作统治者为私人参与人提供公共产品和服务的价格，但由于公共产品和服务的供给是垄断的，因此，统治者会像市场垄断者那样对公共产品和服务进行定价，并通过这种定价攫取超额利润，使自己的福利最大化。统治者提高垄断利润的能力受其垄断权力大小的限制。制约这种垄断权力的因素主要有三个：一是国内外潜在竞争对手的实力，这决定了统治者被替代的可能程度，由于社会各阶层之间替代能力有差别，因此抵制征税的能力就有差异，统治者在设定社会各阶层税负时就会采取价格歧视策略；二是政府代理人的投机倾向，统治者不得不雇佣代理人来提供公共产品和服务和征税，而代理人追求自身利益最大化的同时会影响统治者福利最大化的实现；三是各种度量成本，尤其是度量税基的成本制约了政府在代理人能力范围之外获取税收的能力。在上述三个约束条件下统治者只有在满足了生存要求之后才会采取措施增加税基，谋求经济增长。也就是说，统治者在谋求自身利益最大化时要受到生存问题、代理问题和度量成本等问题的限制，因而所采用的征税方法和建立起来的产权体系很可能会导致经济远离它的技术可能性边界。在一些极端的情况中，统治者的最优战略能产生一种产权结构，足以使经济停滞和崩溃。[1]

诺思以大革命前的法国和近代早期西班牙的例证说明了统治者不受约束的设定产权和征税的权力如何损害了长期的经济增长。[2] 以法国为例，大革命前的法国，皇室能有效地行使产权，并获得了无约束征税权。"由于兴起的民族国家之间的敌对行为，因而不断要求取得越来越多的财政收入，皇室千方百计搜集钱财。用产权换取税收收入是一种有效的短期解决办法，但这种短期解决方法会产生具有破坏性的长期后果。"用产权换取

---

① 参见［冰］思拉恩·埃格特森《新制度经济学》，中译本，商务印书馆1996年版，第288—289页。

② 诺思：《经济史中的结构与变迁》，上海三联书店、上海人民出版社1994年版，第168—172页。

税收收入的主要措施是以赋予行业的地区性垄断权来换取行业向皇室交费，由于"受到对主要由当地或地区性生产与贸易产生的财富和收入进行考核所需费用的限制"，建立显性税制由官僚机构直接度量税基的交易费用太大，而这种用产权换取收入的体制实际上是用地区性垄断权换取有保证的收入来源。① 但是，尽管统治者的收入增加了，地区性垄断却妨碍了市场的扩大，阻碍了创新，抑制了经济增长，由于统治者财政需要而牺牲了改善市场效率的好处。结果，法国"并没能摆脱 17 世纪的马尔萨斯危机"②。

二　税制变迁的停滞

统治者通过设定产权获取税收收入从长期来看会阻碍经济增长，从而导致税基的减少，而税基的缩减又会引起税收收入的减少。统治者为什么不采取措施促进经济增长来获得预期税收收入的最大化呢？如果经济增长可以使社会福利增加，为什么私人参与人不能通过各种方式推动税制的变迁来获取"潜在利润"呢？是什么原因导致了一个社会阻碍经济增长的"坏"的税制长期存在，造成税制变迁陷入停滞呢？

首先，统治者的有限理性和寿命周期决定了其对即期收入和预期收入的偏好是不同的。当统治者面临即期的财政支出压力和获取收入条件的种种约束时，以成本最小的方式获取即期收入是理性的，因为统治者也无法准确地预测未来，在其税制选择集合中并没有现成的"最优税制的菜单"，尤其在社会科学知识匮乏的传统社会中，统治者缺乏税制与经济增长关系的认识，他实际上无法预期通过设定产权获取收入会对长期税收收入产生怎样的影响。另外，统治者作为"人"，其寿命周期是有限的，诺思说"统治者终有一死"，③ 这决定了未来税收收入的贴现值是很小的，即使统治者知道"坏"的税制可能造成未来税收收入的减少，但相对于

---

① 尽管如此，皇室仍然需要建立完备的代理机构对这种隐形税制进行监控，否则行业购买垄断权的讨价还价中统治者无法获取优势。但是，"由此而产生的官僚机构不仅会吸走一部分由此而来的收入，而且也成了法国政治机构中的一种顽强力量"。诺思：《经济史中的结构与变迁》，上海三联书店、上海人民出版社 1994 年版，第 169 页。

② 诺思：《经济史中的结构与变迁》，上海三联书店、上海人民出版社 1994 年版，第169—179 页。

③ 同上书，第 30 页。

即期收入,"死后"的预期收入是没有价值的。①

其次,不仅统治者的理性是有限的,作为利益集团存在的私人参与人也仅具有有限理性,利益集团能否推动税制变迁取决于税制变迁后所获取的预期收益与实现税制变迁的预期成本的比较。在预期成本一定的情况下,预期收入越高,利益集团推动税制变迁的动力越大。但是,利益集团对预期收入的判断面临着与统治者一样的困难。社会科学知识的发展和不同社会之间交流的扩大会大大增加"可供选择"的税制变迁方案,降低税制变迁的不确定性,从而促进税制变迁的实现。

最后,税制的变迁还受到宪政体制和由此决定的利益集团之间权力分布状态的影响。即使某个或某些利益集团形成了潜在的税制变迁需求,这种潜在需求能否得到满足还取决于这些利益集团影响税制供给的能力。要实现阻碍经济增长的"坏"的税制向促进经济增长的"好"的税制的变迁,不仅需要对政府设定产权的权力和征税权进行有效的约束,这只是实现税制优化的必要条件;更为重要的是,能够影响税制供给的利益集团必须是代表"先进生产力"的社会阶层。英国历史上之所以能够率先实现有利于经济增长的宪政体制的变革就与传统上拥有政治权力的贵族转化为"新兴资产阶级"有着密切的关系。如果一个社会中代表落后生产部门的利益集团长期保持着对税制供给的控制权,而代表"先进生产力"的利益集团始终处于政治上无权的状态,税制变迁和税制优化就难以实现,陈旧的税收制度会极大地阻碍"先进部门"的发展,从而导致经济增长和税制变迁的停滞。税制变迁史上税制变革最活跃的时期,往往是一个国家宪政体制和利益集团权力格局发生重大变革的时期,从英国内战到法国大革命再到近代以来历次选举权的扩大,都对税制变迁产生了重大影响。可以说,在某种意义上,税制变迁模式从三方博弈到四方博弈再到五方博弈的发展过程,实际上就是政府设定产权的权力和征税权不断受到制约的过程,是越来越多不同阶层的纳税人参与税收正式规则制定的过程,同时也是名义税制与实际税制不断接近,税收制度不断完善的过程。

① 近代以来的政党政治的发展在很大程度上实现了政府的"非人格化",这使得统治者寿命周期对国家稳定的影响大大降低。在这种情况下有利于实现国家政治秩序和基本政策的长期稳定,可以大幅度提高预期税收收入的贴现值。

第六章　税制变迁理论的应用

通过对税制的确定机制、税制变迁影响因素、税制变迁动态过程以及税制变迁模式演进的分析，我们以博弈论为主要工具初步建立了一个税制变迁的理论解释框架。在这一理论框架中，税制变迁被理解为由资源总量与结构、财政支出需求与非税收入、产权与政府权力变动、社会观念与意识形态、税制运行中的交易费用以及国家间竞争等外部因素通过对博弈参与人、博弈策略和博弈支付函数等博弈内部因素的影响所导致的博弈均衡状态的变动过程。

由于不同社会、不同历史时期影响税制变迁诸外部因素之间存在着差异，这种差异通过外部因素之间的相互作用决定了税收博弈的环境与条件，从而导致不同社会税制及税制变迁路径的复杂性和多样性。而随着人类社会的发展，不同社会经济文化交流的逐渐深入，尤其是近代以来西方文明的扩张和经济全球化的发展，市场经济及与市场经济相适应的各种法律制度及社会观念逐步被世界各国所普遍接受，税制及税制变迁在不同国家出现了明显的趋同倾向。

本章应用税制变迁的理论对中国传统社会的税制变迁、西方国家现代复合税制的形成与发展以及经济全球化对未来税制变迁的影响等问题进行分析，分别说明税制变迁的多样性和趋同性特征及税制变迁的发展趋势。

第一节　中国传统社会的税制变迁与停滞

在历史上，中国传统社会的"超稳定结构"一直是历史学家关注的重要问题，这种超稳定结构表现在经济、政治、社会、文化等方方面面。与这种超稳定结构相适应，中国传统社会中的税制变迁也具有明显的周期性、反复性的特征。不能说这一时期中国的税收制度是完全停滞的，但税制的变迁相当缓慢，政府的收入始终没有摆脱对农业的高度依赖，也始终没有找到制约征税代理人的有效办法，每个朝代最后都由于官僚体系不可遏制的腐败和对农民变本加厉的盘剥而灭亡，但新的朝代又会不自觉地走上老路。通过上面对税制变迁理论的分析，我们在这里尝试着给出一个对中国传统社会税制变迁停滞的解释。

一 中国传统社会税制演变的特征

中国传统社会税收制度的演变具有循序性、反复性和差异性的特点。① 所谓循序性是指税收制度的演变，步步相接，前后相承，很少有日本大化革新这样移植国外制度实现税制突变的现象。以土地税来说，西周时期已经出现了以田税形式上交的实物税。春秋战国时期，各国相继实行了税制改革，田税和田亩数量、亩产量直接相关。秦代田租继承春秋战国的田税形式，"据地出税"，并且采用统一的税率。汉代也按照这一原则对土地征税，税率则降为什伍税一或三十税一。曹操颁布租调令，田税的征收由比例税率彻底改为定额税率，即每亩四升。西晋、北魏和唐代前期由于施行了占田制、均田制，名义上按丁、按户征收田租，但是按丁、按户征收田税均与人丁占田的数量、产量有关，实际上并未否定"据地出税"的原则。这一时期按丁、按户征税的方法，是以封建土地国有制的实施为基础的，反映了统治者干预土地分配和控制劳动力的强制形式的存在，使田税带有人头税的色彩。唐中后期两税法实施以后，田税逐步向田亩税转变，"据地出税"的原则得以完整地体现出来。到宋代之后，则实现了全面按亩计征。从唐末五代开始，出现了计亩征钱，这说明田税开始由实物税向货币税转化。但是这一过程相当缓慢，到了明代前期，田税仍以税粮形式存在。明代中叶，一条鞭法实施后，丁粮征银，合并征收，成为比较普遍的形式，一直延续到清代。虽然税银代替税粮成为普遍现象，但直到民国时期，直接征粮从未完全停止，有些时期还很突出。

中国传统社会税制演变的反复性是指税制的演变不是直线式的，许多税收制度有取消之后又重新出现的现象。如秦汉的口赋，属于人头税，自曹操颁布租调令以后，一般来说就不征收了。但自唐末五代开始，又出现了丁钱、丁米之征，宋初所谓丁口之赋则将人头税以法律形式固定下来。再如力役之征，自以庸代役后，力役可以说取消了，但即使在宋代免役

---

① 参见郑学檬主编《中国赋役制度史》，上海人民出版社 2000 年版，前言第 1—3 页。

法、明代一条鞭法、清代摊丁入亩实施后，力役仍然以各种名义存在。

所谓差异性，是指中国各地区自然条件差别很大，反映在税收征收形式上体现为"任土作贡"原则（包括折纳随土所出）和征纳期限的不同。由于各地区经济发展不平衡，也引起赋税负担不平衡的问题。从唐后期开始，江南重赋逐渐成为传统，其原因既有政治的因素，也有江南农业、工商业比较发达，有较多钱粮可征等经济因素。各地经济发展水平的差异形成了中国传统社会中税制和实际税收负担的差异性和复杂性特征。

二　中国传统社会的税制变迁模式与"黄宗羲定律"

中国传统社会的税制变迁模式是一个典型的三方博弈模型。在中国，政府（国家）权力至上，个人权利完全受制和依附于政府（国家）权力，从未真正产生过对政府权力运用进行限制和抗衡的思想和机制。"对行政权力恣意行使的遏制不是由于公民能够对违法过程提出效力瑕疵的异议，而是借助于高一级行政权力对下级僚属的惩戒予以保障。"① 也就是说，对征税代理人的制约完全来自统治者自上而下的约束，没有利益集团和纳税人的监督，更没有独立的司法机构的监督。在这种情况下，统治者面临着严重的信息不对称，既无法实现对征税代理人的有效制约，又无法掌握实际经济结构和税基分布的变动。征税代理人的机会主义行为愈演愈烈，而统治者束手无策，广大纳税人则处于毫无权力，几乎任人宰割的地位。当外部环境发生重大变动，如大规模的自然灾害、外敌入侵，而统治者由于信息不对称无法作出及时有效的应对时，纳税人的税负压力一旦超过生存的底线，农民起义就会迅速蔓延，王朝由此走向灭亡。然而，大规模战争之后，社会观念和意识形态保留了下来，基本的生产方式也没有变化，新王朝又会设立相似的官僚机构和税收制度，延续上一个王朝的老路。

税制变迁三方博弈模式所引起的信息不对称和代理成本导致中国传统社会中名义税负与实际税负的严重背离，因此才有所谓"黄宗羲定律"造成的税费之争的恶性循环。所谓"黄宗羲定律"，是指中国传统社会千年以来解决农民负担问题的基本方法，在封建王朝初期休养生息政策下的税收负担较轻，随着经济的恢复和发展，政府财政支出需求增加，由于不存在纳税人对政府的有效约束，从而无法实现对财政支出的统筹和制约，

---

① 季卫东：《程序比较论》，《比较法研究》1993 年第 1 期。

政府财政支出的随意性导致临时性的支出需求主要是通过加征和摊派来解决的，而规范的正税制度则有固定化的倾向，临时性财政支出的经常化导致正税之外加征和摊派的经常化，久而久之形成了税轻费重的局面。为了规范加征和摊派，一段时间后政府开始并税除费的税制改革，将经常性的摊派和已经存在的税收非正式规则变为正式的税收规则，但名义税制改革后，农民的实际负担并没有实质性下降，只不过政府的不规范收入变成了规范性收入，而当财政支出继续增加后，正税不足则导致杂派又起，一段时间后则又形成了税轻费重的局面，这时政府不得不进行新一轮并税除费的改革。如此循环，农民实际负担持续上升，最后不堪重负，民不聊生。①

三 中国传统社会税制变迁的停滞

税收制度变迁的基础是一个社会经济结构的变化，中国传统社会中农业一直占据主导地位，工商业始终没有得到充分的发展，经济结构变动的相对停滞不可避免地造成税制变迁的相对停滞，造成了税制演变循序性、反复性的特征。但是，为什么在中国传统社会工商业始终没有得到充分发展呢？这与中国长期以来重农抑商的社会观念和经济政策有关，但政府为什么要采取重农抑商的政策呢？同样是君主专制体制，近代早期的法国为什么会采取重商主义政策呢？一个解释是在中国传统社会中，政府始终无法掌握从工商业中有效获取收入的手段，中国从来没有诞生过中世纪欧洲那样以城市自治为基础的"商人的城市"。如果政府缺乏度量工商业税基的手段，可以像法国和西班牙那样委托行业组织征税，但这要以承认商人组成的行会对城市的自治权为前提，在中国凌驾一切之上的皇权统治下这是不可想象的。但问题并没有结束，中国历史上工商业也有过迅速发展和高度繁荣的时期，为什么掌握了大量社会财富的商人阶层不能通过自己的努力获得必要的政治地位呢？为什么在中国的君主专制体制下，皇帝能够禁止利益集团与其分享权力呢？

按照诺思的说法，决定政治权力格局的基础是暴力潜能的分布。在西方，统治者无法垄断暴力的供给，因此才有以服军役为条件的"军事采

---

① 参见秦晖《"黄宗羲定律"与税费改革的体制化基础：历史的经验与现实的选择》，《税务研究》2003 年第 7 期。

邑制"，中世纪很长一个时期内，欧洲的国王连常备军都没有，掌握暴力的是骑士阶层，为了交换骑士阶层的军事服务，国王必须与骑士阶层分享政治权力，在这个基础上，才可能产生英国的议会制度。而到了近代，随着战争技术的发展，进行战争和维持军事力量所需要的资金激增，统治者必须依靠商人阶层为其提供信贷和税收，所以才有法国"三级议会"的召开。

同样的情况在日本也存在，武士阶层垄断了军事技能，而大名之间频繁的战争则导致了对资金的持续需求，不得不对商人借债，商人在明治维新前实际上已经获得了足够强大的政治地位①，这是明治维新能够成功的基本条件。

与西方和日本相比，中国传统社会中暴力在大多数情况下是由统治者绝对垄断的，中国大多数时候没有独立的专门提供军事服务的武士或骑士阶层②，因此也不存在能够对皇权进行有效制约的利益集团。皇帝维持着庞大的常备军，人力依靠农民阶层无偿的兵役义务或募兵解决，而装备则主要由皇家工厂直接提供，并不需要依赖商人。由于暴力几乎完全依靠皇室自我供给，加上统治者在意识形态方面长期的不间断投资③，因此长期以来君主的绝对权威得以维持。在这种情况下，内部竞争缺乏，而由地理位置和地缘政治格局决定的外部竞争微乎其微④。统治者没有必要与其他利益集团分享政治权力，其唯一要务是获得维持暴力垄断所需要的人力和

---

① 据本多利明估计，1790年，"日本国富的十六分之十五在商人手中，十六分之一在武家手里"。雄厚的经济实力决定了他们在政治上拥有强大势力。而随着幕藩财政日益拮据，将军和大名不得不向大商人借债，一个时候债务总数达黄金六千万两，每年利息折合大米三百万石。有些大名因对豪商负债过多而为他们所挟制，不得不允许他们参与藩政，让其购买武士身份，给予带刀的特权。参见刘祚昌等主编《世界史——近代史》，人民出版社1984年版，第6页。

② 在中国历史上也有过专门服兵役的人群，如明代的"军户"，清代的八旗，但这些人随着社会的稳定和长期的和平，慢慢就转化为普通农民了。八旗存在的历史较长，但充其量只能算作皇帝的常备军或后备军，从未成为独立的政治力量，到清代后期八旗子弟的腐败使其丧失了基本的军事技术优势，所以剿灭太平天国的主力是曾国藩的湘军，而湘军在形式上只不过是民间自卫武装。

③ 从汉代"罢黜百家，独尊儒术"开始，两千多来儒家思想作为正统的官方意识形态牢牢控制着社会，尤其是知识分子的意识，在强化了皇权统治的同时，对商人的鄙视从政府政策已经演化为根深蒂固的社会观念，这造成了严重的"路径依赖"。

④ 在1840年以前，中国传统社会面临的外部竞争主要是北方游牧民族的入侵，由于汉民族在文化上的优势，这些入侵即使成功也不会改变基本的社会结构和意识形态，因此对税制变迁的影响很小。

税收收入。

在王朝的早期,通过国有土地的平均分配建立以自耕农为主体的社会可以有效地保证兵役和税收,而随着土地兼并的加剧,统治者直接掌握的土地和人力逐渐减少,而农民短时间的兵役也不利于维持常备军,因此政府会以募兵制替代义务兵役制,但这要求政府掌握更多的税收收入,这时税制会从以人头税为主转向以土地税为主。而由于缺乏度量技术,统治者始终无法对工商业进行有效课税,为了避免资源大量向工商业转移,保持来自土地的税收收入,统治者必然选择压制工商业的发展。由于商人没有政治权力,其财产权得不到保护,因此即使积累了一部分资本,商人也不会选择扩大再生产,而会转向对土地的投资。这样,"先进部门"的发展就会停滞,经济增长缓慢,而同时以土地和农业为基础的税制得以维持。

从中国税制变迁的历史来看,不是任何一个社会都能够从内部产生经济发展和税制变迁的足够动力的,西方国家政治权力的分散、商人和城市的独特地位、以基督教为基础的文化传统和意识形态等因素为税制变迁提供了有利条件,而中国传统社会政治权力的高度集中和所谓的"超稳定结构"① 可以看作税制变迁停滞的主要原因,这是解释中西方税制变迁差异不可忽视的重要内容,也说明了不同社会中税制变迁的多样性和复杂性。

第二节 西方国家的税制变迁:共性与差异

一 西方国家宏观税负的演变

从税制本身的发展看,税制变迁最直接的动力来自政府支出扩张导致的筹资压力,如果是战争等临时性的支出增加,政府会采取征收临时性税收②、发行战争公债等方式融资;而如果是由于政治职能扩大导致的持续而相对固定的支出增加,如社会福利制度的建立和发展,则就需要谋求可持续的稳定收入来源,此时势必要求建立与支出需求相匹配的税制体系。

---

① 参见金观涛、刘青峰《兴盛与危机:论中国封建社会的超稳定结构》,法律出版社 2011 年版。

② 实际上,这种由于战争等特殊因素导致的临时性税收往往会在战后逐步演变为永久性税收,典型的例证是个人所得税。

因此，宏观税负水平，也就是税收收入占 GDP 比重的变化反映了政府对税收制度筹资总量的要求，是理解税制变迁的前提和基础。

1. 西方国家宏观税负演变的三个阶段

19 世纪末到 20 世纪末的一百年，西方国家的宏观税负水平经历了由低到高的迅速增长，之后在较高水平保持稳定的过程。我们可以以两次世界大战为分界线，将这一百年宏观税负的变动划分为三个阶段。

第一阶段：一战前的低税负时期。1913 年一战之前主要西方国家的宏观税负水平普遍较低。尽管这一时期私人垄断资本主义获得了巨大发展，但西方各国政府仍然奉行新古典经济学自由放任的经济政策，其经济社会职能与自由竞争时期相比并没有大的变化。从表 6 - 1 所列数据可以看出，1913 年美国的税收负担率是 6.09%，德国是 8.07%，英国 1910 年的税收负担率是 13.55%。第一次世界大战爆发后，伴随着经济的军事化，西方各国的财政支出急剧增加，宏观税负水平也随之增长。战争结束后，由于战争对财政支出的"临界效应"（Threshold Effect）以及对公共产品需求的偏好变化等原因，财政支出和相应的税收负担并没有下降到战前的水平，而是有了大幅度增长。1922 年美国的税收负担率是 10.86%，德国 1925 年的税收负担率是 16.87%，英国 1920 年的税收负担率是 28.18%，分别比 1913 年（英国是 1910 年）增长 78.33%、108.53%、107.97%。因此，一战可以看作是西方国家宏观税负担变动的第一个分界线。

表 6 - 1　　美国、英国、德国的税收负担率（1890—1950 年）　　单位:%

美国		英国		德国	
年份	宏观税负	年份	宏观税负	年份	宏观税负
1890	7.54	1890	9.11	—	—
1902	6.07	1900	10.69	—	—
1913	6.09	1910	13.55	1913	8.07
1922	10.86	1920	28.18	1925	16.87
1932	13.96	1929	38.95	—	—
1940	15.17	1939	34.53	1939	25.67
1950	23.65	1950	41.84	1950	27.57

资料来源：根据《比较财政分析》上海三联书店 1996 年版，《主要资本主义国家经济简史》人民出版社 1973 年版附录数据计算得到。

第二阶段：两次世界大战之间的快速增长期。一战结束到二战开始短短二十年，西方国家的宏观税负水平又有大幅度增长。美国于 1940 年，英国、德国于 1939 年参战时的宏观税负水平分别是 15.17%、34.53%、25.67%，分别比 1922 年、1925 年、1920 年增长 39.69%、22.53%、52.16%。除备战之外，这一时期对财政支出和宏观税收负担影响最大的是 1929—1933 年大危机。这次危机导致了新古典主义自由放任政策的终结，美国的罗斯福新政和德国国家社会主义的上台都大大加强了国家对社会经济的干预，这是这一阶段宏观税负水平迅速增长的主要原因。

第三阶段：二战后稳定增长时期。二战后，伴随着经济结构调整和凯恩斯主义的盛行，西方各国进入了国家垄断资本主义时期，国家开始广泛深入地干预经济，利用包括税收在内的各种手段调节社会再分配。这一时期大多数西方国家的宏观税负水平缓慢增长并在较高水平上保持了稳定。

表 6-2 是 OECD 成员国中经济相对比较发达的 22 个成员国[①] 1965—2010 年的宏观税负水平，从表中可以看出，这 22 个成员国非加权平均的宏观税负水平 1965—2000 年之间一直是稳步提高的，1965 年为 26.10%，2000 年上升至 37.84%；此后略有下降，2005 年为 37.10%；2010 年降至 35.79%[②]。而从这 22 个国家宏观税负水平的离散系数来看，1970 年离散系数为 25.14%，此后一直缓慢缩小，这说明 1970 年后西方发达国家的宏观税负水平的差异在逐步缩小，2000 年后伴随着宏观税负水平的稳定和下降，离散系数保持了基本稳定，2007 年金融危机爆发前的离散系数最低，为 17.38%，2010 年略有上升。

2. 西方国家宏观税负的差异性

如果将这 22 个国家分为欧洲发达国家和非欧洲发达国家，可以清楚地看到两类发达国家的宏观税负水平的差异。1965 年，17 个欧洲国家宏观税负水平非加权平均值为 27.15%，非欧洲国家则为 22.54%，相差 4.61

---

① 考虑到数据的连续性，我们选择了从 1965 年开始有连续数据的 24 个国家，然后剔除了经济发展水平相对落后的土耳其与人口和经济规模较小的冰岛。

② 2010 年与 2005 年相比宏观税负水平的降低与 2008 年下半年爆发的国际金融危机有关，从 34 个 OECD 成员国 2005—2010 年的非加权平均宏观税负水平来看，2005 年为 34.9%、2006 年为 35.0%、2007 年为 35.1%，金融危机爆发前的宏观税负水平是基本稳定的，而 2008—2010 年则分别为 34.5%、33.7% 和 33.8%。金融危机的发源地美国 2005—2010 年的宏观税负水平分别为 27.1%、27.9%、27.9%、26.3%、24.2% 和 24.8%，可以比较清晰地看出金融危机的影响。

单位：%

表 6-2　OECD 部分国家宏观税负的演变（1965—2010 年）

国别　　年份	1965年	1970年	1975年	1980年	1985年	1990年	1995年	2000年	2005年	2007年	2010年
奥地利	33.9	33.9	36.7	39.0	40.9	39.7	41.4	43.0	42.1	41.8	42.0
比利时	31.1	33.8	39.4	41.2	44.3	41.9	43.5	44.7	44.5	43.6	43.5
丹麦	30.0	38.4	38.4	43.0	46.1	46.5	48.8	49.4	50.8	48.9	47.6
芬兰	30.4	31.6	36.6	35.8	39.8	43.7	45.7	47.2	43.9	43.0	42.5
法国	34.2	34.2	35.5	40.2	42.8	42.0	42.9	44.4	44.1	43.7	42.9
德国	31.6	31.5	34.3	36.4	36.1	34.8	37.2	37.5	35.0	36.1	36.1
希腊	18.0	20.2	19.6	21.8	25.8	26.4	29.1	34.3	32.1	32.5	30.9
爱尔兰	24.9	28.2	28.5	30.7	34.3	32.8	32.1	31.0	30.1	30.9	27.6
意大利	25.5	25.7	25.4	29.7	33.6	37.6	39.9	42.0	40.6	43.2	42.9
卢森堡	27.7	23.5	32.8	35.7	39.5	35.7	37.1	39.1	37.6	35.6	37.1
荷兰	32.8	35.6	40.7	42.9	42.4	42.9	41.5	39.6	38.4	38.7	38.7
挪威	29.6	34.5	39.2	42.4	42.6	41.0	40.9	42.6	43.2	42.9	42.9
葡萄牙	15.9	17.8	19.1	22.2	24.5	26.8	29.3	30.9	31.1	32.4	31.3

续表

国别＼年份	1965 年	1970 年	1975 年	1980 年	1985 年	1990 年	1995 年	2000 年	2005 年	2007 年	2010 年
西班牙	14.7	15.9	18.4	22.6	27.6	32.5	32.1	34.3	36.0	37.3	32.3
瑞典	33.3	37.8	41.3	46.4	47.4	52.3	47.5	51.4	48.9	47.4	45.5
瑞士	17.5	19.2	23.8	24.6	25.2	24.9	26.9	29.3	28.1	27.7	28.1
英国	30.4	36.7	34.9	34.8	37.0	35.5	34.0	36.4	35.4	35.8	34.9
欧洲国家非加权平均值	27.15	29.32	32.04	34.67	37.05	37.47	38.23	39.83	38.94	38.91	38.05
澳大利亚	20.6	21.1	25.4	26.2	27.8	28.0	28.2	30.4	30.0	29.7	25.6
加拿大	25.7	30.9	32.0	31.0	32.5	35.9	35.6	35.6	33.2	33.1	31.0
日本	17.8	19.2	20.4	24.8	26.7	28.6	26.4	26.6	27.3	28.5	27.6
新西兰	23.9	25.9	28.4	30.5	30.9	36.9	36.2	33.2	36.6	34.7	31.5
美国	24.7	27.0	25.6	26.4	25.6	27.4	27.8	29.5	27.1	27.9	24.8
非欧洲国家非加权平均值	22.54	24.82	26.36	27.78	28.70	31.36	30.84	31.06	30.84	30.78	28.10
22 国非加权平均值	26.10	28.30	30.75	33.10	35.15	36.08	36.55	37.84	37.10	36.35	35.79
标准差	6.28	7.12	7.58	7.73	7.56	7.28	6.97	7.04	6.95	6.32	7.09
离散系数	24.04	25.14	24.64	23.35	21.50	20.17	19.06	18.59	18.74	17.38%	19.81

数据来源：OECD: *Revenue Statistics 1965 – 2011*。

个百分点；而随着宏观税负的稳步上升，欧洲国家和非欧洲国家的宏观税负水平的绝对差距也在扩大，2000 年欧洲国家的宏观税负非加权平均值为 39.83%，非欧洲国家则为 31.06%，两者相差 8.77 个百分点；2000 年后，随着宏观税负水平的稳定并略有下降，两者的绝对差距进一步扩大，2010 年，欧洲国家的宏观税负非加权平均值为 38.05%，非欧洲国家为 28.10%，两者的绝对差距扩大至 9.95 个百分点（参见图 6 -1）。

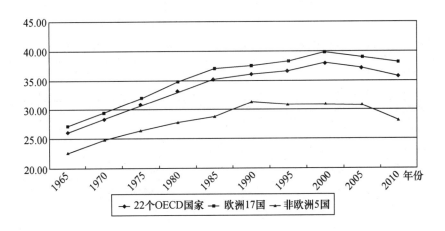

图 6 -1　欧洲发达国家和非欧洲发达国家宏观税负的演变（1965—2010 年）

　　从 2005 年的数据来看，22 个国家中按照宏观税负水平可以分为五类：超过 45% 的有两个国家：丹麦（50.8%）和瑞典（48.9%）；40%—45% 之间的有 6 个国家，分别是比利时（44.5%）、法国（44.1%）、芬兰（43.9%）、挪威（43.2%）、奥地利（42.1%）和意大利（40.6%）；35%—40% 之间的有 6 个国家，分别是荷兰（38.4%）、卢森堡（37.6%）、新西兰（36.6%）、西班牙（36.0%）、英国（35.4%）和德国（35.0%）；30%—35% 之间的有 5 个国家，分别是加拿大（33.2%）、希腊（32.1%）、葡萄牙（31.1%）、爱尔兰（30.1%）和澳大利亚（30.0%）；30% 以下的有 3 个国家，分别是瑞士（28.1%）、日本（27.3%）和美国（27.1%）。

　　表 6 -3 是 2005 年和 2010 年上述 22 个 OECD 国家人均 GDP（现价美元）和宏观税负水平的对比表，图 6 -2 和图 6 -3 分别是 2005 年和 2010 年这 22 个国家根据人均 GDP（现价美元）和宏观税负水平确定的散点分

布图。从图中可以看出，就这 22 个发达国家而言，人均 GDP 与宏观税负水平之间并没有显著的关联关系，如 2005 年人均 GDP 在 30000—40000美元的有 11 个国家，其中日本和比利时的人均 GDP 水平非常接近，分别为 35781 美元和 36011 美元，但日本的宏观税负只有 27.3%，比利时则高达 44.5%。2010 年人均 GDP 在 40000—50000 美元之间的也有 11 个国家，其中瑞典的人均 GDP 为 49360 美元，美国为 48358 美元；但瑞典的宏观税负高达 45.5%，而美国的宏观税负仅有 24.8%。

表 6 - 3   OECD 部分国家人均 GDP 与宏观税负对比表 （2005 年、2010 年）

年份	2005 年		2010 年	
国家	人均 GDP（美元）	宏观税负（%）	人均 GDP（美元）	宏观税负（%）
卢森堡	80925	37.6	102009	37.1
挪威	65761	43.2	86156	42.9
瑞士	51734	28.1	70370	28.1
爱尔兰	48698	30.1	46492	27.6
丹麦	47547	50.8	56486	47.6
美国	44314	27.1	48358	24.8
瑞典	41041	48.9	49360	45.5
荷兰	39122	38.4	46468	38.7
英国	38545	35.4	36703	34.9
芬兰	37319	43.9	43846	42.5
奥地利	37067	42.1	44723	42.0
比利时	36011	44.5	42960	43.5
日本	35781	27.3	43118	27.6
加拿大	35088	33.2	46212	31.0
澳大利亚	34012	30.0	51746	25.6
法国	33819	44.1	39186	42.9
德国	33543	35.0	40145	36.1
意大利	30479	40.6	33761	42.9
新西兰	27537	36.6	32796	31.5
西班牙	26056	36.0	29863	32.3
希腊	21621	32.1	25851	30.9
葡萄牙	18186	31.1	21382	31.3

数据来源：人均 GDP（现价美元）数据来自世界银行数据库；宏观税收数据来自 OECD Revenue Statistics 1965 - 2011。

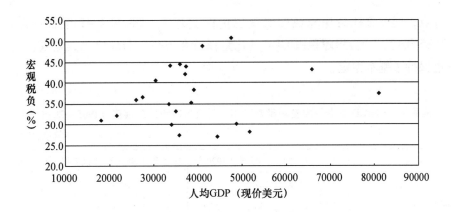

图 6 - 2　人均 GDP 与宏观税负分布散点图（2005 年）

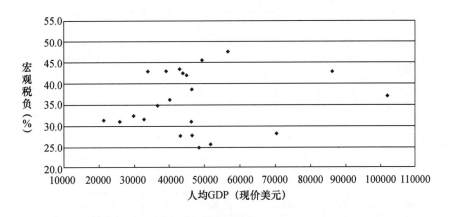

图 6 - 3　人均 GDP 与宏观税负分布散点图（2010 年）

3. 不含社会保障税的宏观税负（1965—2010 年）

由于社会保障税专款专用，不能用于其他政府支出项目，因此也被称为社会保障捐或社会保障缴款。在 22 个 OECD 成员国中，澳大利亚、新西兰没有开征独立的社会保障税、丹麦社会保障税的比重较低，我们在计算不含社会保障税的宏观税负时删除了这三个国家。表 6 - 4 是不包括这三个国家的 19 个 OECD 成员国 1965—2010 年不含社会保障税的宏观税负数据。从表中可以看出，1965 年这 19 个国家不含社会保障税的非加权平均值为 20.68%，包括社会保障税的非加权平均值为 26.30%，社会保障税占 GDP 的比重为 5.62%；1975 年、1985 年包括社会保障税的宏观税负分别上升至 30.75% 和 35.19%，分别比 1965 年上升了 4.45 和 8.89 个百分点，但不含社会保障税的宏观税负仅上升了 1.58 和 4.41 个百分点。1985 年后，社会保障税占 GDP 的比重保持在 10%—11% 之间，宏观税负也保持了基本稳定。

表 6-4　OECD 部分国家宏观税负（不含社会保障税）的演变（1965—2010 年）

单位:%

国家	1965 年	1975 年	1985 年	1990 年	1995 年	2000 年	2007 年	2010 年
奥地利	25.4	26.6	27.9	26.6	26.5	28.4	27.7	27.5
比利时	21.3	27.5	30.3	28.0	29.2	30.8	30.0	29.4
加拿大	24.3	28.8	28.1	31.5	30.6	30.8	28.3	26.3
芬兰	28.3	29.1	31.1	32.5	31.6	35.3	31.1	29.8
法国	22.5	21.1	24.3	23.5	24.4	28.4	27.5	26.3
德国	23.1	22.6	22.9	21.8	22.7	22.8	22.9	22.0
希腊	12.3	13.8	16.6	18.4	19.7	23.8	21.3	20.0
爱尔兰	23.3	24.5	29.2	27.9	27.5	26.8	26.2	22.1
意大利	16.8	13.7	22.0	25.3	27.4	30.0	30.3	29.5
日本	13.9	14.5	18.7	21.0	17.6	17.3	18.1	16.3
卢森堡	18.8	23.1	29.1	26.0	27.3	29.1	25.8	26.3
荷兰	22.7	25.1	23.7	26.9	24.1	24.2	25.3	24.7
挪威	26.1	29.5	33.8	30.2	31.3	33.7	34.0	33.3
葡萄牙	12.4	12.5	18.1	19.6	21.5	22.9	23.9	22.3
西班牙	10.5	9.7	16.3	21.0	20.5	22.4	25.2	20.1
瑞典	29.2	33.2	35.6	38.0	34.4	37.9	35.0	34.1
瑞士	14.9	18.6	19.5	19.0	19.6	22.1	21.2	21.4
英国	25.7	28.8	30.4	29.5	28.0	30.2	29.2	28.2
美国	21.4	20.3	19.5	20.5	20.9	22.6	21.4	18.5
非加权平均值	20.68	22.26	25.09	25.64	25.52	27.34	26.55	25.16
包括社会保障税的非加权平均值	26.30	30.75	35.19	35.92	36.36	37.86	36.95	35.93
社会保障税占 GDP 的比重	5.62	8.48	10.10	10.27	10.85	10.52	10.41	10.76

数据来源：OECD：*Revenue Statistics 1965-2011*。

二 西方国家税制结构的演变：直接税的产生与发展

随着经济的发展和宏观税负水平的提高，西方国家税制结构经历了从商品和服务税等间接税为主向以个人所得税、社会保障税等直接税为主的转变过程。

最早开征的个人所得税是为战争筹资而征收的临时性税收。英国于1799年开征的"三步合成捐"（Triple Assessment），主要目的是为"拿破仑战争"筹资，1802年战争结束后就废止了。美国在南北战争期间于1862年开征个人所得税，战争结束后也被废止。① 最早的社会保障税是德国于1883年开征的，随后奥地利于1887年也开征了社会保障税。从表6－5中可以看出，大部分西方国家于19世纪末和20世纪初纷纷开征了个人所得税和社会保障税。比较特殊的是澳大利亚和新西兰，这两个国家始终没有开征独立的社会保障税。

19世纪末和20世纪上半叶是大部分西方国家所得税和社会保障税迅速发展并先后成为主要财政收入来源的时期，形成税制结构向直接税为主转变的动因主要有四个②：

一是这一时期选举权的扩张和社会主义运动的发展导致社会党和工党的政治地位上升。而要求建立较完善的社会保障制度和进行更大规模的收入再分配是民主社会主义政党的主要政治纲领。政治权力分配格局的变化直接或间接③导致了超额累进个人所得税、企业所得税和社会保障税的发展。实际上，西方国家中民主社会主义政党（社会党和工党）在政治格局中的地位对于一个国家社会福利水平以及由此导致的宏观税负和社会保障税比重有较大的影响。

二是两次世界大战的影响。大规模战争导致的筹资压力使所得税的重要性不断提高。超额累进的所得税具有较好的收入弹性，能够比间接税和土地税等传统的直接税筹集到更多的资金，而且战争的压力也能够在很大

---

① 参见夏琛舸《所得税的历史分析和比较研究》，东北财经大学出版社2008年版，第2章。

② 对这一时期税制演变的分析参见［美］B. 盖伊·彼得斯《税收政治学》，郭维佳、黄宁莹译，凤凰出版传媒集团、江苏人民出版社2008年版，第229—238页。

③ 最早设立社会保障制度并开征社会保障税的是德国俾斯麦政府，而俾斯麦政府建立社会保障制度的目的是通过主动为劳工阶层提供社会保障制度阻止民主社会主义政党的发展。在某种意义上，这是保守的帝国政府为应对社会主义运动而作出的政策调整，可以视为政治权力分配格局变化的影响。

表 6-5 部分西方国家开征个人所得税和社会保障税的时间

国家	个人所得税开征时间	社会保障税开征时间
英国	1799 年	1911 年
瑞士	1840 年	1911 年
奥地利	1849 年	1887 年
美国	1862 年	1935 年
意大利	1864 年	1898 年
日本	1887 年	1898 年
德国	1891 年	1883 年
新西兰	1891 年	—
加拿大	1892 年	1927 年
荷兰	1892 年	1901 年
澳大利亚	1895 年	—
瑞典	1897 年	1916 年
丹麦	1903 年	1916 年
挪威	1905 年	1894 年
法国	1909 年	1910 年
芬兰	1917 年	1895 年
比利时	1922 年	1924 年
爱尔兰	1922 年	1911 年

注：瑞士、加拿大首先开征个人所得税的是地方政府。

资料来源：彼得斯，2008。

程度上消除和平时期对征收超额累进所得税的阻力。以美国为例，1916
年美国个人所得税的最高边际税率为 15%，1917 年参战后提高至 67%，
1918 年提高至 77%；1942—1943 年美国个人所得税的最高边际税率为
88%，1944—1945 年进一步提高至 94%。[1] 战争期间，各国政府通过所得
税筹集了巨额资金，如 1944 年，美国税收收入的 45%，加拿大税收收入
的 55%，英国税收收入的 43% 来自所得税（彼得斯，2008）。

三是这一时期自由竞争资本主义发展到了垄断资本主义阶段，技术进
步和规模经济导致的大型企业在经济活动中的地位不断提升。与大型企业

———————

① http://upstart.bizjournals.com/multimedia/interactives/2008/03/Tax-Brackets.html.

发展相匹配的会计核算系统不断完善，因此可以比较准确地核算企业利润及对股东的分配情况，也可以准确核算支付给每个工人和经理人的工资。经济结构和经济运行的深刻变化为普遍征收企业所得税、个人所得税和社会保障税提供了有力的技术保障，同时也大大降低了征收成本。

四是 1929—1933 年的大萧条以及由此导致的凯恩斯主义的兴起对经济政策的深远影响。大萧条爆发后，大多数国家最初的政策是削减开支和降低税收，但收效甚微。凯恩斯在《通论》（Keynes，1936）中提出了有效需求不足的理论以及相应的需求管理政策。这一政策的核心是在经济萧条时通过扩大政府开支以维持总需求，并允许政府通过大规模赤字支持开支的扩大。而如果进一步分析有效需求不足的成因则可以看出，在边际消费倾向递减规律作用下，收入越高的阶层消费的比例越低，而用于储蓄和投资的比例越高。也就是说，如果社会增量财富更多地被高收入阶层获取，收入分配差距会不断扩大，从短期看这有利于扩大投资，但投资扩大会导致产出增加，而由于边际消费倾向较高的低收入阶层的消费需求不足，这会引发经济危机。

因此，对高收入阶层征收超额累进的个人所得税，同时通过建立社会福利制度增加对低收入阶层的转移性支出可以削弱经济的周期性波动。也就是说，即使在经济正常运行的时期，超额累进的个人所得税和完善的社会福利制度也是政府稳定总需求的有效制度安排，而在经济萧条或过热的时期，超额累进的个人所得税和失业保险等福利制度则可以发挥自动稳定器的功能，同时也为相机决策的财政政策提供了较好的调控平台。

凯恩斯主义的兴起从根本上改变了大萧条后经济政策的基本思路，开征超额累进的个人所得税和社会保障税以及建立完善的社会福利制度不仅仅具有政治意义上收入再分配的功能。在经济政策层面，这一制度安排可以同时具有稳定经济的重要作用。至此，现代意义上超额累进的个人所得税和社会保障税为主的直接税体系确立了其在税收收入中的主体地位。也正因为经济政策思路的改变，与一战结束后政府开支和税制结构很快恢复到战前的水平不同，二战结束后大部分西方国家保持并强化了直接税为主的税制结构。

三 西方国家税制结构的演变：1965—2010 年

我们以 OECD 发布的 *Revenue Statistics* 为数据基础对西方主要国家税

制结构的演变进行分析，纳入样本的 22 个 OECD 国家与分析宏观税负时的样本一致。

1. 22 个 OECD 成员国的 GDP 与人均 GDP

根据世界银行数据库的数据，2010 年，这 22 个 OECD 成员国的 GDP（现价美元）在有数据的 190 个经济体中，有七个国家位居前十位，分别是美国（第 1 位）、日本（第 3 位）、德国（第 4 位）、法国（第 5 位）、英国（第 6 位）、意大利（第 8 位）、加拿大（第 10 位）；有四个国家在第 11—20 位，分别是西班牙（第 12 位）、澳大利亚（第 13 位）、荷兰（第 16 位）、瑞士（第 19 位）；有四个国家在第 21—30 位，分别是比利时（第 22 位）、瑞典（第 23 位）、挪威（第 25 位）、奥地利（第 27 位）；有四个国家在第 31—40 位，分别是丹麦（第 31 位）、希腊（第 32 位）、芬兰（第 36 位）、葡萄牙（第 40 位）。这 22 个国家中有 19 个国家 GDP 总量在全球前 40 位，这 22 个国家 GDP 合计占 190 个经济体 GDP 总量的比例为 61.79%。

从人均 GDP（现价美元）的数据看，2010 年这 22 个国家的人均 GDP 均在前 40 位，其中卢森堡位列第 1，挪威、瑞士、丹麦分别列第 4、第 6 和第 7 位；澳大利亚、瑞典、美国、爱尔兰、荷兰、加拿大、奥地利、芬兰、日本、比利时这 10 个国家为第 9—18 位；德国、法国、英国、意大利、新西兰、西班牙、希腊、葡萄牙分别为第 20、23、24、26、27、31、34 和 38 位（参见表 6-6）。从 GDP 总量和人均 GDP 的数据来看，这 22 个国家能够代表西方发达经济体的情况。

2. 22 个 OECD 成员国税制结构的演变（非加权平均值）

表 6-7 为这 22 个国家宏观税负主要税类和税种非加权平均值 1965—2010 年的演变情况。从非加权平均值来看，宏观税负的演变分为三个阶段，1965—1985 年 20 年间宏观税负上升了 9.1 个百分点，1985—2000 年趋于稳定，15 年间只上升了 2.6 个百分点；2000 年后宏观税负水平有所下降，金融危机前的 2007 年为 37.1%，受金融危机的影响，2010 年宏观税负下降至 35.8%。（参见图 6-1）

从税类结构看，1965 年，所得类税收（包括个人所得税、企业所得税、社会保障税和工薪税）、财产类税收、商品和服务类税收占税收收入的比重分别为 55.2%、7.9% 和 36.6%；1975 年，所得类税收的比重上升至 63.8%、财产类税收下降至 6.2%、商品和服务类税收下降至 29.8%。

表6-6　　OECD部分国家的GDP与人均GDP及其世界排名（2010年）

位次	国家	GDP（美元）	位次	国家	人均GDP（美元）
1	美国	14958300000000	1	卢森堡	102009
3	日本	5495379357485	4	挪威	86156
4	德国	3282894736842	6	瑞士	70370
5	法国	2548315434211	7	丹麦	56486
6	英国	2285561538462	9	澳大利亚	51746
8	意大利	2041954747600	10	瑞典	49360
10	加拿大	1577040082218	11	美国	48358
12	西班牙	1375815789474	12	爱尔兰	46492
13	澳大利亚	1141793593834	13	荷兰	46468
16	荷兰	772090789474	14	加拿大	46212
19	瑞士	550638974462	15	奥地利	44723
22	比利时	468078947368	16	芬兰	43846
23	瑞典	462903051318	17	日本	43118
25	挪威	421236092715	18	比利时	42960
27	奥地利	375217439474	20	德国	40145
31	丹麦	313365836299	23	法国	39186
32	希腊	292304602599	24	英国	36703
36	芬兰	235163157895	26	意大利	33761
40	葡萄牙	227446710526	27	新西兰	32796
44	爱尔兰	208022028243	31	西班牙	29863
52	新西兰	143246762590	34	希腊	25851
73	卢森堡	51713947368	38	葡萄牙	21382

数据来源：世界银行数据库。

1975—1985年，尽管非加权平均的宏观税负上升了4.5个百分点，但1975—2010年间，三大税类的结构保持了基本稳定。

从税种结构看，所得类税收中，工薪税的占比较小，一直稳定在1%左右；由于澳大利亚、新西兰未开征社会保障税，丹麦的社会保障税的比重很低（社会保障支出与澳大利亚和新西兰相似，并不依赖独立的社会保障税），葡萄牙1965—1985年间没有个人所得税、企业所得税的数据，为了保证数据的可比性，表6-6中个人所得税、企业所得税、社会保障税三个税种的非加权平均值为删除上述 4 个国家后 18 个国家的平均值。

1965 年，个人所得税的比重为 24.6%，1975 年上升至 27.8%，1975—1990 年间保持了基本稳定，1990 年后呈现了稳步下降的态势，1990 年个人所得税的比重为 27.8%，1995 年下降至 26.3%，2000 年、2007 年分别为 25.9%、25.6%，2010 年为 25.3%。

1965 年，企业所得税的比重为 8.6%，1975 年下降至 7.7%，1975—1995 年间保持了基本稳定，2000 年至 2007 年有比较明显的上升，达到了 10% 以上，2010 年比 2007 年有所下降。

1965 年，社会保障税的比重为 21.3%，1975 年上升至 27.8%，10 年间提高了 6.5 个百分点；1975 年后社会保障税的比重保持了基本稳定，1975—2010 年间社会保障税的比重在 27.7% 和 29.8% 之间波动。

1965 年，财产类税收的比重为 7.9%，1975 年下降至 6.2%，1985 年进一步下降至 5.3%，此后略有上升，2007 年为 6.4%，但仍未达到 1965 年的水平，2010 年有所下降，为 6.1%。

1965 年，商品和服务税的比重为 36.6%，其中一般消费税的比重为 12.3%，特殊消费税的比重为 22.0%；1975 年商品和服务税的比重下降至 29.8%，一般消费税的比重提高了 1 个百分点，达到了 13.3%，特殊消费税的比重大幅下降至 14.7%。1975—1995 年的 20 年间，商品和服务税的比重非常稳定，在 29.5%—29.8% 之间，但一般消费税的比重稳步上升，特殊消费税的比重相应下降。2000—2010 年间，商品和服务税的比重有所下降，2007 年金融危机前最低，为 28.0%，2010 年上升至 28.9%。但在此期间，一般消费税的比重保持了持续上升的势头，2010 年升至 18.2%；特殊消费税的比重持续下降，2007 年降至 8.6%，2010 年略有上升，至 8.6%。

从 22 个国家非加权平均值来看，这 22 个西方国家基本的税制结构在 1975 年基本成型，1975—1985 年之间宏观税负水平提高了 4.5 个百分点，但税制结构保持了基本稳定。1985 年后，尽管经历了 20 世纪 80 年代和 90 年代的世界性税制改革浪潮，宏观税负和税制结构虽然有所调整，但总体上并没有大的变化。

从税种结构看，这一时期最大的变化来自商品和服务税类内部一般消费税比重的持续稳定上升和特殊消费税比重的稳定下降，而这一变化反映了增值税的开征及其在世界各国的迅速传播对税制结构的影响（参见图 6-4）。

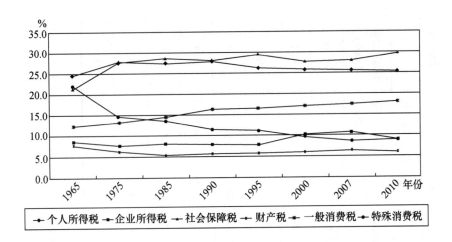

图 6 - 4　部分 OECD 国家税制结构的演变（1965—2010 年）

3. 22 个 OECD 成员国税制结构的趋同

我们以 22 个国家宏观税负和各税种的离散系数为指标测算了 1965 年、1975 年、1985 年、1990 年、1995 年、2000 年、2007 年和 2010 年共 8 个年份税制结构的发展趋势（参见表 6 - 8）。① 如果不考虑在税制结构中占比很小的工薪税，从总体上看，这 22 个 OECD 成员国的税制呈现了全面趋同的趋势。其中，宏观税负的离散系数在 1975—2007 年间逐步缩小，从 1975 年的 24.07% 降至 2007 年的 16.98%，受到国际金融危机各国财政应对措施差异性的影响，2010 年这 22 个国家宏观税负的离散系数有所上升。

从各税类和各税种离散系数的变动趋势看，所得类税收的趋同性非常明显，所得税类税收占税收收入比重的离散系数 1965 年为 15.68%，此后一直呈下降趋势，2010 年已降至 7.69%。商品和服务税占税收收入比重的离散系数 1965 年为 20.97%，1975 年上升至 26.87%，此后直到 2000 年呈现了缓慢下降的趋势，2007 年和 2010 年这一指标略有上升。财产税占税收收入比重的离散系数的绝对值较高，1965 年为 52.81%，1975 年上升至 58.29%，1985 年上升至 59.05%，此后在 49.00% 和 54.19% 之间波动。

---

① 这 8 个年份 22 个国家宏观税负和各税种的具体数据参见本章附表 8。

表 6－7　OECD 部分国家的税制结构（1965—2010 年）

单位:%

年份	宏观税负	所得税 (1000) 合计	个人所得税 (1100)	企业所得税 (1200)	社会保障税 (2000)	工薪税 (3000)	所得税类税收合计	财产税 (4000)	商品和服务税 (5000) 合计	一般消费税 (5110)	特殊消费税 (5200)
1965	26.1	35.6	24.6	8.6	21.3	1.1	55.2	7.9	36.6	12.3	22.0
1975	30.7	38.1	27.8	7.7	27.8	1.4	63.8	6.2	29.8	13.3	14.7
1985	35.2	38.7	27.6	8.0	28.7	1.2	64.7	5.3	29.7	14.5	13.4
1990	36.1	38.9	27.8	7.9	28.3	1.0	64.4	5.6	29.5	16.3	11.4
1995	36.6	37.7	26.3	7.7	29.6	1.0	64.3	5.7	29.7	16.5	11.2
2000	37.8	39.5	25.9	10.3	27.7	0.9	64.5	6.0	28.6	17.1	9.7
2007	37.1	39.6	25.6	10.6	28.0	1.0	64.8	6.4	28.0	17.6	8.6
2010	35.8	37.3	25.3	8.9	29.8	1.1	64.1	6.1	28.9	18.2	8.9

注1：除个人所得税、企业所得税、社会保障税外的数据为相关年份 22 个 OECD 国家的非加权平均值。

2：个人所得税、企业所得税、社会保障税的数据为不含澳大利亚、新西兰、丹麦和葡萄牙的 18 个国家的非加权平均值。

资料来源：根据 OECD: *Revenue Statistics 1965－2011* 相关数据计算得到。

表6-8 OECD部分国家宏观税负与各种税种的离散系数 (1965—2010年)

单位:%

年份	宏观税负	所得税 (1000)			社会保障税 (2000)	工薪税 (3000)	所得税类税收合计	财产税 (4000)	商品和服务税 (5000)		
		合计	个人所得税 (1100)	企业所得税 (1200)					合计	一般消费税 (5110)	特殊消费税 (5200)
1965	23.49	36.09	44.92	63.79	53.89	190.50	15.68	52.81	20.97	55.24	39.48
1975	24.07	37.17	45.87	59.83	48.26	164.97	13.31	58.29	26.87	38.89	40.53
1985	21.01	32.32	42.78	62.84	43.83	136.60	10.57	59.05	25.67	33.74	41.08
1990	19.71	29.89	37.50	56.09	42.28	175.30	10.29	49.46	25.56	30.49	36.73
1995	18.62	30.26	38.13	50.10	41.99	191.54	9.06	54.19	23.11	28.98	29.55
2000	18.17	27.35	37.37	42.42	41.63	192.95	7.89	50.90	19.16	24.96	24.15
2007	16.98	28.05	35.36	47.13	40.68	188.73	7.77	49.00	19.71	26.04	22.35
2010	19.35	28.65	32.65	52.42	40.55	189.18	7.69	53.94	20.10	27.63	21.56

注1: 除个人所得税、企业所得税、社会保障税外的数据为相关年份22个OECD国家的离散系数。

2: 个人所得税、企业所得税、社会保障税的数据为不含澳大利亚、新西兰、丹麦和葡萄牙的18个国家的离散系数。

资料来源: 根据OECD: *Revenue Statistics* 1965—2011 相关数据计算得到。

从主要税种离散系数的变动趋势看，从 1975 年开始，个人所得税的离散系数呈现了稳定的下降趋势，从 1975 年的 45.87% 下降至 2010 年的 32.65%；社会保障税的离散系数则从 1965 年至今一直呈现持续下降的趋势，1965 年为 53.89%，2010 年下降至 40.55%；[①] 这一期间，企业所得税离散系数的变化则有显著的波动。一般消费税的离散系数由 1965 年的 55.24% 下降至 2000 年的 24.96%；但 2000 年后一般消费税占税收收入比重在各国之间的差异度有所上升。特殊消费税的离散系数在 1985 年前保持了基本稳定，1985 年后呈现了快速下降的趋势，由 1985 年的 41.08% 下降至 2010 年的 21.56%。

从各税类和各税种离散系数的绝对值分析。从税类结构看，所得类税收占税收收入的比重差异值最小，其次是商品和服务类税收，财产税占税收收入的比重差异值较大。从税种结构看，1965 年企业所得税占税收收入的比重差异最大，为 63.79%；其次是一般消费税和社会保障税，分别为 55.24% 和 53.89%，个人所得税和特殊消费税的离散系数较低，分别为 44.92% 和 39.48%。

到国际金融危机爆发前的 2007 年，如果不考虑财产类税种，各国之间差异最大的是企业所得税，离散系数达到了 47.13%，到 2010 年这一指标提高至 52.42%；其次是社会保障税，2007 年的离散系数为 40.68%，2010 年为 40.55%；2007 年个人所得税的离散系数为 35.36%，2010 年为 32.65%。一般消费税和特殊消费税占税收收入的比重在各国之间的差异较小，2007 年分别为 26.04% 和 22.35%，2010 年分别为 27.63% 和 21.56%（参见图 6-5）。

4. 22 个 OECD 成员国税制结构的差异

彼得斯（2008）采取聚类分析法，将 1965 年这 22 个 OECD 成员国分为四种税制模式，分别是英美国家及其盟友，包括美国、英国、加拿大、澳大利亚、新西兰、日本和瑞士；斯堪的纳维亚国家，即瑞典、挪威、丹麦和芬兰；宽税基国家，包括奥地利、比利时、卢森堡、荷兰、西班牙和联邦德国（统一前）；拉丁语系国家，包括南欧的法国、希腊、意大利、葡萄牙和爱尔兰。

---

① 需要注意的是，个人所得税、企业所得税、社会保障税占税收收入比重的离散系数计算时已经剔除了不征收社会保障税的澳大利亚、新西兰；社会保障税比重很低的丹麦以及个人所得税、企业所得税数据不连续的葡萄牙。

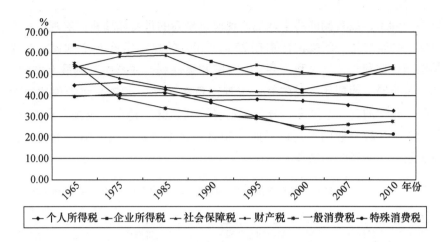

图 6 - 5　部分 OECD 国家主要税种占税收收入比重的离散系数（1965—2010 年）

　　尽管 1965 年以来，从总体上看，这 22 个国家的税制结构呈现了显著的趋同趋势，但特定国家税制的一些传统特征仍然存在。如第一类国家中美国、英国、加拿大、日本、澳大利亚、瑞士在所有 22 个国家中宏观税负水平相对较低而财产税的比重则一直排名在前；瑞典、挪威、丹麦和芬兰的宏观税负水平也一直位列前茅。[①] 而宽税基国家和拉丁语系国家的差异在逐步缩小，这与欧共体建立以来，欧盟和欧元区的发展导致的区域经济一体化和税制协调有密切的关系。

　　我们以国际金融危机爆发前的 2007 年为分析年份来研究西方国家税制结构的差异，表 6 - 9 是 22 个 OECD 成员国 2007 年宏观税负及商品和服务税类、所得税类、财产税类占税收收入比重的排序情况。从表中可以看出，22 个国家中，宏观税负和税类结构特征比较明显的有两组国家，一组是美国、日本、瑞士，这三个国家的宏观税负水平在 22 个国家中最低，同时所得类税收占税收收入的比重最高；另一组是希腊、葡萄牙、爱尔兰，这三个国家宏观税负水平仅高于第一组三个国家和澳大利亚，但商品和服务类税收占税收收入的比重最高，所得类税收占税收收入的比重则最高。

　　图 6 - 6 是以宏观税负水平与商品和服务税（间接税）比重分别作横轴和纵轴列示的散点图，从图中可以看出，左下方的 3 个点分别是美国、

日本、瑞士；最右侧的两个点是宏观税负最高的丹麦和瑞典；宏观税负在
41%—45%之间，间接税比重在25%—30%的这一组有6个国家，分别
是法国、比利时、意大利、芬兰、挪威和奥地利；在图中左侧最上方的3
个点是希腊、葡萄牙、爱尔兰；宏观税负在35%—39%，间接税比重在
27%—31%的有5个国家，分别是荷兰、西班牙、德国、英国、卢森堡；
其余3个比较分散的点是彼得斯（2008）聚类分析中属于第一类国家的
澳大利亚、新西兰和加拿大。

表6-9　　OECD部分国家宏观税负及各税类占税收收入比重的排序（2007年）

单位:%

国家	宏观税负	国家	商品和服务税	国家	所得类税收	国家	财产税
丹麦	48.9	葡萄牙	40.6	日本	72.9	英国	12.6
瑞典	47.4	希腊	36.5	美国	72.1	美国	11.2
法国	43.7	爱尔兰	36.1	瑞典	70.6	加拿大	10.6
比利时	43.6	丹麦	33.3	奥地利	70.0	卢森堡	9.7
意大利	43.2	新西兰	31.7	瑞士	69.9	日本	9.0
芬兰	43.0	荷兰	31.0	挪威	68.7	澳大利亚	8.9
挪威	42.9	芬兰	30.1	德国	67.8	爱尔兰	8.2
奥地利	41.8	德国	29.2	比利时	67.0	西班牙	8.1
荷兰	38.7	英国	29.1	芬兰	67.0	法国	7.9
西班牙	37.3	挪威	28.5	西班牙	65.9	瑞士	7.9
德国	36.1	奥地利	27.6	加拿大	65.5	比利时	6.9
英国	35.8	卢森堡	27.5	澳大利亚	64.5	新西兰	5.3
卢森堡	35.6	瑞典	26.6	法国	63.8	希腊	5.3
新西兰	34.7	澳大利亚	26.6	意大利	63.7	意大利	4.9
加拿大	33.1	意大利	25.2	荷兰	63.0	荷兰	4.7
希腊	32.5	西班牙	25.2	新西兰	62.9	葡萄牙	4.2
葡萄牙	32.4	比利时	25.1	丹麦	62.5	丹麦	3.8
爱尔兰	30.9	法国	24.8	卢森堡	62.4	挪威	2.8
澳大利亚	29.7	加拿大	24.0	英国	57.9	芬兰	2.6
日本	28.5	瑞士	22.3	希腊	57.7	德国	2.5
美国	27.9	日本	18.0	爱尔兰	55.3	瑞典	2.4
瑞士	27.7	美国	16.7	葡萄牙	54.4	奥地利	1.4

资料来源：根据OECD*Revenue Statistics* 1965-2011 相关数据计算得到。

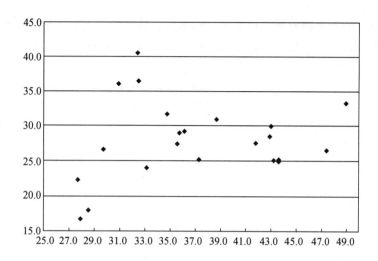

图 6 - 6　部分 OECD 国家宏观税负与间接税比重分布的散点图（1965—2010 年）

按照彼得斯（2008）的分析思路，我们采用聚类分析法对 2007 年这 22 个国家进行了聚类分析[①]，总的来看，宏观税负高低是影响聚类分析结果的主要因素。这 22 个国家可以分为 5 种税制模式，除美国、日本、瑞士和希腊、葡萄牙、爱尔兰这两组特征显著的分类得到验证外，澳大利亚、挪威由于显著高于其他国家的企业所得税比重而被归为一类。[②]

其余 14 个国家按照宏观税负的高低被分为两组，宏观税负水平较高组的 7 个国家是丹麦、瑞典、法国、比利时、意大利、芬兰、奥地利，这 7 个国家的宏观税负水平均高于 40%，在 22 个国家中宏观税负水平为第 1—6 位和第 8 位（第 7 位是挪威），这 7 个国家可以进一步细分为两类，一类是法国、比利时、意大利；另一类是瑞典、芬兰、奥地利；丹麦接近第一类。较低宏观税负组的 7 个国家是荷兰、西班牙、德国、卢森堡、英国、加拿大、新西兰，这 7 个国家的宏观税负水平在 33.1%—38.7% 之间，在 22 个国家中排在第 9—15 位；这 7 个国家大体上可以进一步细分

---

①　我们使用的变量包括宏观税负、所得类税收占税收收入的比重、财产类税收占税收收入的比重、企业所得税、一般消费税、特殊消费税占税收收入的比重。为了避免澳大利亚、新西兰和丹麦社会保障税的特殊性导致的分析偏差，我们没有采用社会保障税和个人所得税的数据。具体的数据参见本章附表 7。

②　挪威企业所得税的比重为 25.7%，澳大利亚的为 23.1%，而其他国家该比重在 5.8%—16.8% 之间。

为两类；一类是西班牙、卢森堡、加拿大；另一类是荷兰、德国；另外两个国家，英国接近第一类；新西兰接近第二类①（参见图6-7）。

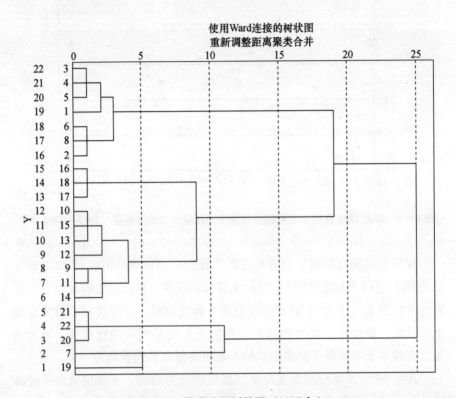

图6-7　聚类分析树状图（2007年）

第三节　税制变迁视角下现代复合税制的形成与发展

如果将1917年俄国十月革命视为世界现代史的起点，就经济运行的基本模式而言，近一百年来世界历史的发展在很大程度上体现为市场经济体制最终战胜了计划经济体制，而与之相匹配的是在市场经济条件下，税

——————

① 图6-7中样本1—22按照2007年宏观税负水平由高到低排序，分别是1-丹麦、3-瑞典、2-法国、4-比利时、5-意大利、6-芬兰、7-挪威、8-奥地利、9-荷兰、10-西班牙、11-德国、12-英国、13-卢森堡、14-新西兰、15-加拿大、16-希腊、17-葡萄牙、18-爱尔兰、19-澳大利亚、20-日本、21-美国、22-瑞士。

收确立了其作为政府最主要和最基本收入来源的地位。尽管西方发达国家的具体经济体制有所差异，但这些国家在相对成熟的市场经济体制下孕育和发展起来的现代复合税制体系代表了未来相当长历史时期人类社会税制发展的基本方向，也为新兴市场经济国家和发展中国家的税制变迁提供了制度模仿的范本。

一 现代社会税制变迁的特征

从制度变迁的角度看，诺斯意义上"理性"的统治者为特定阶层设定产权以谋求政治支持和追求经济增长以获得收入最大化这两个相互冲突的目标在现代税制变迁中有了完全不同于传统社会的表现形式。

从技术条件看，现代市场经济的发展和经济核算水平的提高大大增加了可税财产在财产中的比重。经济的货币化、现代信用体系的完善以及宏观经济统计技术和微观会计核算水平的提高实现了政府对经济社会事务的"数目化管理"，这使得政府度量税基的成本大大下降，尤其是有限责任制度下对"利润"核算的会计技术的发展和现代信用体系的完善，使政府能够以较低的成本掌握处于流动状态的收入和财产变动，因此可以对交易活动、公司的利润（净收入）以及个人的收入有效征税。税基度量技术的提高和度量成本的降低使现代社会可税财产的比重相对于传统社会而言大大提高，同时也为个人所得税、碳税等征管成本较高的税种的发展提供了基础。

从税收的功能看，与传统社会和现代早期战争等临时性、应急性因素在税制变迁中发挥重要作用的机制不同，随着政府职能的扩张和复杂化，税收作为政策工具在实现政府长期政策目标（如节能减排、促进高新技术发展）和应对经济波动中扮演着越来越重要的角色，而政府与市场关系的调整在很大程度上主导了税制变迁的进程，凯恩斯主义、供给学派及新自由主义等不同的经济学流派政策影响力的变动往往对税制改革产生直接而重大的作用。

从内部来看，资本主义民主制度的发展，尤其是普选制和代议民主制度的成熟使社会内部政治权力的分布趋于均衡，四方博弈模式日益完善并逐步发展为五方博弈，在地方政府层面税收公投等直接民主制度在部分国家也得到了充分发展。博弈模式的演进对政府及其征税代理人（税务机关）的行为构成了比较有效的约束，税收法定主义、税收诉讼和税收公投等一系列制度安排使纳税人更多地参与到名义税制的制定过程中，针对特殊利益集团实施税收贿赂的空间被大大压缩，名义税制更为公平且得到了比较有效的执行。

从外部因素看，一战和二战时期民族国家的激烈竞争、冷战时期东西方阵营基于意识形态的竞争以及冷战结束后全球经济一体化的发展对各国都产生了巨大的外部压力，这些压力既表现为意识形态层面社会主义思潮对公平观念的影响以及各国人民生活水平和福利制度的横向对比产生的税制变迁压力，同时也表现为各国追求经济增长和资本全球流动下产生的税收竞争、税收协调和税制趋同。可以说，外部因素在税制变迁中发挥着越来越重要的作用，在某种意义上，这是现代社会与传统社会税制变迁最大的差异。

综上所述，各国政府和公众普遍接受了为应对内外部挑战需要进行持续的税制改革的观念，经济的发展和科学技术的进步也为税收工具的选择提供了更大的空间，传统社会中由于经济和社会缓慢发展以及战争和社会危机导致的自发性、被动式的税制变迁被更为主动的税制改革所替代。

二　现代复合税制的构成及其特征

（一）现代复合税制的构成

在市场经济条件下，税收不仅是政府筹集财政收入的主要手段，同时也是调节社会经济活动的重要政策工具，不同的税种在为政府筹集收入的同时具有不同的功能特征。随着全球经济一体化的发展，世界大多数国家和地区（经济体）均建立了复合税制体系以实现多重政策目标，尽管构成复合税制体系的各税种的名称和内容在各国之间有所差异，但从税制基本要素的角度分析，目前各国的复合税制体系主要包括以下税种：①

1. 一般消费税（General consumption taxes）

一般消费税（或称一般流转税），是对货物和劳务普遍课征的消费税，在各国税制实践中主要体现为以美国为代表的零售环节消费税和发源

---

① 参见张斌《税制结构》，载于高培勇主编《中国财政政策报告2009/2010：世界主要国家财税体制：比较与借鉴》，中国财政经济出版社2010年版。

于欧洲国家，目前被世界各国广泛采用的增值税①两种基本模式。目前，许多国家，包括中国对货物及部分劳务课征增值税，对其他劳务则另行设置按销售额为税基的流转税（营业税）。②

一般消费税作为间接税，通常认为其征收成本低，筹集收入的功能较强，由于普遍课征，在采用统一的比例税率的情况下，对资源配置的干预较小，税收"中性"特征显著，这同时也意味着一般消费税调节收入分配的功能较弱，往往被认为具有"累退性"。为了缓解一般消费税的"累退性"和体现对某些行业的政策倾斜，许多国家的增值税对生活必需品等特定产品规定了较低的优惠税率。而在增值税之外对劳务课征营业税的国家，如中国，分行业规定不同的营业税率也能够起到调节收入分配、引导资源配置的作用。

2. 特殊消费税（Specific consumption taxes）

特殊消费税（或称特别流转税），是只对部分货物和劳务课征的消费税。通常，课征特殊流转税的货物或劳务同时也要课征一般消费税，因此其税负较重。课征特殊流转税的货物和劳务主要有以下几种类型：烟、酒等需要抑制消费的嗜好品；奢侈品和高档服务；不可再生或难以再生的资源类产品；消耗资源及造成环境污染的产品。此外，在有些国家，也存在着历史上延续下来，为筹集收入而对生活必需品，如糖、咖啡课征的特殊消费税。

3. 企业所得税（Corporate income tax）

企业所得税，是对公司制法人企业的利润征税的税种，严格来讲，应该称为公司所得税，非法人企业，如业主制、合伙制企业通常适用个人所得税。与流转税相比，企业所得税需要核算公司的应税收入和准予税前扣除的费用，征收成本较高。而通过对行业、区域、所有制性质、收入来源、费用扣除标准等等项目的差别规定，企业所得税是政府贯彻经济发展战略和产业政策的重要工具。

从收入分配的角度分析，企业所得税最终是对公司自然人股东资本收

---

① 增值税的主要特征是允许进项抵扣，以增值额而不是销售额为税基进行课征。具有增值税性质的一般消费税在许多国家并不称为增值税，如加拿大、澳大利亚、新西兰称为货物与劳务税，日本称为消费税。

② 根据对220个国家和地区资料的检索，开征增值税或类似性质的税种的国家和地区有153个，实行传统型销售税的有34个，不征税的有33个。其中在征收增值税的国家和地区中，对货物和劳务全面征收增值税的约90个。（国家税务总局课题组，2009）

益的征税，而在公司利润最终分配给自然人股东后，股息红利通常还要再被课征个人所得税，这就产生了公司制企业利润的双重征税问题。对资本收益课征较重的税收在一般意义上是有利于收入分配的，但同时可能产生效率问题。目前，以避免双重征税为目的的公司所得税与个人所得税的一体化改革是许多国家税制改革的重要内容。而随着全球经济一体化导致的资本跨国流动和企业间竞争的加剧，企业所得税成为国际税收竞争的重要内容。

4. 个人所得税（Personal income tax）

个人所得税是对自然人所得课征的税收，与流转税相比，个人所得税是以所得额，而不是消费额为基础征收的。如果同时采用超额累计税率，即收入越高适用的边际税率越高，个人所得税无疑具有较强的累进性，收入越高税负越重，能够对收入分配起到较好的调节作用。

个人所得税主要有三种征收模式，即分类税制、综合税制和综合与分类相结合的税制。我国目前采用的是分类税制，即按照所得的类型分别适用不同的计税方法，按月或按所得发生的次数征收。这种分类征收模式可以实现所得的源泉扣缴，征收成本比较低，但无法实现将各种收入归集到具体的个人或家庭，在居民收入来源趋于多元化的情况下，这种分类征收模式难以全面、完整地反映纳税人的纳税能力，也无法考虑到不同纳税人的实际生活负担，不利于充分发挥个人所得税的收入分配功能。

目前世界上大多数国家采用的个人所得税模式则是综合制或综合与分类相结合的税制。综合税制是以年为纳税的时间单位，以个人或家庭为纳税单位，对纳税人全年全部所得减除法定扣除后的部分征税。综合与分类相结合的税制模式则兼有综合税制与分类税制的特征。相对于分类征收模式，综合制的征收模式收入分配的作用更加显著，但对征管条件及其配套措施的要求较高，同时个人的纳税成本也比较高。

5. 社会保障税（Social security contributions）

社会保障税与一般税收不同，具有"专款专用"的性质。对社会保障收入是称为税（Tax）还是费（Charge），或者称为缴款（Contribution），各国并不统一。

社会保障收入是现代国家福利制度运行的基础，发挥着重要的收入分配功能。养老保险、医疗保险、失业保险作为社会保障制度的主要组成部分，关系到社会成员的切身利益和基本福利，其覆盖范围和收支规模对一个国家收入分配发挥着非常重要的基础性作用。①

6. 财产税（Property taxes）

财产税是对社会存量财富征收的税收，主要包括对房产、地产等不动产课征的房地产税、对继承和赠与课征的遗产与赠与税②。对财产征税有利于调节社会财富的分布，而社会存量财富同时又是资本收益的来源，按年度征收的财产税实际上需要以财产所有者的流量收入缴税，因此对财产课税能够起到较好的收入分配调节的作用。

（二）西方国家现代复合税制的特征

从税收收入的来源看，尽管西方国家之间宏观税负水平和税制结构也有所差异，而且在 20 世纪 80 年代后也经历了较大的税制改革，但从总体上看，作为经济发达和市场经济比较成熟的经济体，这些国家的复合税制体系具有以下基本特征：

第一，直接税的比重较高，22 个西方国家非加权平均的所得类税收占税收收入的比重在 1975 年后一直保持在 64% 左右，财产税的比重在 5%—6%，但各国之间差异较大，所得税、财产税和比较低的工薪税构成的直接税的比重合计达到 70% 左右。间接税的比重则维持在 30% 左右。

第二，所得类税收中，不考虑澳大利亚、新西兰和丹麦这三个国家，其余 19 个国家 1975 年后社会保障税一直是第一大税种，其占税收收入的比重维持在 28%—30%；个人所得税的比重则在 25%—28%，1990—2010 年间有缓慢下降的趋势。社会保障税和个人所得税两个税种占税收收入的比重基本维持在 55% 上下。企业所得税在各国之间的差异较大，除澳大利亚、挪威和 1995 年前的日本企业所得税的比重较高外，其他国家的企业所得税的比重在 5%—15% 之间。

第三，1975 年后，间接税比重基本稳定的同时，对商品和服务普遍课征的一般消费税的比重保持了持续上升的趋势，选择性课征的特殊消费税的比重则相应下降。在这 22 个国家中，一直未开征增值税的美国其一般消费税的比重 1975 年后一直维持在 7%—8% 的水平，一般消费税比重

---

① 需要指出的是，并不是所有的国家都通过设置专款专用的社会保障税（Social security contributions）作为社会保障支出的主要资金来源，如澳大利亚、丹麦、新西兰等国的社会保障支出就大部分列入政府财政预算支出。

② 按照 OECD 的分类标准，对金融和资本交易的课税（Taxes on financial and capital transactions）也统计在财产税（Taxes on property）中。

上升的趋势主要发生在开征增值税的国家。而近年来，随着环境保护问题的日益严重，碳税等环境税作为选择性课征的消费税受到各国的重视。

第四，从各税种占税收收入比重差异度的变动趋势分析，除工薪税外，与1975年相比，直到金融危机发生前的2007年，西方国家各税类和各税种均出现了显著的趋同趋势。2007年，各税种占税收收入比重差异最小的是特殊消费税、其次是一般流转税，税基难以流动的财产税和企业所得税在各国之间的差异最大；即使剔除了澳大利亚、新西兰和丹麦的数据，其余19国社会保障税的离散系数也在40%以上；个人所得税则在35%左右。

三　现代社会税制变迁的核心要素：公平与效率的权衡

从西方国家税制变迁的实践来看，资本主义民主制度和市场经济体制的相对成熟和稳定使现代社会的税制变迁在很大程度上摆脱了三方博弈模式下人格化的"统治者"偏好差异导致的税制波动，而社会经济核算水平和技术的发展也使征管条件和代理人能力对税制改革的约束显著下降。在以税收法定为基本原则、相对稳定的税制博弈模式下，公平与效率的权衡成为影响现代社会税制变迁的核心要素。而正是在这一背景下，我们可以理解，相对于政治学家、税法和会计专家，经济学家对税制收入分配效应和经济增长效应的研究以及不同的经济学流派在现代西方国家的税制变迁中发挥着更加重要的作用。

（一）现代社会税制变迁中的公平、效率与经济波动

所谓税制的公平，是指税负在社会各阶层中的分布符合特定社会主流的公平观念，[1] 而税制的效率通常有两层含义，一是指经济效率，其中又包括两种情况，即在市场经济有效的情况下，税收要尽可能避免对市场机制运行的干扰，努力实现税收的"中性"；而在市场失灵的情况下，税收要发挥"纠正性"作用实现资源的最优配置；二是指税制的运行效率，即在税收收入一定的情况下，税务机关的征收成本和纳税人的遵从成本最低。

市场经济条件下政府支出的资金主要依靠税收提供，也就是说政府职能和相应的财政支出规模决定了税收收入的规模和宏观税负水平，而特定

---

[1]　西方国家公平观念的演变参见本书第四章的相关内容。

国家、特定历史时期的税制实际上是为获得特定数量的税收收入而建立起来的一套税负分配机制。所有围绕税制改革进行的政策讨论中，不同的讨论者实际上围绕着四个问题展开：怎样的税负分配是公平的、税收造成的效率损失及其负面影响、税收应当如何以及在多大程度上可以作为政策工具弥补市场失灵、如何降低包括征管和遵从成本在内的税制运行成本。而在上述这四个问题中，起主导作用的是社会公平和税收"中性"之间的矛盾和权衡。

从经济运行机制的角度分析，收入和消费是两个最基本的税基，纳税人在取得收入环节缴纳所得税，使用税后收入进行消费时再缴纳消费税，收入减去当期消费的部分是储蓄，而储蓄是投资的来源，因此在收入环节征税实际上相对于对投资和消费同时征税。由于边际消费倾向递减，随着收入的提高，消费占收入的比重不断下降，也就是说高收入者消费的比重较低。如果按照比例税率缴纳消费税，则消费税具有显著的累退性，即收入越高，消费税负占收入的比重越低。

一个国家经济增长的直接来源是投资的增加，现代西方国家税制变迁中公平与效率的矛盾具体体现为如果采用超额累进的个人所得税作为政府筹集收入的主要手段，高收入者的税负重，储蓄和投资会相对降低，这会影响到经济增长；而如果降低个人所得税的超额累进程度，改由消费税筹集收入则会恶化收入分配，不利于社会公平目标的实现。而更为重要的是，超额累进的个人所得税和消费税在社会不同收入阶层中的分布，不仅对投资和消费有直接的影响，过多地强调税收的效率和"中性"，弱化税收的收入分配功能会增加高收入者的税收收入，从而鼓励储蓄和投资，但投资的增加在促进经济增长的同时也意味着供给的增加。而由于这种税制结构下消费的税负较重，中低收入阶层的消费增长缓慢，公平的问题最终会表现为供求失衡的不断累积以及由此导致的经济波动。

在这个意义上，税收的公平、"中性"和效率以及税收作为政策工具促进宏观经济稳定等职能实际上是古老的"马太效应"在现代社会表现出来的不同侧面。

(二) 西方国家税制变迁中公平与效率的权衡

纵观二战后的历史，西方国家经历了战后黄金发展时代、两次石油危机、新自由主义兴起、苏联解体与冷战结束、以互联网技术为代表的新经济的出现和迅速发展以及最近爆发的国际金融危机等一系列历史事件，其经济社会政策变动的核心是政府与市场的关系调整，而在税制变迁层面具体表现为公平与效率关系的权衡。

表 6 - 10 是 1975—2010 年经济总量较大的六个西方主要国家税收和财政转移性支出调节前后基尼系数的变化情况。从表中可以看出，20世纪 80 年代初世界性减税和放松管制浪潮的发源地美国和英国的基尼系数在改革后有了明显上升，1975 年，美国再分配前后的基尼系数分别为 0.406 和 0.316；到 1985 年上升至 0.436 和 0.337；英国 1975 年再分配前后的基尼系数分别为 0.378 和 0.269，到 1985 年则上升至 0.469 和0.309。

受美国里根政府《1986 年税收改革法案》为标志的第二轮减税浪潮和 1991 年苏联解体、冷战结束等因素的影响，与 1985 年相比，有数据的5 个国家 1995 年再分配前后的基尼系数均显著上升。而 1995—2010 年，随着经济全球化的进一步深化，除意大利再分配后的基尼系数有所下降外，其他所有国家再分配前后的基尼系数均有进一步的上升。

但应当注意的是，以降低个人所得税最高边际税率，减少税率档次和税收优惠为主要措施的世界性减税浪潮在不同国家的影响力度有显著的差异。如德国的税收和转移性支出的再分配调节功能显著高于其他国家，1985 年到 2010 年，德国再分配前的基尼系数并不比其他国家低，但再分配后的基尼系数始终低于其他国家。

2000 年后，部分国家税收和转移性支出对收入分配的调节力度有所加强，如日本 2000 年再分配前后的基尼系数分别为 0.432 和 0.337；2005年和 2009 年再分配前的基尼系数分别上升至 0.462 和 0.488，但再分配后的基尼系数略有下降。英国、意大利在 2000 年后再分配前的基尼系数保持了稳定或略有上升，但再分配后的基尼系数近年来有所降低。这说明西方国家在经历了从冷战时期的侧重公平到冷战末期和苏联解体后经济全球化发展导致的侧重效率的改革后，超额累进的税制和社会福利制度仍然发挥着重要的作用。

（三）税制变迁对财富集聚和经济波动的影响：以美国为例

超额累进的个人所得税是调节收入分配的主要工具，个人所得税最高边际税率的变化可以较好地体现税制对最高收入阶层的调节力度。考虑到垄断资本主义资本集聚的特征，就税制而言，个人所得税最高边际税率是影响大资本集聚和投资，并进而影响投资和经济波动的主要因素。我们以

表 6－10　主要西方国家的基尼系数（1975—2010 年）

国家	基尼系数	1975年[1]	1985年[2]	1990年[3]	1995年[4]	2000年	2005年[5]	2008年	2009年	2010年[6]
美国	再分配前	0.406	0.436	0.450	0.477	0.476	0.486	—	0.486	0.499
	再分配后	0.316	0.337	0.348	0.363	0.360	0.384	0.378	—	0.380
日本	再分配前	—	0.345	—	0.403	0.432	0.462	—	0.488	—
	再分配后	—	0.304	—	0.323	0.337	0.329	—	0.336	—
德国	再分配前	—	0.439	0.429	0.459	0.471	0.499	0.494	0.493	0.492
	再分配后	—	0.251	0.256	0.266	0.264	0.285	0.287	0.288	0.286
法国	再分配前	—	—	—	0473	0.490	0.485	0.483	0.493	0.505
	再分配后	—	—	—	0.277	0.287	0.288	0.293	0.293	0.303
英国	再分配前	0.378	0.469	0.490	0.507	0.512	0.503	0.508	0.519	0.523
	再分配后	0.269	0.309	0.355	0.337	0.352	0.335	0.342	0.345	0.341
意大利	再分配前	—	0.386	0.402	0.465	0.472	0.510	0.488	0.493	0.503
	再分配后	—	0.287	0.275	0.326	0.321	0.330	0.315	0.312	0.319

注：[1] 美国为 1974 年数据；

[2] 美国、意大利为 1984 年数据；

[3] 美国为 1989 年数据，意大利为 1991 年数据；

[4] 英国为 1994 年数据；

[5] 日本为 2006 年数据，德国、意大利为 2004 年数据；

[6] 美国再分配前的基尼系数为 2011 年数据。

资料来源：http://stats.oecd.org/Index.aspx? DatasetCode = IDD#。

战后主导世界资本主义发展的核心国家——美国的个人所得税最高边际税率和1%人口拥有的社会财富占全社会财富的比重为主要指标分析税制变迁对财富集聚和经济波动的影响。

表6-11和图6-8是美国1913—2013年个人所得税最高边际税率和这一时期部分年份1%人口拥有的社会财富比重的变动情况。从中可以看出，1917年美国参加一战后个人所得税的最高边际税率上升至67%，第二年（1918年）进一步升至77%，战争结束后逐步下调，到1925年降至25%，这一税率一直持续至1931年，而1%人口占社会财政的比重则由1922年的36.7%，上升至1929年的44.2%，这也是迄今为止的最大值，也就是在这一年爆发了资本主义世界的大危机，个人所得税税率变化对收入分配状况和经济波动的影响在这一时期得到了非常明显的体现。

危机爆发后的1932—1940年，个人所得税的最高边际税率分别提高至63%和79%，1941年美国参加二战时的税率是81%，二战后期升至最高值94%，此后一直到1963年都在90%以上。1965—1981年冷战逐步达到高峰的时期，美国个人所得税最高边际税率保持在70%，而这一时期1%人口拥有社会财富的比重由34.4%降至24.8%，其中1976年、1979年间仅有20%左右，是历史最低值。可以说，冷战时期在东西方阵营意识形态的对立和竞争背景下，西方国家采用累进程度较高的个人所得税配合福利制度及对资本的管制，形成了抑制资本、重视社会公正的政策取向。

但是，较高累进程度的个人所得税和对资本的管制同时也抑制了经济增长的活力，随着1973年、1978年两次石油危机和越南战争的影响，西方阵营面临着越来越大的挑战。此时，美国里根政府以供给学派的理论为依据，提出了减税和放松管制等一系列根本性的政策调整措施。1981年《经济复兴法案》和1986年《税收改革法案》将个人所得税最高边际税率由70%降至28%和31%的战后最低水平，并带动了整个西方国家世界性的减税浪潮。尽管这两轮税制改革通过大规模取消税收优惠等措施拓宽了税基，宏观税负水平并没有下降，但最高边际税率的大幅下降使最富有阶层的税负显著下降，在刺激了投资的同时也恶化了收入分配，1983年与1981年相比，1%人口拥有社会财富的比重由24.8%上升至33.8%，短短两年提高了9个百分点，到1992年进一步提高至37.2%。

1993—2000年是民主党的克林顿政府时期，此时苏联已经解体，冷战结束，同时以互联网为代表的新经济在美国迅速发展促进了经济增长，克林顿政府将最高边际税率上调至 39.6%，但这一时期互联网驱动的经济增长以及发展出的投机泡沫基本维持了 1% 人口拥有社会财富的比重，2001 年互联网投机泡沫破裂后，这一比重由 38% 左右降至 33.4%。此后小布什政府逐步将个人所得税最高边际税率降至 35%，并采取了暂停征收遗产税等针对高收入阶层的减税措施。这一税率延续至第一届奥巴马政府，从 2003 年到 2012 年维持了 10 年。2013 年奥巴马第二届政府开始，个人所得税最高边际税率恢复到克林顿政府时的 39.6%。

1987 年后，里根政府的两次税制改革基本奠定了现行美国个人所得税的基本框架，在大幅度减少各种税收优惠，努力拓宽税基的基础上，到 2007 年国际金融危机爆发前，美国个人所得税占税收收入的比重保持了基本稳定，但最高边际税率的大幅下降直接影响了最高收入阶层的收入、投资及其财富积累，与 1929 年大危机爆发的机制类似，2001 年经历了互联网投机泡沫破裂后，2008 年美国再次爆发了金融危机。

表 6-11 美国个人所得税最高边际税率与收入分配（1913—2013 年）

年份	税率（%）	年份	1% 人口拥有的社会财富（%）	备注
1913—1915	7	—	—	
1916	15	—	—	
1917	67	—	—	美国参加一战
1918	77	—	—	
1919—1921	73	—	—	
1922	58	1922	36.7	
1923	50	—	—	
1924	46	—	—	
1925—1931	25	1929	44.2	1929 年大危机爆发
1932—1935	63	1933	33.3	
1936—1940	79	1939	36.4	
1941	81	—	—	美国参加二战
1942—1943	88	—	—	
1944—1945	94	1945	29.8	

续表

年份	税率（%）	年份	1%人口拥有的社会财富（%）	备注
1946—1951	91	1949	27.1	
1952—1953	92	1953	31.2	
1954—1963	91	1962	31.8	
1964	77	—	—	
1965—1981	70	1965	34.4	
		1969	31.1	
		1972	29.1	
		1976	19.9	
		1979	20.5	
		1981	24.8	
1982—1986	50	1983	33.8	1981 年里根政府《经济复兴税收法案》
1987	38.5	—	—	
1988—1990	28	1989	37.4	《1986 年税收改革法案》；第二届里根政府和老布什政府
1991—1992	31	1992	37.2	
1993—2000	39.6	1995	38.5	克林顿政府
		1998	38.1	
2001	39.1	2001	33.4	
2002	38.6	—	—	2001—2008 年小布什政府；2009—2012 年第一届奥巴马政府
2003—2012	35	2004	34.3	
		2007	34.6	
		2010	35.4	
2013	39.6	—	—	第二届奥巴马政府

资料来源：1913—2008 年美国最高个人所得税边际税率数据来自 http://upstart.bizjournals.com/multimedia/interactives/2008/03/Tax-Brackets.html；2009—2013 年为作者整理；1%人口拥有的社会财富的比重数据 1922—1989 年来自 Wolff（1998）；1992—2010 年数据来自 Wolff（2012）。

（四）"单一税"的提出与现代性增值税的兴起：税收彻底中性化？

对税收中性及其经济增长效应的强调发展到极致，是放弃税收对收入分配的调节功能，从根本上改变现行超额累进个人所得税的基本框架，改为征收单一税率、消费税基和整洁税基为特征的"单一税"（flat tax）。

如果说"单一税"仅仅是一种尚未实施的改革设想，那么以新西兰为代表的现代增值税模式的实践和传播则体现了一般消费税彻底"中性化"的趋势。发源于欧洲的增值税在实践中为了兼顾收入分配和调节经济的功能，普遍规定了标准税率和多档低税率，低税率主要适用于生活必需品，而对金融业等服务业许多国家并未实施与制造业完全相同的税制，这被称为"欧洲型增值税"。而所谓现代型增值税，其基本特征与"单一税"的思路非常接近，即对商品和服务普遍课征从而对所有中间投入进行抵扣以实现彻底的"消费税基"和彻底的出口退税、对达到标准的增值税纳税人不区分行业实施单一税率、没有差别性的特殊税收优惠以保持税基的整洁。

自 20 世纪 80 年代以来以两次世界性减税浪潮为开端，随着苏联解体和冷战结束，在经济全球化的驱动下，新自由主义经济学逐渐成为主导包括税收政策在内的经济政策的主流思想，西方国家侧重结果公平和收入分配的并以超额累进的个人所得税为主体的税制体系开始转向追求经济效率和税收"中性"。但是，伴随着这一趋势的是西方各国基尼系数的攀升和收入分配状况的恶化，最终贫富分化和资本积聚在很大程度上诱发了2008 年的国际金融危机，促使人们重新审视税收在实现社会公平和遏制"马太效应"方面的作用。可以预计，尽管一般消费税彻底"中性化"改革仍有很大空间，但就整个税制而言，现代西方国家二战后发展起来的兼顾多重目标的复合税制体系仍会在相当长的时间内保持基本稳定。

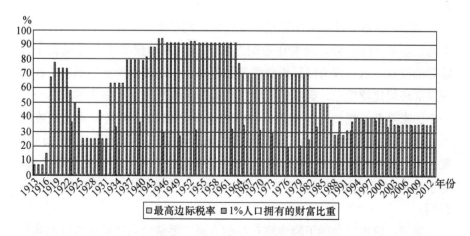

图 6-8　美国个人所得税最高边际税率与 1％人口拥有的财富（1913—2013 年）

四 税制变迁的展望：全球化与应对全球挑战

随着经济全球化的深入发展，近代以来形成的民族国家所面临的经济环境发生了巨大而深刻的变化。各国政府在运用宏观政策调控经济的过程中，越来越受到来自其他主权国家和国际经济环境的影响，货币的自由兑换和资本流动使各国货币政策趋于无效，而国际税收竞争的存在使主权国家运用税收政策的能力也受到严重挑战。20 世纪 90 年代以来世界性税制改革浪潮与经济全球化条件下的国际税收竞争有着密切的关系。在经济全球化的背景下，市场经济主体为了追求利润的最大化，需要在全球配置资源，税基的流动和国际税收征收的困难导致税收制度被迫进行相应的调整。具体来说，经济全球化与国际税收竞争的加剧对税制变迁有以下几个方面的影响：

第一，经济全球化与国际税收竞争加剧了世界各国税制的趋同，并从根本上影响了税制变迁的模式。可以预计，未来的税制变迁不再仅仅是一个国家主权范围内的事情，发达国家的税收制度也不仅仅只是制度模仿的对象，税基的跨国流动使得其他国家的税制改革会影响本国的税基和税收收入，从而对税制的确定产生直接的影响。目前世界各国，尤其是发达国家正在加强国际税制的协调，许多国家已经提出了建立国际税收组织的设想。可以预计，随着经济全球化的发展，主权国家间的税收博弈将成为税制博弈中重要的组成部分，并对整个博弈框架和博弈均衡结果产生重大影响。

第二，经济全球化与国际税收竞争的加剧使得易于流动的税基——资本的税负呈下降趋势。资本在各国之间的自由流动使之成为对税负十分敏感的税基，从而成为国际税收竞争的重点。发达国家经济发展水平和宏观经济环境比较接近，资本的税收负担成为影响其流动的主要因素，一旦一个国家降低了税负，其他国家往往也必须作出相应调整以防止资本外流，这可以解释为什么由美国发起的税制改革能够迅速波及主要发达国家。对发展中国家而言，税收优惠政策是吸引外资流入的重要政策工具，为了竞争有限的外部资源并防止资本外逃，也需要加入到税收竞争的行列。

第三，资本税负的下降表现在税制方面主要是公司所得税税负的降低和对公司和个人所得用于投资和储蓄部分的税收优惠，而在政府财政支出保持稳定的情况下，税制结构中资本税负的下降在客观上需要其他税种收入的增长来弥补。这两个因素可以部分说明为什么以消费为税基的税制改革方案①会受到世界各国的重视。可以预计，在这种背景下，消费税在税制中的地位和作用会得到加强，发达国家即使不实行彻底的以消费为税基的根本性税制改革，以收入为税基的所得类税收在税收收入中的比重预计在未来也会有所下降。而在个人所得税中，区分劳动和资本所得，对劳动所得适用超额累进税率，而对资本适用较低的比例税率的二元税制模式会对未来个人所得税改革产生深远影响。

第四，经济全球化下资本自由流动对各国经济，尤其是税制和税收收入的冲击会引起各民族国家基于本国利益的应对措施。这些措施主要体现在税收征管层面对跨国公司避税的国际税务协调。2008 年国际金融危机爆发后不久，在 2009 年 20 国集团伦敦峰会上，各国面对日益严重的跨境逃避税问题，制定了《多边税收征管互助公约》以加强税收征管的国际协作，尤其是税收情报的交换。而由于发达国家在国际资本流动及电子商务等新兴经济形态中的主导地位不同，美国和欧洲国家对资本流动和电子商务税收问题的基本立场也有很大差异。如为了防范短期资本流动导致的金融风险，欧盟国家近期出台了类似"托宾税"的金融交易税进行遏制；而对电子商务的交易，尤其是跨境交易，欧盟除强调征收增值税外，针对电子商务交易的特点，出台了"逆向税收征管"等措施进行应对。

第五，随着经济发展，碳排放导致的全球变暖等环境问题日趋严重，碳减排成为全球各国需要共同面对的任务和挑战。可以预计，未来以碳税为代表的环境税会受到越来越多国家的重视，环境税体系的建立和完善以及整个税制的"绿化"趋势是未来影响税制变迁的重要因素。而环境税作为典型的"纠正性"税收在税制体系中地位的提高意味着在一般消费税占税收收入比重持续提高的同时，未来特殊消费税占税收收入的比重也会有上升的趋势，从而实现间接税比重整体的上升并加强间接税在现代复合税制体系中的地位。

---

① 西方国家消费税受到重视的另一个主要原因是人口老龄化的影响，人口老龄化带来的社会保障支出压力要求政府保持财政支出的长期稳定，因此迫切需要通过消费税增加财政收入。而随着退休人口的增加，退休人员的收入难以征收个人所得税，这也限制了个人所得税的增长，而提高消费税可以将退休人员的消费纳入税基，从而获得更为稳定的收入来源。近年来日本税制改革的核心是提高消费税率，其主要原因就是为应对人口老龄化带来的财政压力。

附表 1　22 个 OECD 成员国的宏观税负与税制结构（1965 年）

单位：%

序号	国家	宏观税负	所得税（1000）			社会保障税（2000）	工薪税（3000）	所得税类税收合计	财产税（4000）	商品和服务税（5000）		特殊消费税（5200）
			合计	个人所得税（1100）	企业所得税（1200）					合计	一般消费税（5110）	
1	法国	34.2	15.9	10.6	5.3	34.2	4.6	54.7	4.3	38.4	23.3	14.3
2	奥地利	33.9	25.5	20.0	5.4	24.9	7.6	58.0	4.0	37.4	18.7	18.0
3	瑞典	33.3	54.9	48.7	6.1	12.1	0.0	67.0	1.8	31.2	10.4	19.2
4	荷兰	32.8	35.8	27.7	8.1	30.8	0.0	66.6	4.4	28.6	12.4	14.7
5	德国	31.6	33.8	26.0	7.8	26.8	0.6	61.2	5.8	33.0	16.5	14.6
6	比利时	31.1	27.6	20.5	6.2	31.4	0.0	59.0	3.7	37.2	21.1	13.0
7	芬兰	30.4	41.4	33.3	8.1	6.8	5.2	53.4	4.0	42.5	18.5	23.4
8	英国	30.4	37.0	33.1	4.4	15.4	0.0	52.4	14.5	33.1	5.9	25.2
9	丹麦	30.0	46.8	42.3	4.5	3.8	0.0	50.6	8.0	41.4	10.1	28.9
10	挪威	29.6	43.4	39.6	3.8	11.9	0.0	55.3	3.1	41.1	21.5	18.4
11	卢森堡	27.7	35.9	24.9	11.0	32.3	0.9	69.1	6.2	24.7	12.4	11.1
12	加拿大	25.7	38.6	22.6	14.9	5.6	0.0	44.2	14.3	40.5	17.8	16.8

续表

序号	国家	宏观税负	所得税（1000）			社会保障税（2000）	工薪税（3000）	所得税类税收合计	财产税（4000）	商品和服务税（5000）		
			合计	个人所得税（1100）	企业所得税（1200）					合计	一般消费税（5110）	特殊消费税（5200）
13	意大利	25.5	17.8	10.9	6.9	34.2	0.0	52.0	7.2	39.5	12.9	24.1
14	爱尔兰	24.9	25.7	16.7	9.1	6.5	0.0	32.2	15.1	52.6	5.7	43.4
15	美国	24.7	48.1	31.7	16.4	13.3	0.0	61.4	15.9	22.8	4.8	15.1
16	新西兰	23.9	60.5	39.4	20.7	0.0	0.0	60.5	11.5	27.9	7.7	18.5
17	澳大利亚	20.6	50.7	34.4	16.3	0.0	3.1	53.8	11.5	34.7	7.4	22.7
18	希腊	18.0	9.1	6.8	1.8	31.6	0.8	41.5	9.7	48.8	10.3	33.8
19	日本	17.8	43.9	21.7	22.2	21.8	0.0	65.7	8.1	26.2	0.0	25.0
20	瑞士	17.5	41.4	33.4	7.7	14.9	0.0	56.3	9.9	34.2	10.6	21.3
21	葡萄牙	15.9	24.6	—	—	21.8	0.9	47.3	5.0	47.6	0.0	44.0
22	西班牙	14.7	24.5	14.3	9.2	28.3	0.0	52.8	6.4	40.8	22.2	18.4
23	非加权平均	26.1	35.6	24.6	8.6	21.3	1.1	55.2	7.9	36.6	12.3	22.0

注：个人所得税、企业所得税、社会保障税相加不等于100%的原因是由于四舍五入或忽略了个别小税种。
某些国家各税类税收合计的非加权平均值不包括葡萄牙、丹麦、澳大利亚和新西兰。

资料来源：OECD：*Revenue Statistics* 1965～2011。

附表 2   22个OECD成员国的宏观税负与税制结构（1975年）

单位：%

序号	国家	宏观税负	所得税（1000）			社会保障税（2000）	工薪税（3000）	所得税类税收合计	财产税（4000）	商品和服务税		
			合计	个人所得税（1100）	企业所得税（1200）					合计	一般消费税（5110）	特殊消费税（5200）
1	瑞典	41.3	50.5	46.1	4.3	19.5	4.3	74.3	1.1	24.3	12.0	10.7
2	荷兰	40.7	34.8	27.1	7.7	38.4	0.0	73.2	2.4	24.2	14.4	8.1
3	比利时	39.4	39.5	32.6	6.9	30.2	0.0	69.7	2.9	27.4	16.3	9.8
4	挪威	39.2	34.4	31.5	2.9	24.8	0.0	59.2	2.3	37.6	20.5	16.1
5	丹麦	38.4	59.0	55.8	3.2	0.6	0.0	59.6	6.1	34.3	17.3	15.9
6	奥地利	36.7	26.1	21.6	4.4	27.6	8.0	61.7	3.1	34.5	19.8	14.0
7	芬兰	36.6	43.3	38.5	4.7	20.4	5.2	68.9	1.9	31.9	15.6	16.0
8	法国	35.5	15.9	10.6	5.2	40.6	1.9	58.4	5.1	33.3	23.4	9.0
9	英国	34.9	44.8	40.0	6.2	17.5	0.0	62.3	12.7	25.0	8.9	14.8
10	德国	34.3	34.4	30.0	4.4	34.0	0.8	69.2	3.9	26.9	14.6	10.8
11	卢森堡	32.8	43.1	27.5	15.6	29.4	1.0	73.5	5.2	21.3	12.1	8.4
12	加拿大	32.0	47.2	32.8	13.6	10.0	0.0	57.2	9.5	32.0	12.5	13.6

续表

| 序号 | 国家 | 宏观税负 | 所得税（1000） | | | 社会保障税（2000） | 工薪税（3000） | 所得税类税收合计 | 财产税（4000） | 商品和服务税（5000） | | |
			合计	个人所得税（1100）	企业所得税（1200）					合计	一般消费税（5110）	特殊消费税（5200）
13	爱尔兰	28.5	30.0	25.2	4.8	13.8	0.0	43.8	9.7	46.5	14.7	29.7
14	新西兰	28.4	66.5	54.3	11.8	0.0	0.0	66.5	9.2	24.2	9.0	13.8
15	美国	25.6	46.0	34.6	11.4	20.5	0.0	66.5	13.9	19.5	7.0	10.0
16	意大利	25.4	21.5	15.2	6.3	45.9	0.0	67.4	3.3	29.4	14.3	14.0
17	澳大利亚	25.4	56.0	43.6	12.4	0.0	5.8	61.8	8.8	29.3	6.7	19.1
18	瑞士	23.8	47.6	39.2	8.5	22.0	0.0	69.6	8.0	22.4	8.7	11.9
19	日本	20.4	44.6	23.9	20.6	29.0	0.0	73.6	9.1	17.3	0.0	15.1
20	希腊	19.6	13.3	8.9	3.4	29.5	0.8	43.6	9.7	46.8	18.3	23.9
21	葡萄牙	19.1	17.5	–	–	34.6	2.5	54.6	2.5	42.6	11.2	28.9
22	西班牙	18.4	22.0	14.5	6.9	47.5	0.0	69.5	6.3	24.2	15.3	8.7
23	非加权平均	30.7	38.1	27.8	7.7	27.8	1.4	63.8	6.2	29.8	13.3	14.7

注：个人所得税、企业所得税、社会保障税的非加权平均值不包括葡萄牙、丹麦、澳大利亚和新西兰。
某些国家各税类相加不等于100%的原因是由于四舍五入含五入或忽略了个别小税种。
资料来源：OECD: *Revenue Statistics 1965－2011*。

附表3　22个OECD成员国的宏观税负与税制结构（1985年）

单位：%

序号	国家	宏观税负	所得税（1000）			社会保障税（2000）	工薪税（3000）	所得税类税收合计	财产税（4000）	商品和服务税（5000）		
			合计	个人所得税（1100）	企业所得税（1200）					合计	一般消费税（5110）	特殊消费税（5200）
1	瑞典	47.4	42.2	38.7	3.5	25.0	3.7	70.9	2.3	26.6	14.0	11.6
2	丹麦	46.1	57.7	50.7	4.8	3.0	0.7	61.4	4.3	34.3	20.2	13.0
3	比利时	44.3	40.5	35.6	4.9	31.6	0.0	72.1	2.5	25.4	15.8	8.1
4	法国	42.8	16.0	11.5	4.5	43.3	2.1	61.4	5.8	29.7	20.0	8.7
5	挪威	42.6	39.7	22.5	17.2	20.8	0.0	60.5	1.9	37.5	18.2	18.2
6	荷兰	42.4	26.4	19.4	7.0	44.3	0.0	70.7	3.5	25.6	16.2	7.2
7	奥地利	40.9	26.4	22.9	3.5	31.8	5.7	63.9	2.4	32.6	21.0	9.9
8	芬兰	39.8	40.8	37.4	3.4	21.9	2.3	65.0	2.7	33.9	18.3	15.2
9	卢森堡	39.5	43.2	25.5	17.7	26.2	0.5	69.9	5.6	24.6	12.8	11.3
10	英国	37.0	38.6	26.0	12.6	17.8	0.1	56.5	12.0	31.5	15.9	13.8
11	德国	36.1	34.8	28.7	6.1	36.5	0.0	71.3	3.0	25.7	15.8	8.7
12	爱尔兰	34.3	34.5	31.3	3.2	14.8	2.3	51.6	4.0	44.4	20.6	22.0

续表

序号	国家	宏观税负	所得税（1000）			社会保障税（2000）	工薪税（3000）	所得税类税收合计	财产税（4000）	商品和服务税（5000）		
			合计	个人所得税（1100）	企业所得税（1200）					合计	一般消费税（5110）	特殊消费税（5200）
13	意大利	33.6	36.8	26.7	9.3	34.7	0.6	72.1	2.5	25.4	14.5	9.1
14	加拿大	32.5	44.1	35.2	8.2	13.5	0.0	57.6	9.3	31.8	13.2	13.0
15	新西兰	30.9	69.4	60.5	8.3	0.0	0.0	69.4	7.4	23.1	10.4	11.7
16	澳大利亚	27.8	54.6	45.2	9.4	0.0	4.7	59.3	7.8	32.8	7.9	20.7
17	西班牙	27.8	24.8	19.4	5.1	40.8	0.0	65.6	5.9	28.4	14.7	12.8
18	日本	26.7	45.8	24.7	21.0	30.3	0.0	76.1	9.7	14.0	0.0	12.1
19	希腊	25.8	17.5	13.9	2.7	35.6	1.5	54.6	2.7	42.7	17.2	20.9
20	美国	25.6	45.4	37.8	7.5	25.2	0.0	70.6	10.7	18.8	7.9	8.4
21	瑞士	25.2	46.0	39.2	6.8	22.7	0.0	68.7	9.3	21.9	10.7	9.5
22	葡萄牙	24.5	25.8	—	—	25.9	2.5	54.2	1.9	43.7	12.6	29.7
23	非加权平均	35.2	38.7	27.6	8.0	28.7	1.2	64.7	5.3	29.7	14.5	13.4

注：个人所得税、企业所得税、社会保障税类相加不等于100%的原因是由于四舍五入或忽略了个别小税种。

一些些国家各税类加权平均值不包括葡萄牙、丹麦、澳大利亚和新西兰。

资料来源：OECD: *Revenue Statistics* 1965—2011。

附表4　22个OECD成员国的宏观税负与税制结构（1990年）

单位：%

序号	国家	宏观税负	所得税（1000）			社会保障税（2000）	工薪税（3000）	所得税类税收合计	财产税（4000）	商品和服务税		
			合计	个人所得税（1100）	企业所得税（1200）					合计	一般消费税（5110）	特殊消费税（5200）
1	瑞典	52.3	41.6	38.5	3.1	27.2	2.5	71.3	3.5	25.0	14.9	9.2
2	丹麦	46.5	60.1	53.2	3.7	2.0	0.6	62.7	4.2	33.0	20.5	11.0
3	芬兰	43.7	39.2	34.7	4.5	25.6	0.5	65.3	2.4	32.5	19.3	12.9
4	荷兰	42.9	32.2	24.7	7.5	37.4	0.0	69.6	3.7	26.4	16.5	7.5
5	法国	42.0	16.1	10.7	5.3	44.1	1.9	62.1	6.3	28.4	18.8	8.7
6	比利时	41.9	36.9	32.0	4.8	33.2	0.0	70.1	3.4	26.4	16.6	8.4
7	挪威	41.0	35.2	26.2	9.0	26.3	0.0	61.5	2.9	35.5	18.8	15.3
8	奥地利	39.7	25.5	21.0	3.6	32.9	6.0	64.4	2.7	31.5	20.8	9.0
9	意大利	37.6	36.5	26.3	10.0	32.9	0.3	69.7	2.3	28.0	14.7	10.6
10	新西兰	36.9	59.6	48.0	6.5	0.0	0.0	59.6	6.8	33.6	22.4	9.2
11	加拿大	35.9	48.6	40.8	7.0	12.1	2.3	63.0	10.0	25.8	14.1	10.3
12	卢森堡	35.7	39.4	23.5	15.8	27.0	0.0	66.4	8.3	25.1	13.9	10.8

续表

序号	国家	宏观税负	所得税（1000）			社会保障税（2000）	工薪税（3000）	所得税类税收合计	财产税（4000）	商品和服务税（5000）		
			合计	个人所得税（1100）	企业所得税（1200）					合计	一般消费税（5110）	特殊消费税（5200）
13	英国	35.5	39.3	29.4	9.9	17.0	0.0	56.3	8.2	31.0	16.9	12.5
14	德国	34.8	32.4	27.6	4.8	37.5	0.0	69.9	3.4	26.7	16.6	9.2
15	爱尔兰	32.8	36.9	31.9	5.0	14.8	1.3	53.0	4.7	42.3	20.6	20.1
16	西班牙	32.5	30.6	21.7	8.8	35.4	0.0	66.0	5.5	28.4	16.0	10.5
17	日本	28.6	50.2	27.8	22.4	26.4	0.0	76.6	9.4	13.7	4.4	7.5
18	澳大利亚	28.0	57.1	43.0	14.1	0.0	6.1	63.2	9.0	27.8	8.0	15.3
19	美国	27.4	46.0	37.0	8.9	25.2	0.0	71.2	11.5	17.4	8.0	7.0
20	葡萄牙	26.8	25.7	15.9	8.0	27.2	0.0	52.9	2.7	44.2	19.6	23.8
21	希腊	26.4	19.9	14.1	5.5	30.2	0.7	50.8	4.6	44.5	26.5	15.6
22	瑞士	24.9	47.2	32.9	7.1	23.6	0.0	70.8	8.4	20.7	11.7	7.2
23	非加权平均	36.1	38.9	27.8	7.9	28.3	1.0	64.4	5.6	29.5	16.3	11.4

注：个人所得税、企业所得税、社会保障税类相加不等于100%的原因是由于四舍五入或忽略了个别小税种。

某些国家各税类相加不等于100%的非加权平均值不包括葡萄牙、丹麦、澳大利亚和新西兰。

资料来源：OECD：*Revenue Statistics 1965—2011*。

附表5　22个OECD成员国的宏观税负与税制结构（1995年）

单位：%

序号	国家	宏观税负	所得税（1000）			社会保障税（2000）	工薪税（3000）	所得税类税收合计	财产税（4000）	商品和服务税（5000）		
			合计	个人所得税（1100）	企业所得税（1200）					合计	一般消费税（5110）	特殊消费税（5200）
1	丹麦	48.8	61.7	53.7	4.8	2.2	0.5	64.4	3.5	32.1	19.3	11.4
2	瑞典	47.5	39.3	33.5	5.8	27.6	2.1	69.0	2.7	28.1	19.4	8.3
3	芬兰	45.7	36.1	31.1	5.0	30.8	0.0	66.9	2.2	30.2	17.4	12.1
4	比利时	43.5	38.1	32.6	5.4	32.9	0.0	71.0	3.4	25.7	15.4	8.4
5	法国	42.9	16.3	11.4	4.9	43.0	2.5	61.8	6.6	27.7	17.6	9.1
6	荷兰	41.5	26.3	18.9	7.5	41.9	0.0	68.2	4.1	27.2	15.6	9.0
7	奥地利	41.4	26.3	20.9	3.3	35.9	6.9	69.1	1.5	28.7	18.6	8.5
8	挪威	40.9	35.1	25.9	9.2	23.5	0.0	58.6	2.8	38.6	21.2	15.5
9	意大利	39.9	35.3	26.0	8.7	31.5	0.3	67.1	5.6	27.3	13.8	11.1
10	德国	37.2	30.3	27.5	2.8	39.0	0.0	69.3	2.8	28.0	17.4	9.5
11	卢森堡	37.1	39.3	21.7	17.7	26.5	0.0	65.8	7.0	27.1	14.0	12.6
12	新西兰	36.2	61.3	45.0	11.9	0.0	0.0	61.3	5.4	33.4	22.8	8.6

续表

序号	国家	宏观税负	所得税（1000）			社会保障税（2000）	工薪税（3000）	所得税类税收合计	财产税（4000）	商品和服务税（5000）		
			合计	个人所得税（1100）	企业所得税（1200）					合计	一般消费税（5110）	特殊消费税（5200）
13	加拿大	35.6	46.4	37.5	8.2	14.0	2.2	62.6	10.7	25.4	14.0	9.9
14	英国	34.0	36.9	28.8	8.1	17.8	0.0	54.7	10.0	35.3	19.0	12.5
15	爱尔兰	32.1	39.1	30.7	8.5	14.4	1.2	54.7	4.5	40.7	21.2	17.5
16	西班牙	32.1	29.2	23.6	5.4	36.2	0.0	65.4	5.5	28.6	15.9	10.3
17	葡萄牙	29.3	26.3	18.4	7.8	26.5	0.4	53.2	3.2	43.3	23.6	18.7
18	希腊	29.1	22.3	12.0	6.3	32.4	0.0	54.7	4.1	41.3	23.0	16.4
19	澳大利亚	28.2	55.4	40.6	14.8	0.0	6.8	62.2	8.8	29.0	8.7	14.5
20	美国	27.8	46.0	35.7	10.3	24.9	0.0	70.9	11.1	18.0	8.0	7.0
21	瑞士	26.9	43.5	34.0	6.4	27.3	0.0	70.8	7.8	21.4	12.1	7.5
22	日本	26.4	38.3	22.4	15.9	33.5	0.0	71.8	12.2	15.8	5.4	8.3
23	非加权平均	36.6	37.7	26.3	7.7	29.6	1.0	64.3	5.7	29.7	16.5	11.2

注：个人所得税、企业所得税、社会保障税的非加权平均值不包括葡萄牙、丹麦、澳大利亚和新西兰。
某些国家各税类相加不等于100%的原因是由于四舍五入或忽略了个别小税种。

资料来源：OECD: *Revenue Statistics 1965 - 2011*。

附表6　　　　22 个 OECD 成员国的宏观税负与税制结构（2000 年）　　　　单位：%

| 序号 | 国家 | 宏观税负 | 所得税（1000） | | | 社会保障税（2000） | 工薪税（3000） | 所得税类税收合计 | 财产税（4000） | 商品和服务税 | | |
			合计	个人所得税（1100）	企业所得税（1200）					合计	一般消费税（5110）	特殊消费税（5200）
1	瑞典	51.4	40.9	33.3	7.6	26.4	4.3	71.6	3.4	24.6	17.0	7.0
2	丹麦	49.4	60.3	51.8	6.6	3.6	0.4	64.3	3.2	32.1	19.3	11.1
3	芬兰	47.2	43.1	30.6	12.5	25.2	0.0	68.3	2.4	29.0	17.4	10.9
4	比利时	44.7	38.1	31.3	7.2	31.0	0.0	69.1	4.2	25.4	16.3	7.1
5	法国	44.4	24.9	18.0	6.9	36.1	2.3	63.3	6.9	25.8	17.1	8.0
6	奥地利	43.0	28.4	22.1	4.6	34.1	6.5	69.0	1.3	28.5	18.8	8.1
7	挪威	42.6	45.0	24.1	20.9	20.9	0.0	65.9	2.3	31.8	19.8	9.6
8	意大利	42.0	33.2	24.8	6.9	28.5	0.0	61.7	4.6	27.9	15.4	9.6
9	荷兰	39.6	25.3	15.2	10.1	39.0	0.0	64.3	5.3	29.2	17.4	8.9
10	卢森堡	39.1	36.1	18.3	17.8	25.7	0.0	61.8	10.6	27.2	14.3	12.5
11	德国	37.5	30.1	25.3	4.8	39.0	0.0	69.1	2.3	28.1	18.4	8.8
12	英国	36.4	39.0	29.4	9.7	17.0	0.0	56.0	11.6	31.9	18.1	12.4

续表

序号	国家	宏观税负	所得税 (1000)			社会保障税 (2000)	工薪税 (3000)	所得税类税收合计	财产税 (4000)	商品和服务税 (5000)		
			合计	个人所得税 (1100)	企业所得税 (1200)					合计	一般消费税 (5110)	特殊消费税 (5200)
13	加拿大	35.6	50.1	36.8	12.2	13.6	2.1	65.8	9.5	24.2	14.2	8.6
14	希腊	34.3	27.3	14.7	12.2	30.8	0.0	58.1	6.2	35.3	21.8	10.0
15	西班牙	34.3	28.4	18.7	8.9	34.7	0.0	63.1	6.3	29.7	17.7	9.6
16	新西兰	33.2	60.0	43.1	12.4	0.0	0.0	60.0	5.3	34.7	24.9	7.5
17	爱尔兰	31.0	42.3	30.4	11.8	13.5	0.5	56.3	5.5	37.6	22.1	13.9
18	葡萄牙	30.9	29.8	17.7	12.1	25.8	0.0	55.6	3.7	39.6	24.8	13.9
19	澳大利亚	30.4	58.0	37.8	20.2	0.0	4.5	62.5	8.8	28.7	12.0	14.1
20	美国	29.5	50.5	41.8	8.7	23.4	0.0	73.9	10.1	16.0	7.6	6.3
21	瑞士	29.3	44.2	29.7	8.8	24.5	0.0	68.7	9.0	22.3	13.1	7.3
22	日本	26.6	34.8	21.1	13.8	35.2	0.0	70.0	10.5	19.3	9.1	8.0
23	非加权平均	37.8	39.5	25.9	10.3	27.7	0.9	64.5	6.0	28.6	17.1	9.7

注：个人所得税、企业所得税、社会保障税类相加不等于100%的原因是由于四舍五入或忽略了个别小税种。

某些国家各税类相加不等于100%的非加权平均值不包括葡萄牙、丹麦、澳大利亚和新西兰。

资料来源：OECD: *Revenue Statistics 1965 - 2011*。

附表7　　22个OECD成员国的宏观税负与税制结构（2007年）

单位：%

序号	国家	宏观税负	所得税（1000）			社会保障税（2000）	工薪税（3000）	所得税类税收合计	财产税（4000）	商品和服务税		
			合计	个人所得税（1100）	企业所得税（1200）					合计	一般消费税（5110）	特殊消费税（5200）
1	丹麦	48.9	60.0	51.7	7.7	2.0	0.5	62.5	3.8	33.3	21.2	10.3
2	瑞典	47.4	38.8	30.9	7.8	26.1	5.7	70.6	2.4	26.6	19.3	6.4
3	法国	43.7	23.9	17.1	6.8	37.1	2.8	63.8	7.9	24.8	17.1	7.1
4	比利时	43.6	35.9	27.8	8.0	31.1	0.0	67.0	6.9	25.1	16.4	7.1
5	意大利	43.2	33.8	25.6	8.8	29.9	0.0	63.7	4.9	25.2	14.3	8.5
6	芬兰	43.0	39.3	30.3	9.0	27.7	0.0	67.0	2.6	30.1	19.5	9.8
7	挪威	42.9	47.9	22.2	25.7	20.8	0.0	68.7	2.8	28.5	19.1	7.7
8	奥地利	41.8	30.0	22.5	5.8	33.7	6.3	70.0	1.4	27.6	18.3	7.6
9	荷兰	38.7	28.2	19.8	8.4	34.8	0.0	63.0	4.7	31.0	19.4	8.6
10	西班牙	37.3	33.6	20.1	12.5	32.3	0.0	65.9	8.1	25.2	15.8	7.5
11	德国	36.1	31.2	25.2	6.1	36.6	0.0	67.8	2.5	29.2	19.4	8.7
12	英国	35.8	39.5	30.0	9.4	18.4	0.0	57.9	12.6	29.1	18.2	9.8

续表

序号	国家	宏观税负	所得税（1000）			社会保障税（2000）	工薪税（3000）	所得税类税收合计	财产税（4000）	商品和服务税（5000）		
			合计	个人所得税（1100）	企业所得税（1200）					合计	一般消费税（5110）	特殊消费税（5200）
13	卢森堡	35.6	34.8	20.0	14.8	27.6	0.0	62.4	9.7	27.5	16.1	11.0
14	新西兰	34.7	62.9	42.1	14.2	0.0	0.0	62.9	5.3	31.7	23.5	5.9
15	加拿大	33.1	49.1	37.1	10.6	14.4	2.0	65.5	10.6	24.0	13.9	8.5
16	希腊	32.5	23.3	14.9	7.9	34.4	0.0	57.7	5.3	36.5	23.8	9.5
17	葡萄牙	32.4	28.1	17.1	11.1	26.3	0.0	54.4	4.2	40.6	26.1	13.7
18	爱尔兰	30.9	39.2	28.4	10.9	15.4	0.7	55.3	8.2	36.1	24.1	10.3
19	澳大利亚	29.7	59.8	36.6	23.1	0.0	4.7	64.5	8.9	26.6	13.0	11.3
20	日本	28.5	36.4	19.6	16.8	36.5	0.0	72.9	9.0	18.0	8.8	7.1
21	美国	27.9	48.8	38.0	10.8	23.3	0.0	72.1	11.2	16.7	7.8	6.1
22	瑞士	27.7	46.4	31.9	10.8	23.5	0.0	69.9	7.9	22.3	13.0	6.5
23	非加权平均	37.1	39.6	25.6	10.6	28.0	1.0	64.8	6.4	28.0	17.6	8.6

注：个人所得税、企业所得税、社会保障税的非加权均值不包括葡萄牙、丹麦、澳大利亚和新西兰。

某些国家各税类相加不等于100%的原因是由于四舍五入或忽略了个别小税种。

资料来源：OECD：*Revenue Statistics 1965－2011*。

附表 8　　22 个 OECD 成员国的宏观税负与税制结构（2010 年）

单位：%

序号	国家	宏观税负	所得税（1000）			社会保障税（2000）	工薪税（3000）	所得税类税收合计	财产税（4000）	商品和服务税（5000）		
			合计	个人所得税（1100）	企业所得税（1200）					合计	一般消费税（5110）	特殊消费税（5200）
1	丹麦	47.6	61.1	51.0	5.8	2.1	0.5	63.7	4.0	31.9	20.7	9.3
2	瑞典	45.5	35.6	28.0	7.6	25.0	7.1	67.7	2.4	29.4	21.6	6.8
3	比利时	43.5	34.3	28.1	6.2	32.4	0.0	66.7	6.8	25.6	16.4	7.6
4	法国	42.9	21.9	17.0	5.0	38.7	3.2	63.8	8.5	25.0	16.8	7.5
5	意大利	42.9	33.9	27.3	6.6	31.3	0.0	65.2	4.8	25.9	14.6	8.5
6	挪威	42.9	47.0	23.5	23.5	22.5	0.0	69.5	2.9	27.6	18.6	7.7
7	芬兰	42.5	35.7	29.7	6.9	29.8	0.0	65.5	2.7	31.5	20.1	10.5
8	奥地利	42.0	28.3	22.5	4.6	34.6	0.0	68.1	1.3	28.0	18.9	7.4
9	荷兰	38.7	27.9	22.3	5.6	36.3	5.2	64.2	3.8	30.8	18.7	8.5
10	卢森堡	37.1	36.6	21.7	15.5	29.1	0.0	65.7	7.2	26.9	16.6	9.8
11	德国	36.1	28.7	24.5	4.2	39.0	0.0	67.7	2.3	29.5	20.1	8.4
12	英国	34.9	37.5	28.8	8.8	19.0	0.0	56.5	12.1	30.8	18.8	10.7

续表

序号	国家	宏观税负	所得税（1000）			社会保障税（2000）	工薪税（3000）	所得税类税收合计	财产税（4000）	商品和服务税		
			合计	个人所得税（1100）	企业所得税（1200）					合计	一般消费税（5110）	特殊消费税（5200）
13	西班牙	32.3	28.3	21.7	5.5	37.6	0.0	65.9	6.4	26.7	16.7	8.1
14	新西兰	31.5	53.7	37.7	12.2	0.0	0.0	53.7	6.8	39.5	30.7	6.4
15	葡萄牙	31.3	26.9	17.9	9.1	28.8	0.0	55.7	3.7	39.4	25.0	13.2
16	加拿大	31.0	46.8	34.9	10.7	15.3	2.1	64.2	11.5	24.3	14.0	8.7
17	希腊	30.9	22.2	14.1	7.8	35.2	0.0	57.4	3.2	39.0	24.3	12.0
18	瑞士	28.1	46.2	32.3	10.3	23.8	0.0	70.0	7.4	22.6	12.7	7.1
19	爱尔兰	27.6	36.2	27.0	9.1	20.1	0.7	57.0	5.6	37.0	22.9	11.7
20	日本	27.6	30.2	18.6	11.6	41.1	0.0	71.3	9.7	18.7	9.6	7.2
21	澳大利亚	25.6	57.1	38.6	18.5	0.0	5.2	62.3	9.3	28.4	13.8	11.9
22	美国	24.8	43.6	32.8	10.8	25.7	0.0	69.3	12.8	18.0	8.1	6.9
23	非加权平均	35.8	37.3	25.3	8.9	29.8	1.1	64.1	6.1	28.9	18.2	8.9

注：个人所得税、企业所得税、社会保障税类相加不等于100%的原因是由于四舍五入或忽略了个别小税种。某些国家各税类的非加权平均值不包括葡萄牙、丹麦、澳大利亚和新西兰。意大利所得税合计数据原数据为32.9，经核算为33.9。

资料来源：OECD: *Revenue Statistics 1965－2011*。

第七章　中国的税制变迁与税制优化

　　1949 年新中国成立以来，中国的经济社会发生了巨大的变化，与这种变化相适应，财税体制也经历了复杂的变迁过程。在新中国 60 多年的税制变迁历程中，有两方面的因素起到了非常重要的作用：一是计划经济向市场经济的转轨，税收制度作为经济体制的一部分，经济体制变革本身要求税制做出相应的调整，从而推动了税制的变迁，而税制的变迁和优化反过来又促进了经济的发展和经济体制其他部分的变革。

　　二是税制变迁中制度模仿和"路径依赖"① 的特征并存，中国计划经济体制的建立受到苏联计划经济体制的深刻影响，作为经济体制一部分的税制也不例外。改革开放后，学习和借鉴西方成熟市场经济国家的税制是影响中国税制变迁的重要因素，如增值税制度的引入就是中国制度模仿型税制变迁的典型例证。但另一方面，中国的税制变迁是在特定国情下进行的制度变迁，中国作为有着悠久文化传统的发展中大国，面对内外部税制环境的变动，税制变迁的路径仍然受到了中国社会的传统、文化与意识形态等因素的影响，长期以来基本维持了三方博弈的税制变迁模式，在制度模仿对税制变迁的影响不断弱化的情况下，税制变迁模式演进的相对滞后会产生严重的"路径依赖"问题，这些影响对理解中国税制的变迁和探索未来税制的进一步优化具有重要意义。

---

　　① 路径依赖是非线性系统演化的一个特征。诺思把这一理论应用到制度变迁研究中，指出"人们过去做出的选择决定了他们现在可能做出的选择的范围"，制度变迁一旦走上了某一路径，它的既定方向就会在以后的发展中得到自我增强。因此，经济和政治制度可能沿着正确的路径逐渐优化；也可能沿着错误的路径，离目标愈来愈远，还有可能被锁定在某种无效率的状态之下。正如诺思所说，既有方向的扭转往往需要借助外部力量，引入外生变量。中国经济体制变迁的路径依赖问题参见吴敬琏《路径依赖与中国改革——对诺思教授讲演的评论》，载《经济学与中国经济改革》，上海三联书店 1995 年版。

第一节 中国税制变迁的历程

从 1949 年 10 月新中国成立至今，由于基本经济体制的变动，税收制度也经历了几个阶段的变迁。我们以 1978 年和 1994 年为分界线，大体上把新中国建立以来的税制变迁划分为三个阶段。第一阶段是新中国成立到 1978 年，这一阶段是战后恢复、对私有制进行社会主义改造和建立并实施计划经济体制的时期，这一时期的税制主要服务于社会主义改造和计划经济的运行；第二阶段：1978—1994 年，1978 年实施改革开放后，市场经济体制逐步替代计划经济体制从最初引进外资的需要建立涉外税制体系到两步"利改税"，税收制度从适应计划经济体制的需要逐步转变为配合国有企业改革，适应发展商品经济和市场经济的需要；第三阶段：1994 年至今，1994 年的税制改革初步建立了与社会主义市场经济相适应的税收制度，奠定了中国现行复合税制体系的基本框架，而随着中国经济、社会的发展和市场经济体制改革的不断深化，税制的变迁和优化又进入了一个新的阶段。

一 1978 年前的税制变迁

新中国成立初期，老解放区使用各革命根据地制定的税收制度，新解放区则沿用国民党时期的旧税制，新、老解放区实行不同的税制，这种情况不利于国家政治统一和经济恢复的需要。[1] 1949 年 11 月 24 日至 12 月 9 日，中央人民政府在北京召开了首届全国税务会议，根据 1949 年 9 月中国人民政治协商会议通过的《共同纲领》关于税收的有关纲领[2]制定了《全国税政实施要则》，并于 1950 年 1 月公布实施。[3]

按照《全国税政实施要则》的规定，除农业税外，中央和地方的税收暂定为 14 种，即货物税、工商业税[4]、盐税、关税、薪给报酬所得税、

---

① 国家税务总局计划财务司编：《中国税务统计（1950—1994）》，中国税务出版社 1997 年版，第 1 页。

② 《中国人民政治协商会议共同纲领》第四十条规定：国家的税收政策，应以保障革命战争的供给、照顾生产的恢复和发展及国家建设的需要为原则，简化税制，实行合理负担。

③ 除特别注明外，本节的所有资料来自国家税务总局编《中华人民共和国税收大事记（1949.10—2009.9）》，中国财政经济出版社 2012 年版。

④ 工商业税包括营业税和所得税两部分，实际上是两种税。

存款利息所得税、印花税、遗产税、交易税、屠宰税、地产税、房产税、特种消费行为税和使用牌照税等 14 个税种。①

从 1953 年起，我国的财政经济状况逐步好转，完成了恢复国民经济的任务，并进入第一个五年计划时期，同时社会主义改造开始。1952 年 12 月 31 日，经政务院批准，政务院财政经济委员会发布《关于税制若干修正和实行日期的通告》，对税制进行了修正，其主要内容是：一、试行商品流通税；二、修订货物税、工商业税、印花税、屠宰税、交易税和城市房地产税；三、将棉纱统销税并入商品流通税；四、特种消费行为税改称文化娱乐税②并进行了修订。

1953 年 1 月 1 日修正税制方案实施后，由于并未充分体现对私有制改造的功能，1953 年 6 月至 8 月召开的全国财经工作会议对修正税制提出了严厉的批评，同时提出了过渡时期的税收任务和税收政策，强调税收政策"对公私企业要区别对待，繁简不同"；税制要成为"保护和发展社会主义、半社会主义经济，有步骤、有条件、有区别地利用、限制、改造资本主义工商业的工具。"③

1956 年，对生产资料私有制社会主义改造的基本完成，计划经济体制初步确立，1953 年以来兼有对私有制改造功能的税制已经不适应计划经济体制的需要。因此，1958 年对工商税制进行了重大改革，本着"稳定税负，简化税制"的原则，将货物税、商品流通税、工商业税中营业税部分以及印花税，合并为工商统一税，一共设有 108 个税目，税率从 1.5%—69% 不等。

1972 年 3 月，国务院批转财政部报送的《关于扩大改革工商税制试

---

① 1950—1951 年，中央人民政府政务院先后发布关于征收货物税、关税、工商业税、特种消费行为税、利息所得税、城市房地产税（由房产税和地产税合并而成）、契税、车船使用牌照税、印花税和屠宰税的法规。船舶吨税的征收办法由财政部、海关总署于 1950 年公布。薪给报酬所得税和遗产税没有开征。

② 文化娱乐税于 1956 年由全国人民代表大会常务委员会立法。

③ 在 1953 年全国财经工作会议上，政务院总理周恩来在会议总结中提出了过渡时期的税收任务和税收政策。关于税收任务："一方面要能更多地积累资金，有利于国家重点建设；另一方面要调节各阶级收入，有利于巩固工农联盟，并使税制成为保护和发展社会主义、半社会主义经济，有步骤、有条件、有区别地利用、限制、改造资本主义工商业的工具。"关于税收政策，"对公私企业应区别对待，繁简不同。对公私合营企业应视国家控制的程度逐步按国营企业待遇。对工商业，应使工轻于商，生产资料轻于消费资料，日用品轻于奢侈品，有益于国计民生的私营工商业轻于无益于或少益于国计民生的私营工商业。"

点的报告》，附发《中华人民共和国工商税条例（草案）》，决定当年试点，1973 年全国试行。这次税制改革的主要内容是：一、合并税种，将工商统一税及其附加、城市房地产税、车船使用牌照税、盐税和屠宰税合并为工商税（盐税暂时按照原来的办法征收）。合并后，对国营企业只征收工商税，对集体企业只征收工商税和工商所得税，城市房地产税、车船使用牌照税和屠宰税只对个人和外侨等继续征收。二、简化税目、税率，与工商统一税相比，税目从 108 个减少到 44 个，税率从 141 个减少到 82 个，多数企业可以简化到只用一个税率征税。

在计划经济体制时期，国家参与社会经济分配的角色发生了重大转变，国家并不仅仅凭借政治权力获取税收，而且凭借着对工业生产资料的占有权和对经济活动的定价权获取政治性超额利润。在计划经济的条件下，政府能够运用自己手中的定价权，对农产品原料和粮食等初级产品规定很低的价格，将非国有部门创造的剩余转移到国有工商业，然后通过国有工商企业的利税上交把国有经济的几乎全部剩余纳入预算。与其他正在进行工业化的国家相比较，我国工业部门在 1956 年全面建立计划经济体制以后，一直保持很高的盈利率。只有在 1978 年末开始改革以后，情况才逐渐改变。1980 年，整个工业部门的资金回报率为 23.0%，其中轻工业为 43.1%，重工业为 17.0%。扣除流转税后，资金利润率仍分别高达 15.1%、24.2% 和 12.4%。这样，工业部门上缴的利润和税收，就成为我国预算收入的主要源泉。国有经济在工商业中的垄断地位使财政收入的征缴程序得以简化。直到 1978 年末开始经济改革，国有企业的利润上交一直约占预算收入的一半左右。[①]

从表 7 - 1 中可以看出，1950 年税收收入占财政收入的比重高达 78.78%，而 1953 年社会主义改造开始时，税收收入占财政收入的比重已降至 56.14%，1956 年社会主义改造完成时，这一比重进一步降至 50.29%。1957—1978 年间，税收收入占财政收入的比重大部分年份低于 50%。十一届三中全会召开的 1978 年，财政收入占 GDP 的比重为 31.06%，其中来自税收的收入不足一半，仅为 45.86%。

在各种税收中，主要税种是在工业企业销售产品时征收的工商税。这

---

① 吴敬琏：《当代中国经济改革战略与实施》，上海远东出版社 1999 年版，第 303—304 页。

表 7 - 1　　　　　中国经济、财政和税收主要指标（1950—1978 年）

年份	国内生产总值（亿元）	财政收入（亿元）	税收收入（亿元）	税收收入占财政收入的比重（%）	财政收入占GDP 的比重（%）	税收收入占GDP 的比重（%）
1950	575.5	62.2	49.0	78.78	10.81	8.51
1951	683.5	125.0	81.1	64.88	18.29	11.87
1952	679.0	173.9	97.7	56.18	25.61	14.39
1953	824.0	213.2	119.7	56.14	25.87	14.53
1954	859.0	245.2	132.2	53.92	28.54	15.39
1955	910.0	249.2	127.5	51.14	27.40	14.01
1956	1028.0	280.2	140.9	50.29	27.26	13.71
1957	1068.0	303.2	154.9	51.09	28.39	14.50
1958	1307.0	379.6	187.4	49.37	29.04	14.34
1959	1439.0	487.1	204.7	42.02	33.85	14.23
1960	1457.0	572.3	203.7	35.59	39.28	13.98
1961	1220.0	356.1	158.8	44.59	29.19	13.02
1962	1149.3	313.6	162.1	51.69	27.29	14.10
1963	1233.3	342.3	164.3	48.00	27.75	13.32
1964	1454.0	399.5	182.0	45.56	27.48	12.52
1965	1716.1	473.3	204.3	43.17	27.58	11.90
1966	1868.0	558.7	222.0	39.74	29.91	11.88
1967	1773.9	419.4	196.6	46.88	23.64	11.08
1968	1723.1	361.3	191.6	53.03	20.97	11.12
1969	1937.9	526.8	235.4	44.68	27.18	12.15
1970	2252.7	662.9	281.2	42.42	29.43	12.48
1971	2426.4	744.7	312.6	41.98	30.69	12.88
1972	2518.1	766.6	317.0	41.35	30.44	12.59
1973	2720.9	809.7	349.0	43.10	29.76	12.83
1974	2789.9	783.1	360.4	46.02	28.07	12.92
1975	2997.3	815.6	402.8	49.39	27.21	13.44
1976	2943.7	776.6	408.0	52.54	26.38	13.86
1977	3201.9	874.5	468.3	53.55	27.31	14.63
1978	3645.2	1132.3	519.3	45.86	31.06	14.25

资料来源：国家税务总局编：《中华人民共和国税收大事记（1949.10—2009.9）》，中国财政经济出版社 2012 年版。

时的流转税与市场经济条件下的流转税的性质是不同的，由于价格是政府确定的，因此国有企业能否盈利完全是政府价格政策的产物，而流转税则被政府用来贯彻自己在产业发展上的意图，因此对不同部门和产品规定了差别很大的税率。例如，1980 年轻工业应缴工商税的平均税率为 18.9%，而重工业应缴工商税的平均税率为 4.6%。这造成了部门之间和企业之间"苦乐不均"，不能平等竞争的状况。①

1978 年前中国税制变迁的基本社会经济背景是重工业优先发展战略及计划经济体制的逐步确立和发展，政府凭借政治权力对社会资源实施全面的控制和管理。在这种背景下，基于政治权力的税收收入与基于财产权力的国有财产收益难以区分，高度集中的计划经济体制确立后，尽管也存在着名义上称为"税"的收入形式和税收制度，但计划经济时期的税收只不过是政府价格政策和产业政策的附属。这一阶段社会基本产权制度的变动是影响税制变迁诸因素中最主要的因素，显性税收在社会经济生活中的地位和作用逐渐降低，政府通过设定产权获取财产收益和隐性税收成为主要的收入方式。

二　1978—1993 年的税制变迁

党的十一届三中全会以后，随着改革开放政策的贯彻实施，我国的经济形势和经济结构发生了重大变化。高度集中的计划经济体制受到了很大冲击，多种经济成分、多种经营方式的发展使得 1973 年税制改革后过于简化的税制不能满足多种经济成分并存的新形势。而且，当时税收征收过分依赖国有工业企业，税基狭窄并且税负不公平，不利于多种经济成分的公平竞争。当时税收制度的突出问题主要表现在两个方面，一是为吸引外资，需要建立起相对完善和独立的涉外税收制度；二是为了适应国有企业的改革，需要对国有企业上缴国家的利税关系进行调整。因此，1979 年我国开始了以建立涉外税制和实行利改税为先导的税制改革。

1980 年 9 月 10 日，第五届全国人大第三次会议通过《中华人民共和国中外合资经营企业所得税法》和《中华人民共和国个人所得税法》并于当日起施行。1981 年 12 月 13 日，第五届全国人大第四次会议通过《中华人民共和国外国企业所得税法》，自 1982 年 1 月 1 日起施行，这三

---

① 吴敬琏：《当代中国经济改革战略与实施》，上海远东出版社 1999 年版，第 305 页。

个税法建立了对外资企业和个人的所得税制度框架。1991 年 4 月，第七届全国人大四次会议通过了《中华人民共和国外商投资企业和外国企业所得税法》，进一步统一了涉外企业所得税。

在商品课税方面，陆续开征了产品税、增值税、营业税、消费税和一些地方工商税收以取代原有的工商税，并实行了增值税改革试点工作。所得税方面，陆续开征国营企业所得税、集体企业所得税、城乡个体工商户所得税、私营企业所得税、个人收入调节税，健全了所得税制。财产税和资源税方面，陆续开征或恢复征收城市房产税、车船使用税、土地使用税、资源税和盐税。为调控某些特定经济行为开征了建筑税（后改为固定资产投资方向调节税）、国营企业工资调节税、奖金税、筵席税、城市维护建设税、烧油特别税等，这期间建立了包含有 30 多个税种的税收体系。①

1978—1993 年期间，我国的经济体制改革从行政性放权让利开始，逐渐确立了市场取向的改革方向。在这个过程中，高度集中的计划经济体制的变革首先是从行政性分权改革开始的，行政性分权主要体现在中央与地方财政关系和政府与国有企业关系两个方面。

20 世纪 70 年代末国有企业开始进行"扩大企业自主权"改革，扩大了企业财权，增加工资、发放奖金，同时也增加了财政平衡的压力，1979年财政出现了巨额赤字，对中央财政的压力尤其巨大。为了调动地方政府增收节支的积极性和保证中央的财政收入，从 1980 年起，中国的财政预算体制转向了承包制，1980 年开始了"分灶吃饭"的财政体制改革，而1988 年则进一步实行了"财政包干制"改革。财政承包制改革调动了地方政府的积极性，减轻了经济体制改革的阻力，但同时也造成了严重的地区封锁和各自为政的问题，不利于全国统一市场的形成。

在政府与国有企业的关系上，从 1978 年底开始，对国营企业先后试行企业基金办法、各种形式的利润留成办法和盈亏包干办法。并从 1980年开始在一些国营企业进行了上交利润改为征税的试点。1983—1986 年间分两步全面推行了"利改税"改革。"利改税"以后，小型国有企业所得税按 7%—55% 的八级累进税率征收；大中型国有企业的企业所得税按55% 的固定统一税率进行征收，此外还要根据利润额的大小缴纳企业收入

---

① 陈共主编：《财政学》，中国人民大学出版社 1999 年版，第 172—173 页。

调节税。所有国有企业还要以税后利润加折旧基金为基数缴纳 10% 的"能源交通基金"（1987 年改为 15%）。此外，集体所有制和个体所有制企业缴纳税率为 10%—55% 的八级累进工商所得税。外资企业缴纳 33% 的企业所得税，在经济特区减为 15%，外加"两免三减半"的税收优惠。1987 年后，在国有企业中普遍推广了"包死基数、确保上交、超收多留、欠收自补"的企业承包制。但是，当企业盈利增加时，超额利润留归自己，而当发生亏损时则往往挤占国家税收，形成了实际上"包盈不包亏"的局面。[①]

两步"利改税"后，国营企业上缴利润改为上缴所得税，由此导致财政收入中利润上缴与税收的比例发生了巨大的变化，1985 年后，财政收入的绝大部分由税收收入构成。由于国营企业的亏损补贴直接扣减财政收入，不计为支出，因此部分年份（1985 年、1988 年、1989 年）甚至出现了税收收入高于财政收入的现象。应当指出的是，1985 年以来税收收入成为财政收入的主要形式与市场经济条件下税收作为财政收入主要形式有本质的区别，这一时期尽管通过放权让利，中国的计划经济体制逐步有了市场取向，但这一时期财政收入的主要来源仍然是国营企业，包括外资在内的多种所有制正在发展中，此时税收收入比重的提高更多的是"利改税"的结果。1984 年税收收入为 947.35 亿元，1985 年利改税后激增至 2040.79 亿元（参见表 7 - 2）。而计划经济向市场经济转轨的税制的基本要求，则是"建立以为数众多的纳税人共同纳税为基础的税制，以取代主要由较少数量的盈利企业向政府转移资金的税制。"[②]

财政包干制和国营企业承包制两项改革在当时对调动地方和企业的积极性，促进经济增长起到了很大的作用，但经过十多年的改革，中国经济结构发生了根本性的变化，非国有企业与国有企业的竞争使得国有企业的利润率下降，而对地方和企业的放权让利使中央政府在与地方和企业的博弈中处于不利的地位，财政收入占国内生产总值的比重和中央政府占财政收入的比重逐年降低。财政收入占 GDP 的比重由 1979 年的 28.22% 降至 1993 年的 12.31%，而中央财政收入占财政收入的比重，则经历了 1980

---

① 参见吴敬琏《当代中国经济改革战略与实施》，上海远东出版社 1999 年版，第 306—314 页。

② 维托·坦齐编：《经济转轨中的财政政策》，国际货币基金组织、中国金融出版社 1993 年版，第 3 页。

年至 1984 年的上升后，从 1985 年开始逐年下降，到 1992 年降至 28.12%。① （参见表 7-2、图 7-1）

表 7-2　　　　中国经济、财政和税收主要指标（1979—1993 年）

年份	国内生产总值（亿元）	财政收入（亿元）	税收收入（亿元）	税收收入占财政收入的比重（%）	财政收入占 GDP 的比重（%）	中央财政收入占财政收入的比重（%）
1979	4062.6	1146.38	537.82	46.91	28.22	20.18
1980	4545.6	1159.93	571.70	49.29	25.52	24.52
1981	4891.6	1175.79	629.89	53.57	24.04	26.46
1982	5323.4	1212.33	700.02	57.74	22.77	28.61
1983	5962.7	1366.95	775.59	56.74	22.93	35.85
1984	7208.1	1642.86	947.35	57.66	22.79	40.51
1985	9016.0	2004.82	2040.79	101.79	22.24	38.39
1986	10275.2	2122.01	2090.73	98.53	20.65	36.68
1987	12058.6	2199.35	2140.36	97.32	18.24	33.48
1988	15042.8	2357.24	2390.47	101.41	15.67	32.87
1989	16992.3	2664.90	2727.40	102.35	15.68	30.86
1990	18667.8	2937.10	2821.86	96.08	15.73	33.79
1991	21781.5	3149.48	2990.17	94.94	14.46	29.79
1992	26923.5	3483.37	3296.91	94.65	12.94	28.12
1993	35333.9	4348.95	4255.30	97.85	12.31	22.02

资料来源：《中国统计年鉴 2012》。

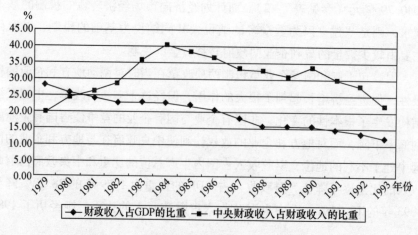

图 7-1　　"两个比重"的演变（1979—1993 年）

---

① 由于 1994 年财税体制改革以 1993 年为基数，因此 1993 年各地增加基数的做法导致 1993 年中央财政占财政收入的比重直接由 28.12% 降至 22.02%。

与预算内财政收入逐年下滑的情况相对应，这一时期政府预算外收入的规模迅速扩大。从表7－3中可以看出，1978年预算外收入只有347.11亿元，为预算内收入的30.66%，此后迅速膨胀；1988年，预算外收入达到了2360.77亿元，超过了预算内财政收入，而到1992年进一步猛增到3854.92亿元，与预算内财政收入的比为110.67%，成为名副其实的"第二预算"。这一时期的预算外资金包括地方财政预算外资金、行政事业单位预算外资金、企业和主管部门预算外资金三部分，主要由企业折旧基金留成、利润留成、行政事业单位自收自支等项目构成①。

这一时期，由于强调"放开搞活"，许多行政事业单位都纷纷举办各种营利性机构，甚至部队都开始经商。而各级政府部门和行政事业单位还存在着各种以政府名义进行的乱收费、乱摊派和乱罚款（简称"三乱"）。政府部门这部分收入往往既没有列入预算，也没有列入预算外资金进行管理。

1978—1993年中国的税制变迁历程以整个经济社会体制的行政性分权改革为主要的政策背景，"放权让利"的行政性分权改革打破了高度集中统一的计划经济体制，财政包干制度和国有企业承包制的实施调动了地方政府和企业的积极性。但同时，"放权让利"改革与允许多种所有制经济并存的格局改变了政府，尤其是中央政府掌握和控制社会资源的方式。在政府权力没有受到有效制约情况下实施的行政性分权改革，在促进经济发展的同时，也使得地方政府和部门的权力和利益膨胀。

---

① 1978—1979年。1978年1月，将企业基本折旧基金由100%改为50%留归企业，其余50%上缴国家财政。1979年1月，将上缴国家财政部分的20%作为预算外资金进行管理。对于全面完成国家八项指标的企业，可以按全年职工工资总额的一定比例提取企业基金。从1978年起，有些地方从盐税收入中提取1%，作为地方财政预算外收入。1979—1985年。1980年1月，国家推行利润留成制度，建立企业发展基金，职工福利基金和职工奖励基金，并实行多种利润留成和盈亏包干办法。从1983年起，国家对部分重点企业开始逐渐提高折旧率。从1985年2月起，原由国家按30%集中的折旧基金，不再上缴中央财政，由主管部门集中使用。对于高等学校校办工厂、农场、招待所等收入，从1980年6月起留归学校自收自支。为加强预算外资金管理，国务院于1986年专门发布了《国务院关于加强预算外资金管理的通知》（国发〔1986〕44号），主要内容包括：第一，界定了预算外资金的概念和范围。指出，预算外资金是由各地区、各单位根据国家有关规定，自行提取、自行使用的不纳入国家预算的资金。第二，规定了预算外资金的管理模式。各地区、各部门可以在资金所有权不变的前提下，采取不同的方式，对预算外资金应编预算外收支计划和决算，并按季报送收支执行情况，逐级上报财政部。第三，明确预算外资金使用要体现专款专用的原则。参见高培勇主编《中国财政政策报告2008/2009：实行全口径预算管理》第5章："预算外资金管理：问题、成因与对策"，中国财政经济出版社2009年版。

表 7 – 3　　　　　　　　预算外收入的膨胀（1978—1992 年）

年份	预算外收入（亿元）	财政收入（亿元）	预算外收入与财政收入的比（%）
1978	347. 11	1132. 3	30. 66
1979	452. 85	1146. 38	39. 50
1980	557. 40	1159. 93	48. 05
1981	601. 07	1175. 79	51. 12
1982	802. 74	1212. 33	66. 21
1983	967. 68	1366. 95	70. 79
1984	1188. 48	1642. 86	72. 34
1985	1530. 03	2004. 82	76. 32
1986	1737. 31	2122. 01	81. 87
1987	2028. 80	2199. 35	92. 25
1988	2360. 77	2357. 24	100. 15
1989	2658. 83	2664. 90	99. 77
1990	2708. 64	2937. 10	92. 22
1991	3243. 30	3149. 48	102. 98
1992	3854. 92	3483. 37	110. 67

注：由于 1993—1995 年预算外资金收支范围进行了调整，与以前各年不可比，因此本表不包括 1993 年数据。

资料来源：《中国财政年鉴 2012》。

这一时期的税制变迁有三个重要特征：一是适应多种所有制并存和计划经济体制尤其是价格管理体制的变化，税收制度开始逐步完善，税收在政府收入中的地位不断提高。二是财政包干制度改革使得地方政府在与中央政府的税收博弈中占据了优势，地方政府通过各种手段截留中央收入，这一时期地方政府掌握的地方国有企业是地方政府主要的收入来源，为了提高地方企业的经济效益，各地政府在名义税制规定的权限之外又规定了各种税收优惠和税收减免政策。这造成了中央财政收入比重的下降和名义税制与实际税制的背离。三是地方政府和部门权力的扩张直接导致了由地方政府和部门掌握的预算外收入的迅速增长，各种形式的"隐性税收"成为地方政府和部门重要的收入来源并对"显性税收"的增长产生了直接的影响。

三　1994 年的税制改革

中国现行税制的基本框架是由 1994 年税制改革奠定的。1992 年，中国共产党第十四次代表大会明确了中国经济体制改革的目标是建立社会主义市场经济体制。按照这一目标的要求，1994 年中国进行了影响深远的财政税收体制改革，其基本内容有三个方面：

第一，全面改革税收制度，建立与市场经济体制相适应的税制体系；第二，在新的税制体系基础上，中央和地方（省级政府）实行了分税制的财政体制，确定了中央税、地方税和共享税；第三，设置了国家税务局和地方税务局两套征管机构。其中，税收制度的全面改革，是分税制财政体制建立的基础，同时国家税务局和地方税务局两套征管机构的设置不仅是适应当时分税制财政体制建立的配套措施，也是此后税收征管体制运行的基本机构框架。

（一）1994 年税制改革的背景

中国改革开放后工商税制的改革，首先是为满足吸引外资的要求，以建立和健全涉外税制为起点的，内外资企业在流转税、所得税、财产税等方面基本实行两套不同的税制。

而伴随着计划经济体制的转轨，尤其是国有企业和价格体系的改革，税收制度逐步替代了国有企业利润上缴（利改税），同时针对多种所有制并存的格局，区分不同所有制企业建立了所得税体系；作为计划经济价格体制改革的配套措施，为缓解价格不合理的矛盾设置了多档次的流转税税率结构；而随着资源、土地等生产要素进入市场，设置了资源税、城镇土地使用税等对级差收入进行调节。随着对外开放和工资制度改革的推进，个人收入分配差距逐步显现，为此则设立了针对外籍人员和不同所有制企业的个人所得税、个人收入调节税和工资调节税、奖金税等诸多旨在调节收入分配的税种。

在这一时期，税收还作为政府调控经济的工具被广泛使用，如为抑制投资过热开征了固定资产投资方向调节税，为调整能源消费结构出台了烧油特别税，为引导合理消费、提倡勤俭节约社会风尚出台了筵席税等。

按照上述路径逐步建立起来的工商税制（不包括关税和农业税收），

到1994年改革前发展为有32个税种的复杂税制体系。① 这套以计划经济价格体制和以所有制"区别对待"为基础的税制远远不能适应社会主义市场经济体制的要求，迫切需要进行彻底的改革（高培勇，2009）。

（二）1994年税制改革的主要内容

1994年税制改革是在明确建立社会主义市场经济体制的总体改革目标后，为建立与社会主义市场经济体制相适应的税制体系而进行的重构性的税制改革，改革的基本思路和具体内容集中体现为1993年12月25日发布的《国务院批转国家税务总局工商税制改革实施方案的通知》（国发〔1993〕90号文），该《通知》将此次改革称为"建国以来规模最大、范围最广泛、内容最深刻的一次税制改革"。

1994年税制改革的指导思想是：统一税法、公平税负、简化税制、合理分权，理顺分配关系，保障财政收入，建立符合社会主义市场经济要求的税制体系。核心目标是为不同所有制企业建立公平的税收环境，同时明确指出要："通过税制改革，逐步提高税收收入占国民生产总值的比重"。

改革的主要内容包括：统一内资企业和外资企业的流转税制度；为不同所有制的内资企业设立了统一的企业所得税制度；建立统一的个人所得税制度。

1994年税制改革后，中国建立了以增值税、营业税、消费税、企业所得税、个人所得税五大税种为主体的税制体系。最初建立的五大税种的基本特征是：

增值税：对货物销售和加工、修理修配劳务的增值额征收，但不允许固定资产的抵扣，属于"生产型"增值税；基本税率为17%、优惠税率为13%、实行出口退税。增值税纳税人分为一般纳税人和小规模纳税人两类，一般纳税人按增值额征收；小规模纳税人以销售额为税基，不允许抵扣，适用6%（工业）和4%（商业）的税率。

营业税：对劳务（交通运输业、建筑业、金融保险业、邮电通信业、

---

① 这32个税种是：产品税、增值税、营业税、工商统一税、特别消费税、国营企业所得税、国营企业调节税、集体企业所得税、私营企业所得税、城乡个体工商户所得税、个人收入调节税、国营企业奖金税、集体企业奖金税、事业单位奖金税、国营企业工资调节税、外商投资企业和外国企业所得税、个人所得税、资源税、盐税、城镇土地使用税、固定资产投资方向调节税、城市维护建设税、烧油特别税、筵席税、房产税、车船使用税、印花税、屠宰税、集市交易税、牲畜交易税、城市房地产税、车船使用牌照税。

文化体育业、娱乐业、服务业）及转让无形资产、销售不动产征收。

消费税：在征收增值税的基础上，选择部分行业（烟、酒及酒精、化妆品、护肤护发品、贵重首饰及珠宝玉石、鞭炮焰火、汽油、柴油、汽车轮胎、摩托车、小汽车等）征收，将特别消费税并入消费税。

企业所得税：取消了按照所有制性质分别征收的国营企业所得税、集体企业所得税、私营企业所得税，统一了内资企业所得税制度，但对内资企业和外资企业仍分别适用两套不同的税法。

个人所得税：将分别征收的个人所得税、个人收入调节税、城乡个体工商户所得税合并为统一的个人所得税，建立了由 11 类所得项目构成的分类个人所得税制。

除上述五个税种外，针对原资源税征税范围窄，税负偏低的问题，扩大了资源税的征税范围，覆盖了所有矿产资源，将盐税作为资源税的一个税目征收，实行分产品类别从量定额计算征税的办法。为适当调节房地产交易中的过高利润，在房地产交易环节按照超率累进税率征收土地增值税。此外，取消了集市交易税、牲畜交易税、烧油特别税、奖金税和工资调节税；将屠宰税、筵席税下放给地方管理。

（三）1994 年税制改革方案的后续实施

按照国发〔1993〕90 号文转发的国家税务总局《工商税制改革实施方案》（以下简称《方案》）中列出的改革内容，《方案》中明确提出改革目标但 1994 年当年改革未完成，通过后续改革完成的项目有：

统一内外资企业所得税。《方案》中明确指出：1994 年 1 月 1 日起统一内资企业所得税，下一步再统一内外资企业所得税。2007 年 3 月 16 日十届人大五次会议通过《中华人民共和国企业所得税法》，2008 年 1 月 1 日起，内外资企业所得税实现了统一，税率由 33% 下调至 25%。

土地使用税。《方案》中要求：适当提高土地使用税的税额，扩大征收范围，适当下放管理权限。《城镇土地使用税暂行条例》是在 2006 年 12 月 31 日进行的修订，2007 年 1 月 1 日起实施。

城市房地产税和车船使用牌照税。《方案》中明确要求：取消对外资企业、外籍人员征收的城市房地产税和车船使用牌照税，统一实行房产税和车船使用税，并将现在偏低的税率和税额适当调高。2007 年 1 月 1 日，针对外资企业、外籍人员征收的车船使用牌照税废止，内外资企业统一缴纳车船税。① 2009 年 1 月 1 日，针对外资企业、外籍个人征收的城市房地产税废止，内外资企业统一缴纳房产税。②

对外资企业征收城建税。《方案》中要求：现在不缴纳城建税的外资企业，也应成为城建税的纳税人。2010 年 12 月 1 日，外资企业和外籍个人适用《城市维护建设税暂行条例》和《征收教育费附加的暂行规定》。③ 至此，内外资企业税制实现了完全的统一。

1994 年改革明确提出，但迄今为止未完成的项目有：

1. 城建税改变征税依据。《方案》中明确指出：城乡维护建设税④由现行按流转税额附加征收改为以销售收入为计税依据；改变现行不太合理的税率结构，税率为市区 0.6%，县、镇 0.4%，市区、县、镇以外 0.2%，使其成为地方税体系中的骨干税种之一。但至今城建税仍然是以流转税额为税基的附加税。

2. 开征证券交易税。《方案》中明确提出：把现在对股票交易征收印花税的办法，改为征收证券交易税。由于全国人大常委会正在审议《中华人民共和国证券法》，为了便于衔接，开征证券交易税拟缓一步出台。1998 年 12 月 29 日九届全国人大常委会第六次会议通过了《中华人民共和国证券法》，但迄今为止，股票交易仍然征收印花税，证券交易税一直未出台。

3. 开征遗产税。《方案》明确提出了开征遗产税的要求，此后 20 年间开征遗产税也多次被写入五年规（计）划等政策文件，但由于种种原因，迄今为止遗产税仍未开征。

---

① 根据 2006 年 12 月 27 日国务院第 162 次常务会议通过、并于 2007 年 1 月 1 日起施行的《中华人民共和国车船税暂行条例》第十四条规定，1951 年 9 月 13 日原政务院发布的《车船使用牌照税暂行条例》和 1986 年 9 月 15 日国务院发布的《中华人民共和国车船使用税暂行条例》同时废止。原车船使用牌照税与车船使用税一同废止，自 2007 年 1 月 1 日起开征车船税。

② 2008 年 12 月 31 日，第 546 号国务院令宣布 1951 年 8 月 8 日由原政务院公布的《城市房地产税暂行条例》自 2009 年 1 月 1 日起废止。自 2009 年 1 月 1 日起，外商投资企业、外国企业和组织以及外籍个人，依照《房产税暂行条例》缴纳房产税。

③ 根据《国务院关于统一内外资企业和个人城市维护建设税和教育费附加制度的通知》（国发〔2010〕35 号）的规定，自 2010 年 12 月 1 日起，外商投资企业、外国企业及外籍个人适用国务院 1985 年发布的《城市维护建设税暂行条例》和 1986 年发布的《征收教育费附加的暂行规定》。1985 年及 1986 年以来，国务院及国务院财税主管部门发布的有关城市维护建设税和教育费附加的法规、规章、政策同时适用于外商投资企业、外国企业及外籍个人。

④ 1985 年国务院发布的《城市维护建设税暂行条例》中城建税的全称是城市维护建设税，但《方案》中称为城乡维护建设税。

按照《工商税制改革实施方案》的设计，改革后工商税制中的税种将由 32 个减少到 18 个，这 18 个税种是：增值税、营业税、消费税、企业所得税、外商投资企业和外国企业所得税、个人所得税、资源税、土地增值税、城建税、印花税、固定资产投资方向调节税、土地使用税、房产税、车船使用税、筵席税、屠宰税、证券交易税、遗产税。

而实际上，证券交易税和遗产税一直未开征，《车船使用牌照税暂行条例》和《城市房地产税暂行条例》一直实行至 2007 年和 2009 年。

（四）对 1994 年税制改革的评价

1994 年的税制改革是一次全方位、根本性的改革，在时间上也体现了一揽子推出的特点。其改革力度之大、利益调整之深、影响范围之广，在新中国历史上从未有过。此次税制改革初步建立了与社会主义市场经济相适应的税制体系，其成就主要体现在以下几个方面：

第一，内资企业所得税和内外资企业流转税的统一为不同所有制企业创造一个公平竞争、同等纳税的外部环境，奠定了基础条件。

按所有制性质分立税种是改革开放以来经济转轨过程中税制设置的特点，这导致国有企业、集体企业、私营企业、外商投资企业分别适用不同的税种和税率，这种以所有制性质为基础区别对待的税制体系不符合社会主义市场经济体制的要求。1994 年税制改革对内外资企业实施统一的流转税制，统一了不同所有制内资企业的所得税，并明确提出了下一步内外资企业税制完全统一的改革目标，为不同所有制企业的公平竞争奠定了税制基础。

第二，建立了统一的流转税体系。计划经济体制下，区分行业和产品设置的复杂流转税体系实际上是用差别税率来平衡各种产品计划价格的扭曲，税制是附属于计划价格体系的。但是，截至 1992 年，经过多年的改革开放，中国当时由市场决定价格的比重已经扩大到 80% 左右。[①] 1994 年税制改革建立了以增值税主要对货物和部分服务征收，消费税在增值税基础上选择行业征收，营业税对服务业通过差别税率分行业征收的流转税体系，初步建立了适应市场经济体制的流转税制。

第三，实现了税制的简化，初步建立了适应社会主义市场体制要求、

---

① 参见《1993 年政府工作报告——1993 年 3 月 15 日在第八届全国人民代表大会第一次会议上》。

较为完备的税制体系。税制改革前的工商税制共有 32 个税种，改革后工商税制中的税种数量减少为 18 个，初步实现了税制的高效和简化。

第四，初步建立了与社会主义市场经济体制和分税制财政管理体制相适应的税收征管体系。此次税制改革通过分设中央地方两套税务机构，建立了与分税制财政管理体制相配套的税收征管机构，明确规定中央税和全国统一实行的地方税的立法权集中在中央，并特别强调除税法规定的减免税以外，各级政府和任何部门都不能开减免税的口子。初步建立了与社会主义市场经济体制和分税制财政管理体制相适应的税收征管体系。

如前所述，对照《工商税制改革实施方案》的各改革项目，包括企业所得税、城建税、房产税、车船税在内的内外资企业税制的完全统一直至 2010 年底才完全实现；城镇土地使用税的改革于 2007 年实现。而《方案》中城建税改革、证券交易税和遗产税的开征至今未实施。上述改革项目的延迟即有条件和环境不具备，《方案》设计超前的原因，也有不同利益群体博弈的因素。除此之外，1994 年税制改革遗留的最大问题是增值税的抵扣范围和覆盖范围问题。

1994 年税制改革实施时，宏观经济运行中存在着投资需求增长过快、通货膨胀严重等问题，因此在具体税制设计时，希望税收能够起到控制投资需求、抑制经济过热的作用。在这种背景下出台的增值税被设定为生产型增值税，即固定资产投资不能作为进项税额抵扣税款，这种设计无疑有利于控制投资过热的局面，但从长期来看，生产型增值税存在着重复征税的问题，不利于有机构成高的资本密集和技术密集型行业的发展，无法起到鼓励企业技术改造和设备更新的作用。因此，随着中国经济增长方式的转变，生产型增值税需要适时转型为消费型增值税（高培勇，2009）。

此外，1994 年确立的增值税制的征收范围主要是货物的生产销售和修理修配劳务，绝大部分服务业征收营业税。交通运输、建筑安装、邮电通信等生产性服务业与货物生产和销售的关系密切，不征收增值税使得增值税链条不够完整，影响了增值税中性作用的发挥，不利于服务业的发展，还造成管理上的困难。正是由于生产型增值税和增值税、营业税并行的税制安排存在着上述问题，推进增值税的"转型"和"扩围"改革成为 1994 年后税制改革的重要内容。

四 1994年后的税制变迁

1994年以来，经历了1997年亚洲金融危机、2002年加入世界贸易组织、2008年下半年爆发的国际金融危机等重大事件，中国的经济社会发展取得了巨大的成就，而经济社会发展中诸多深层次的矛盾也逐步显现。中国经济社会面临的挑战，主要体现在两个方面：一是随着中国人口红利的逐步丧失，中国的要素禀赋发生着根本性的变化，面对2008年金融危机后世界经济的再平衡以及资源、环境约束的加强，经济结构调整和产业结构升级压力越来越大；二是随着经济的发展，收入分配问题越来越突出。正如十八大报告指出的，要形成有利于结构优化、社会公平的税收制度。

（一）1994年后税制改革的主要内容

1994年后的税制改革主要集中于以下几个方面：

1. 内外资企业税制的完全统一

从1993年底《工商税制改革实施方案》算起，历经"九五"、"十五"两个五年计划，内外资企业税制的完全统一在"十一五"时期得以实现。2007年1月1日，车船使用牌照税废止，内外资企业统一缴纳车船税；2008年1月1日，《中华人民共和国企业所得税法》正式实施，统一了内外资企业所得税并将税率下降至25%；2009年1月1日，城市房地产税废止，内外资企业统一缴纳房产税；2010年12月1日起，外资企业和外籍个人适用《城市维护建设税暂行条例》和《征收教育费附加的暂行规定》。

2. 农村税费改革与取消农业税

从20世纪90年代后期开始，中共中央、国务院及其各有关部门和地方各级党委、政府发出了一系列的重要文件，反复强调要依法征收农业税，不得随意改变税法规定，增加农民负担，并积极推进农村税费制度的改革。（刘佐，2009）

2000年3月2日，中共中央、国务院发出《关于进行农村税费改革试点工作的通知》（中发〔2000〕7号），在安徽省进行农村税费改革的试点工作。2004年6月30日，财政部、国家税务总局发出《关于取消除烟叶税外的农业特产税有关问题的通知》（财税〔2004〕120号），《通知》规定：自2004年起，对烟叶继续征收农业特产税，取消其他农业特产品的农业特产税。2005年12月29日，十届全国人大常务委员会第十九次会议通过决定，2006年起废止《中华人民共和国农业税条例》。2006年2月17日，国务院废止了1994年1月30日发布的《关于对农业特产收入征收农业税的规定》（2006年4月28日公布实施了《中华人民共和国烟叶税暂行规定》）和1950年12月19日政务院发布的《屠宰税暂行条例》。至此，除烟叶税外，中国全面取消了农业税。

3. 交通和车辆税费改革

税费改革领域的另一个重点是交通和车辆税费改革。2000年10月22日，国务院批转了财政部、国家计委等12个部门报送的《交通和车辆税费改革实施方案》（国发〔2000〕34号），改革的主要内容是：取消不合法和不合理的收费项目；将具有税收特征的收费实行"费改税"；将不体现政府行为的收费转为经营性收费，严格按照经营性收费的规定管理；保留少量必要的规费，降低不合理的收费标准，实行规范化管理。

其中，"费改税"的具体做法是：开征车辆购置税取代车辆购置附加费。开征燃油税取代公路养路费、公路客货运附加费、公路运输管理费、航道养护费、水路运输管理费、水运客货运附加费，以及地方用于公路、水路、城市道路维护和建设方面的部分收费。开征车辆购置税和燃油税后，相关收费同时废止。

该《方案》明确提出：制定《中华人民共和国车辆购置税暂行条例》、《中华人民共和国燃油税暂行条例》及其征收管理办法，相应修订有关法规。其中《中华人民共和国车辆购置税暂行条例》自2001年1月1日起实施。《中华人民共和国燃油税暂行条例》的出台时间，由国务院另行决定。2001年1月1日，《中华人民共和国车辆购置税暂行条例》如期出台，车辆购置附加费改为征收车辆购置税。然而，燃油税却迟迟没有出台。

2006年"十五计划"重申：适时开征燃油税。但直至2008年12月18日，国务院发布《关于实施成品油价格和税费改革的通知》（国发〔2008〕37号）明确提出：提高现行成品油消费税单位税额，不再新设立燃油税，利用现有税制、征收方式和征管手段，实现成品油税费改革相关工作的有效衔接。燃油税改革通过提高消费税成品油单位税额的方式得以实现。

改革的主要内容是：取消公路养路费、航道养护费、公路运输管理费、公路客货运附加费、水路运输管理费、水运客货运附加费等6项收费；逐步有序取消政府还贷二级公路收费；汽油消费税单位税额每升提高0.8元，柴油消费税单位税额每升提高0.7元，其他成品油单位税额相应提高。

4. 增值税扩围和转型改革

生产型增值税和增值税、营业税并行的一般流转税制是1994年税制改革遗留的重大税制改革课题。2004年7月1日起，在东北三省，选择装备制造业、石油化工业、冶金业、船舶制造业、汽车制造业、农产品加工业等6个行业和军品、高新技术产品，试行扩大进项税额抵扣标准。2007年7月1日起，在山西、安徽、江西、河南、湖北和湖南6个省的26个老工业基地城市，选择装备制造业、石油化工业、冶金业、汽车制造业、农业产品加工业、电力业、采掘业和高新技术产业8个行业，试行扩大进项税额抵扣范围。2008年7月1日起，增值税转型试点扩大到内蒙古东部地区的8个行业和四川省汶川地震受灾严重地区。

2009年1月1日起，在全国所有地区、所有行业推行增值税转型改革，允许企业抵扣新购入设备所含的增值税，同时取消进口设备免征增值税和外商投资企业采购国产设备增值税退税的规定。但厂房等固定资产仍未纳入抵扣范围，增值税转型改革尚未完全实现。

增值税"扩围"改革，即营业税改征增值税的改革于2012年1月1日在上海的交通运输业和部分现代服务业开始试点；2012年9月1日开始，改革试点在北京、天津、江苏、广东等8个省（直辖市）陆续推开；2013年8月1日起，在全国范围内推广交通运输业和部分现代服务业"营改增"试点，将广播影视作品的制作、播映、发行等纳入试点。2014年1月1日起，铁路运输业和邮政服务业纳入"营改增"范围。按照国务院常务会议的要求，下一步将扩大行业试点，择机将铁路运输和邮电通信等行业纳入"营改增"试点，力争在"十二五"期间全面完成"营改增"改革。

5. 个人所得税改革

1994年以来，个人所得税的改革除储蓄存款利息所得税的开征和停征、纳税人自行纳税申报和扣缴义务人全员全额扣缴申报制度外，历次改革的焦点都集中在工资薪金所得减除费用标准（免征额）的上调方面。

2005年10月27日，十届全国人大常务委员会第十八次会议通过的对《个人所得税法》颁布以来的第三次修订，将工资、薪金所得的费用减除标准由 800 元上调至 1600 元。2007 年 12 月 29 日，十届全国人大常委会第 31 次会议将工资、薪金所得的费用减除标准由 1600 元上调至 2000 元。2011 年 6 月 30 日，十一届全国人大常委会第 21 次会议将工资、薪金所得的费用扣除标准由 2000 元上调至 3500 元。同时，对工资、薪金所得税率的级次级距由 5%—45% 的九级累进税率调整为 3%—45% 的七级累进税率，对个体工商户生产、经营所得税目的税率级次级距也进行了较大幅度调整。

然而，1994 年后从"九五"计划到"十二五"规划，包括十六届三中全会、十六届六中全会的《决定》以及 2013 年 2 月发布的《关于深化收入分配改革的若干意见》中不断重申要建立的综合与分类相结合的个人所得税制度，但综合与分类相结合的个人所得税改革至今也没有出台。

6. 其他税制改革措施

除上述税制改革和税制调整措施外，1994 年以来，为了适应经济社会发展的需要，尤其是发挥税制的调节作用，中国的消费税①、资源税②在征收范围、征收环节和征收方式等方面进行了改革，房产税在部分区域进行了试点③。

---

① 除 2009 年 1 月 1 日配合成品油税费改革提高成品油税目的单位税额外，2006 年 3 月 20 日，财政部、国家税务总局发出《关于调整和完善消费税政策的通知》（财税〔2006〕33 号），对消费税制进行了比较大的调整，其主要内容是：新增高尔夫球及球具、高档手表、游艇、木制一次性筷子、实木地板税目。取消汽油、柴油税目，增列成品油税目。汽油、柴油改为成品油税目下的子目（税率不变）。新增石脑油、溶剂油、润滑油、燃料油、航空煤油五个子目。取消护肤护发品税目，将原属于护肤护发品征收范围的高档护肤类化妆品列入化妆品税目。调整小汽车税目税率。取消小汽车税目下的小轿车、越野车、小客车子目。在小汽车税目下分设乘用车、中轻型商用客车子目。将摩托车税率改为按排量分档设置：气缸容量在 250 毫升（含）以下的，税率为 3%；气缸容量在 250 毫升以上的，税率为 10%。将汽车轮胎 10% 的税率下调到 3%。调整白酒税率。粮食白酒、薯类白酒的比例税率统一为 20%，定额税率为 0.5 元/斤（500 克）或 0.5 元/500 毫升。1998 年 7 月（国税发〔1998〕121 号文）、2001 年 6 月（财税〔2001〕91 号文）、2009 年 5 月（财税〔2009〕84 号文）三次对烟消费税进行了调整，其中卷烟消费税由 1994 年的 40% 经过历次调整变为：生产环节从量计征每支 0.003 元后，不含增值税每条调拨价 70 元（含）以上的甲类卷烟的税率为 56%，不含增值税每条调拨价在 70 元以下的乙类卷烟的税率为 36%；批发环节税率为 5%。

② 从 2010 年 6 月 1 日起，在新疆地区率先实行了原油、天然气从价计征改革，税率为 5%；2010 年 7 月，这项改革扩大至西部十二个省区市。2011 年 9 月 30 日，国务院发布第 605 号国务院令，修订了《资源税暂行条例》，增加了从价定率计征的方法，并将原油、天然气的从价税率定位 5%—10%。2011 年 11 月 1 日起在全国范围内实行。

③ 2011 年 1 月 28 日起，经国务院同意，上海、重庆率先开展个人住房房产税改革试点。

此外，废止了固定资产投资方向调节税、屠宰税和筵席税。[①]

经过上述改革后，中国现行税制由 18 个税种构成，分别是：增值税、营业税、消费税、企业所得税、个人所得税、城市建设维护税、车辆购置税、资源税、关税、船舶吨税、烟叶税、印花税（含证券交易印花税）、车船税、房产税、城镇土地使用税、契税、耕地占用税、土地增值税。

（二）1994 年后税制的运行情况

1994 年以来名义税制的改革最终通过税制的运行形成社会的税收负担，税制对经济社会的影响可以从宏观税负、税制结构两个方面进行分析。

1994 年财税体制改革有两个具体目标：一是提高财政收入占 GDP 的比重；二是提高中央财政收入占财政收入的比重。从表 7 - 4 中可以看出，财政收入占 GDP 的比重由 1994 年的 10.83% 提高至 2012 年的 22.57%[②]；中央财政收入占 GDP 的比重，由分税制改革前 1993 年的 22.02% 提高至 1994 年的 55.70%，尽管此后这一比重有所波动，但基本维持在 50% 左右。

1994 年以来税收收入实现了持续稳定增长，1994 年，税收收入为5126.88 亿元，税收收入占 GDP 的比重为 10.64%，1996 年税收收入占GDP 的比重为最低值的 9.71%，此后一直持续上升，到 2012 年，税收收入达到了 100614.28 亿元，是 1994 年 19.62 倍，占 GDP 的比重提高至19.39%。（参见图 7 - 2）

从税制结构看，1994 年税制改革建立起来的以流转税为主体的税制结构近 20 年来保持了基本稳定，但各税种的比重也有显著的变化。我们选择了 1994 年、2001 年、2007 年和 2012 年四个年份税制结构数据进行分析，其中，2001 年是中国加入世贸组织的前一年，2007 年是国际金融危机的前一年。[③]

---

① 1991 年开征的固定资产投资方向调节税（1991 年 4 月 16 日中华人民共和国国务院令第82 号发布）是为了抑制投资过热设置的税种，随着中国宏观经济形势的变化和市场经济体制的完善，2000 年 1 月 1 日起该税暂停征收。2012 年 11 月 9 日公布的《国务院关于修改和废止部分行政法规的决定》（国务院令第 628 号）废止了《中华人民共和国固定资产投资方向调节税暂行条例》。1994 年税制改革时，国务院决定将屠宰税、筵席税下放给地方管理，征收与否，由各省、自治区、直辖市人民政府自行决定。2006 年伴随着农业税的取消，《屠宰税暂行条例》宣布废止；2008 年第 516 号国务院令宣布《筵席税暂行条例》失效。

② 国家统计局 2014 年初公布的 2012 年 GDP 最终核实数为 519470 亿元，根据这一数据，2012年财政收入占 GDP 的比重为 22.57%，税收收入占 GDP 的比重为 19.37%。

③ 中国税制结构和税收收入增长结构的分析可参见何晴、张斌《试析 2002—2012 年中国税收收入与经济增长的关联》，《税务研究》2013 年第 10 期。

表 7-4　　中国经济、财政和税收主要指标（1994—2012 年）

年份	国内生产总值（亿元）	财政收入（亿元）	税收收入（亿元）	税收收入占财政收入的比重（%）	财政收入占 GDP 的比重（%）	中央财政收入占财政收入的比重（%）
1994	48197.9	5218.10	5126.88	98.25	10.83	55.70
1995	60793.7	6242.20	6038.04	96.73	10.27	52.17
1996	71176.6	7407.99	6909.82	93.28	10.41	49.42
1997	78973.0	8651.14	8234.04	95.18	10.95	48.86
1998	84402.3	9875.95	9262.80	93.79	11.70	49.53
1999	89677.1	11444.08	10682.58	93.35	12.76	51.11
2000	99214.6	13395.23	12581.51	93.93	13.50	52.18
2001	109655.2	16386.04	15301.38	93.38	14.94	52.38
2002	120332.7	18903.64	17636.45	93.30	15.71	54.96
2003	135822.8	21715.25	20017.31	92.18	15.99	54.64
2004	159878.3	26396.47	24165.68	91.55	16.51	54.94
2005	184937.4	31649.29	28778.54	90.93	17.11	52.29
2006	216314.4	38760.20	34804.35	89.79	17.92	52.78
2007	265810.3	51321.78	45621.97	88.89	19.31	54.07
2008	314045.4	61330.35	54223.79	88.41	19.53	53.29
2009	340902.8	68518.3	59521.59	86.87	20.10	52.42
2010	401512.8	83101.51	73210.79	88.10	20.70	51.13
2011	473104.0	103874.43	89738.39	86.39	21.96	49.41
2012	518942.1	117253.52	100614.28	85.81	22.59	47.91

资料来源：《中国统计年鉴 2012》。

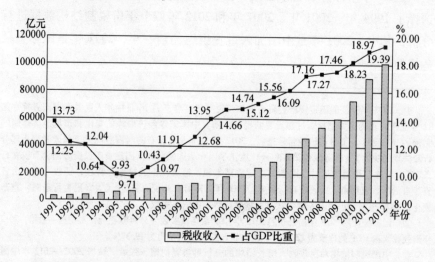

图 7-2　中国税收收入及占 GDP 比重的变化（1991—2012 年）

表 7-5 是 1994、2001、2007 和 2012 年四个年份的税制结构。从表中可以看出，国内增值税占税收收入的比重，由 1994 年的 41.39% 下降至 2001 年的 32.70%，2001 年到 2007 年略有下降，到 2007 年为 30.18%，但到 2012 年该比重下降至 23.79%。2012 年与 1994 年相比，下降了 17.6 个百分点。进口环节代征增值税、消费税（进口两税）的比重则由 1994 年的 5.83% 上升至 2001 年的 10.08%，至 2012 年达到了 13.33%。

表 7-5　　　　税制结构的演变（1994、2001、2007 与 2012 年）　　　单位:%

序号	税种	1994 年	2001 年	2007 年	2012 年
1	国内增值税	41.39	32.70	30.18	23.79
2	国内消费税	8.74	5.68	4.31	7.09
3	进口两税	5.83	10.08	12.01	13.33
4	营业税	12.01	12.60	12.84	14.18
5	城建税	3.15	2.35	2.26	2.82
6	关税	4.89	5.13	2.79	2.51
7	流转税 1 合计	76.01	68.54	64.38	63.71
8	资源税	0.81	0.41	0.51	0.81
9	车辆购置税	—	1.62	1.71	2.01
10	流转税 2 合计	76.82	70.57	66.60	66.53
11	企业所得税	12.70	16.06	17.13	17.70
12	个人所得税	1.30	6.08	6.21	5.24
13	所得税合计	14.00	22.14	23.34	22.94
14	主要税种合计	90.82	92.71	89.95	89.48
15	房产税	1.08	1.40	1.12	1.24
16	城镇土地使用税	0.58	0.40	0.75	1.39
17	车船税	0.20	0.15	0.13	0.35
18	耕地占用税	0.65	0.23	0.36	1.46
19	契税	—	0.96	2.35	2.59
20	土地增值税	—	0.06	0.79	2.45
21	印花税	1.11	2.06	4.41	0.89
22	其他税收	5.56	2.03	0.13	0.16
23	其他税种合计	9.18	7.29	10.05	10.52
24	税收总收入	100.00	100	100	100

注：1. 税收总收入为税收收入加出口退税。

2. 流转税 2 为流转税 1 + 资源税 + 车辆购置税。

资料来源：根据历年《中国统计年鉴》、《中国税务年鉴》数据计算得到。

国内增值税、国内消费税、进口两税、营业税、关税和城建税合计占税收总收入的比重 1994 年高达 76.01%，2001 年为 68.54%，2007 年下降至 64.38%，2012 年为 63.71%。与 1994 年相比，2012 年上述主要流转税收入占税收收入的比重下降了 12.3 个百分点。

主要流转税加上资源税和车辆购置税后，上述 8 项合计占税收收入的比重则由 1994 年的 76.86%[①]下降至 2012 年的 66.53%，下降了 10.33 个百分点。

所得税的比重 1994 年仅为 14%，但在 2001 年后保持了基本稳定，2001 年为 22.14%，2007 年为 23.34%，2012 年为 22.94%。但是，在收入分配中应起到较大作用的个人所得税的比重则由 2001 年的 6.08% 下降至 2012 年的 5.24%。

房产税（2007 年前为房产和城市房地产税）、城镇土地使用税、车船税（2007 年前为车船使用税和车船牌照税）、耕地占用税、契税、土地增值税、印花税等其他税种占税收收入的比重由 1994 年的 9.18%[②]下降至 2001 年的 7.29%，此后上升至 2012 年的 10.52%。其中，与房地产开发关系密切的税种：耕地占用税、契税、土地增值税占税收收入的比重由 2001 年的 0.23%、0.96% 和 0.06% 上升至 2012 年的 1.46%、2.59% 和 2.45%，三个税种的比重合计由 2001 年的 1.26% 上升至 2012 年的 6.50%，提高了 5.24 个百分点。

（三）对 1994 年以来税制改革的评价

纵观这 20 年的税制改革历程，我们在三个方面取得了巨大的进展，完成或正在完成 1994 年及后续税制改革基本设想。这三个方面是：

第一，内外资企业税制的完全统一。尽管有所拖延，但 1994 年税制改革提出的内外资企业税制统一的设想于"十一五"末完全实现。计划经济时期遗留下来的区分所有制设置税种的问题得到彻底解决，实现了社会主义市场经济体制对税制的基本要求。

第二，农村税费改革和取消农业税。随着中国工业化进程的加快和国家财力的增强，发展中国家二元经济结构下税制城乡分割的格局迫切需要改革。农业税的最终取消，城市反哺农村、工业反哺农业财税体制的逐步

---

① 1994 年车辆购置税尚未实行费改税。

② 1994 年的其他税收中包括契税、农业税和固定资产投资方向调节税等，其中农业税占税收收入的比重为 3.50%、固定资产投资方向调节税所占比重为 0.78%。

建立是中国工业化发展的必然结果。

第三，增值税转型和"扩围"的推进。尽管生产型增值税还未彻底转变为消费型，"营改增"改革也尚未最终实现。但 1994 年建立起来的以增值税为主体的流转税制度在可以预计的未来有望与成熟市场经济国家的增值税制实现基本一致，从而实现一般流转税基本制度框架的长期稳定。

但是，与 1994 年后各个阶段政策性文件中对税制改革的设想以及经济社会发展对税收促进结构优化和社会公平的要求出发，1994 年以来的税制改革在以下两个方面尚存在很大缺陷：

一是税费改革进展缓慢。除农村税费改革取得较大成绩外，在征收方式和资金使用不作大的变动的情况下，比较顺利推出的只有车辆购置附加费改为车船购置税的改革。2000 年与这项改革一并提出的燃油税改革一直拖延至 2008 年底，通过提高消费税成品油单位税额的方式才得以实现。而城市建设税费改革、资源税费改革和环境税费改革尽管在多个文件中被反复提及，但迄今为止还没有相关政策出台。

二是直接税改革严重滞后。1994 年税制改革以来，利用税收手段调节收入分配也在各个阶段的各类政策性文件中被反复强调。但是，个人所得税综合与分类相结合的税制改革一直未能实施，对居民住宅征收房产税的改革迟迟未能扩大试点，遗产和赠与税一直未能开征，社会保障费改税也未有具体方案。

（四）中国现行税制的特征

尽管中国现行税制在 1994 年后经历了持续的改进，在总体上仍保留着 1994 年税制的基本特征，这些特征可以概括为：

第一，对商品和服务课征的流转税比重较高，个人所得税的比重偏低。2001 年以来，国内增值税，国内消费税，进口货物增值税、消费税，营业税，城市建设维护税，关税等流转税扣除出口退税后占税收收入的比重一直在 60% 左右，而个人所得税的比重仅在 6% 左右。

第二，流转税中对商品和服务普遍课征的一般流转的比重较高，调控功能较强的选择性课征的特殊流转税的比重偏低。2011 年对商品和服务普遍课征的增值税①和营业税占税收收入的比重分别为 31.22% 和

———————

① 这里的增值税根据《中国税务年鉴（2012）》中国内增值税加进口环节增值税减出口货物退增值税得到。

15.24%，两项合计为46.46%，如果加上关税和作为附加税的城市建设维护税则超过税收收入的一半。而调控功能较强的选择性课征的消费税①、资源税占税收收入的比重分别为8.83%和0.66%，而环境保护税尚未开征，具有环境保护功能的排污费等还未实现费改税。

第三，对国民收入流量课征的税种齐全，但对存量财产课征的税种尚不完整，对居民住宅课征的房产税迟迟未能出台，尚未开征遗产与赠与税。由于个人所得税的比重低，因此居民在取得收入环节的税负较轻，而作为流量的收入差距会逐步累积为居民财产存量的差距并扩大财产性收入的差距。缺乏对存量财产课征的税种进一步限制了税收调节收入分配功能的发挥。

第四，在税收征管方面，流转税、企业所得税等大部分税种都由企事业单位缴纳，税务机关的征管对象主要是单位纳税人，即使是个人所得税，大部分收入项目也通过单位代扣代缴。现行的税收征管模式是以对单位纳税人征管为基础建立起来的，税务机关缺乏对自然人纳税人全部收入和存量财产征税的能力。（张斌，2014）

（五）预算外收入的取消与全口径预算管理

1978年改革开放以来，从有计划的商品经济到社会主义市场经济体制的逐步建立，中国政府收入体系也随之发生了根本性的改变。概括来说，这种改变集中体现在三个方面：一是随着国有企业改革的深入，两步利改税的实施使国有企业利润上缴逐步减少并最终取消，直到2007年实施国有资本经营预算后，国有企业恢复上缴利润；二是随着土地、资源的市场化，以划拨为主的土地、资源配置方式逐渐转变为有偿出让，政府通过国有土地和国有资源出让获得的收入逐步增加；三是在税收收入之外，各政府部门和地方政府的行政事业性收费、政府性基金等非税收入的种类和收入规模迅速增加。

上述三个方面的变化导致政府收入形式和相应的预算管理模式趋于多样化和复杂化。1994年财税体制改革后，初步建立了与社会主义市场经济体制相适应的税制体系，在1994年税制框架的基础上不断完善税制的同时，加强非税收入的管理，尤其是加强预算外资金管理，将全部政府收

---

① 这里的消费税根据《中国税务年鉴（2012）》中国内消费税加进口环节消费税减出口货物退消费税得到。

支纳入预算管理成为政府收入体系改革的重点。

改革开放以来，预算外资金的范围发生了几次重大变化。① 近年来，财政部门在收支两条线管理的基础上，加大了对纳入财政专户管理的预算外资金的改革力度。随着大量行政事业性收费项目被取消或纳入一般预算和政府性基金预算管理，彩票公益金、土地出让收入全额纳入政府性基金管理，财政专户管理的预算外资金项目逐步减少。2010 年 6 月 1 日，财政部发布《关于将按预算外资金管理的收入纳入预算管理的通知》（财预[2010] 88 号），《通知》规定，从 2011 年 1 月 1 日起，将按预算外资金管理的收入（不含教育收费）全部纳入预算管理（参见表 7 - 6）。

表 7 - 6　　　　　　　预算外收入的演变（1993—2010 年）

年份	预算外收入（亿元）	财政收入（亿元）	预算外收入与财政收入的比（%）
1993	1432.54	4348.95	32.94
1994	1862.53	5218.10	35.69
1995	2406.50	6242.20	38.55
1996	3893.34	7407.99	52.56
1997	2826.00	8651.14	32.67
1998	3082.29	9875.95	31.21
1999	3385.17	11444.08	29.58
2000	3826.43	13395.23	28.57
2001	4300.00	16386.04	26.24
2002	4479.00	18903.64	23.69
2003	4566.80	21715.25	21.03
2004	4699.18	26396.47	17.80
2005	5544.16	31649.29	17.52
2006	6407.88	38760.20	16.53
2007	6820.32	51321.78	13.29
2008	6617.25	61330.35	10.79
2009	6414.65	68518.30	9.36
2010	5794.42	83101.51	6.97%

资料来源：《中国财政年鉴（2012）》。

---

① 1993—1996 年的预算外资金收入范围分别有所调整，与以前各年不可比。从 1997 年起，预算外资金收入不包括纳入预算内管理的政府性基金（收费）。从 2004 年起，预算外资金收入为财政预算外专户收入。

2011 年后，以预算管理模式划分，中国的各类政府收入已全部纳入预算管理，包括公共财政收入（又称为一般预算收入或财政收入）、政府性基金收入、社会保险基金收入和国有资本经营收入四大类。上述四类收入分别纳入公共财政预算、政府性基金预算、社会保险基金预算和国有资本经营预算。

第二节　中国税制变迁的特征与存在的主要问题

1949 年以来中国的税制变迁，是在中国特定的国情背景下进行的制度变迁，这些特定的背景可以归纳为以下四个方面：一是中国作为发展中国家，二元经济结构和以工业化、城镇化为主要目标的经济社会发展决定了中国的税制从传统的农业税向以间接税为主的税制体系的演变，而随着中国经济总量和人均收入的增长，尤其是收入分配差距的扩大，直接税的地位和作用会不断提高；二是中国 1949 年以来的经济体制经历了社会主义改造、计划经济和从计划经济向市场经济转轨三个阶段，而相应的税制变迁也必然与这三个阶段相适应；三是中国传统的政治文化传统及政治权力分配格局形成的政府主导型的制度变迁模式体现在税制变迁中，使中国的税制变迁模式具有比较典型的三方博弈的特征；四是随着中国 1978 年后改革开放的不断深化，国际税收竞争和制度模仿在税制变迁中起到了重要作用。

上述四个基本特征交织在一起共同作用于中国的税制变迁，使经济发展水平和经济结构、政府职能和支出需求、政府权力、社会观念与意识形态、交易费用及国家间竞争和制度模仿等影响税制变迁的诸多因素在中国的税制变迁过程中呈现出相对特殊的变迁模式和路径特征，而随着经济社会的进一步发展，推动税制变迁诸因素之间的相互关系和相对重要性也在发生重大改变，中国的税制改革也存在着许多亟待解决的重大问题。

一　中国税制变迁的特征

新中国成立至今的六十多年中，经济社会的发展和基本经济体制的变化对税制的调整和变迁产生了重大影响，而从税制变迁的方式和税制的基本特征来分析，则可以发现税制变迁的路径仍然受到了中国政治文化传统、意识形态等因素的显著影响。具体来说，中国的税制变迁体现出以下五个主要特征：

（一）发展中国家"二元经济"结构与工业化快速发展是税制变迁的基本驱动力量

1949 年新中国成立后经济发展战略的核心是实现从传统农业国向工业国的转变，其间经历了经济恢复、社会主义改造、计划经济、市场取向的经济体制改革和建立市场经济等经济体制的巨大变化，也曾经出现过经济的大幅波动，但从总的趋势来看，新中国 60 多年来的经济发展取得了巨大成就，基本完成了由一个传统农业国向工业国的转变。

1955 年，第一产业的比重高达 46.3%，第二产业为 24.4%，第三产业为 29.3%；全部人口中城镇人口的比重仅为 13.5%，有 86.5% 的人口居住在农村。1978 年，第一产业的比重为 28.2%，比 1955 年降低了 18.1 个百分点；第二产业的比重为 47.9%，比 1955 年上升了 23.5 个百分点，第三产业的比重为 23.9%，比 1955 年下降了 5.4 个百分点，城镇人口的比重上升至 17.9%。1992 年，第一产业的比重进一步下降为 21.8%，第二产业的比重为 43.5%，第三产业的比重上升至 34.8%，城镇人口的比重上升至 27.5%。2012 年，第一产业的比重为 10.1%，比 1992 年下降了 11.7 个百分点，第二产业的比重为 45.3%，第三产业的比重上升至 44.6%，城镇人口的比重上升至 52.6%。[①]

新中国成立以来工业化、城镇化的快速发展形成的三次产业结构的显著变化是税制变迁的基本驱动力量，其中最突出的表现是在工业化的早期阶段，第一产业的比重较高，农业各税[②]占税收收入的比重较高：1950 年，农业各税占税收收入的比重为 39.0%，"一五"时期农业各税占税收收入的比重为 22.3%。进入计划经济时期后，人民公社体制下通过工农业产品价格"剪刀差"的方式建立了农业向工业转移资金的隐性税制模式。改革开放后，农业各税占税收收入的比重较低，1992 年农业各税占税收收入的比重仅为 4.6%，[③] 但这一时期农业税及其附加等基本税制在长期保持稳定的同时，以统购统销为基础的统一的"合法"隐性税制则被各种名目的乱收费所替代，并且愈演愈烈，农民负担问题日益突出，农

---

① 1955 年三次产业结构的数据来自《新中国 55 年统计资料汇编》，其他数据均来自《中国统计年鉴（2013）》。由于四舍五入的原因，1992 年三次产业合计不是 100%。

② 农业各税包括农业税、牧业税、耕地占用税、农业特产税和契税。

③ 《中国财政年鉴（2012）》。

村税费改革成为税制改革的重要内容。最终，以 2006 年《中华人民共和国农业税条例》、《关于对农业特产收入征收农业税的规定》和《屠宰税暂行条例》废止为标志，除烟叶税外，中国全面取消了农业税。但是，中国目前仍处于工业化和城镇化的初期，尽管第一产业的比重仅为 10% 左右，但仍有接近一半的人口居住在农村，传统的农户为主的农业生产方式并未彻底改变，未来随着农业产业化的发展，城乡税制的彻底一体化仍然是税制改革的重要任务。

从城市和工商业税制来看，相对于经济发达的成熟市场经济国家，中国当前高度依赖流转税的税制结构与这些国家工业化快速发展时期的税制结构具有相似性，基本遵循了从传统的直接税转为以间接税为主的规律，而随着中国工业化和城镇化的进一步发展，人均收入的提高和收入分配差距的扩大要求更好地发挥所得税、财产税等直接税的作用，如何实现直接税比重的提高，逐步实现向现代税制结构的转变成为下一步中国税制变迁面临的重要问题。

（二）经济体制转轨是影响税制变迁的重要因素

与西方成熟市场经济国家和战后新兴市场经济国家相比，中国的基本经济体制经历了从社会主义改造建立计划经济到计划经济体制逐步向市场经济体制转轨的过程。在这一过程中，社会主义改造时期的税收制度不仅要筹集财政收入，同时负有"私有制改造"的功能，因此体现为明显的所有制差别待遇。计划经济时期，随着国营企业的建立和政府对价格的控制，企业收入在财政收入中占有非常高的比重。从图 7 – 3 中可以看出，1950 年，企业收入占财政收入的比重仅为 13.97%，到 1956 年社会主义改造完成时上升至 47.92%，1972 年企业收入占财政收入的比重达到 58.14% 的最高值，随后有所回落，到 1978 年时仍高达 50.52%。

而此时税收制度，尤其是国营企业的流转税实际上是作为计划价格的补充工具发挥作用，此时税制的特征是分产业设定多档次的产品税税率。需要指出的是，计划经济时期的税制与市场经济体制下所谓"税收国家"背景下的税制具有完全不同的功能和特征，不能以市场经济体制对税制的要求评价这一时期税制的优劣。

1978 年改革开放后，放权让利和利改税等一系列政策的实施，企业收入占财政收入的比重迅速下降，到 1984 年仅为 16.85%。1985 年开始，财政对企业的补贴开始超过企业收入，原来的利润上缴形成的企业收入由于制度变化转化为税收收入。1984 年，财政收入中企业收入为 276.77 亿元，税收收入为 947.35 亿元；1985 年企业收入下降为 43.75 亿元，并有507.02 亿元对企业的补贴，而税收收入则上升至 2040.79 亿元。[①] 这一时期的税制改革重点是要适应放权让利和价格体制改革后政府、国有企业和个人的分配关系，因此在分产业多档次的产品税之外，设置了种类繁多的各种类型和不同档次的所得税。

1992 年党的十四大明确市场经济体制改革的目标是建立社会主义市场经济体制后，需要为不同所有制企业建立统一的、公平竞争的税制环境，而建立与社会主义市场经济体制相适应的税制体系成为 1994 年税制改革的基本目标并一直作为 1994 年后诸多税制改革的指导思想。综上所述，经济体制的巨大变动导致的税制功能及其基本框架的颠覆性变化是中国税制变迁的重要特征。

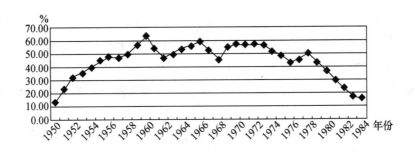

图 7-3　企业收入占财政收入的比重（1950—1984 年）

（三）制度模仿和改革开放在中国税制变迁中发挥了重要作用

中国作为一个发展中国家，在经济发展，尤其是在向市场经济转轨的进程中，引进模仿成熟市场经济国家的税收制度是设计和实施税制改革的必然选择。通过制度模仿实现税制变迁的典型例证是增值税的引进及1994 年在全国范围内的普遍推行。实际上，中国现行的大多数税种，如企业所得税、个人所得税、消费税等都是在西方成熟市场经济国家发展起来的，通过制度模仿实现税制变迁可以减少税制设计的成本，降低变迁的风险。

① 《中国财政年鉴（2012）》。

改革开放初期，为引进外资的需要而迅速建立起来的适用于外商投资企业和外籍个人的所得税制度不仅在实体法层面大量借鉴了西方国家的成熟税制，在立法程序方面也按照税收法定的要求采用了人大立法而不是国务院制定《暂行条例》的形式。可以说，为适应改革开放的需要而主动借鉴成熟市场经济国家的税制是中国 1978 年以来税制改革的重要动因。2002 年加入 WTO 后，按照 WTO 的要求调整关税及其他国内税制以及为应对国际税收竞争的压力而对税制进行相应调整，如将企业所得税税率从 33%下调至 25%等税制改革措施则反映了中国改革开放的深入和全球经济一体化对税制变迁的影响。

应当指出的是，税收制度并不是孤立存在的，一个税种的有效运行需要许多其他技术条件和制度条件的配合，引进一个税种容易，而引进相应的配套制度则往往有很大的困难。税制运行环境的差异导致以模仿为基础建立的税收制度需要根据本国国情进行"本土化"改造。如 1994 年税制改革全面引入增值税制度时根据当时的国情采用了"生产型"增值税模式，同时将增值税的征收范围限定在商品生产流通和修理修配劳务，绝大部分服务业仍然征收营业税。中国的个人所得税一直是分类所得税制，迟迟未采用综合与分类相结合的税制。但是，在通过制度模仿引进税制时根据当时国情进行的"本土化"改造措施会随着中国经济社会的进一步发展再次向成熟市场经济国家的税制靠拢或者产生靠拢的压力，如中国正在进行的增值税转型和扩围改革以及反复提及但迟迟未实施的"综合与分类相结合"的个人所得税改革。

（四）政府主导的强制性制度变迁是税制变迁的主要模式

中国是一个有着中央集权传统的单一制国家，这一传统在新中国建立后由于特殊的内外部环境的作用在很大程度上得以保留并加强。在经济发展战略方面，高度集中的国家权力是建立计划经济体制的制度保证，同时也为自上而下市场导向的强制性制度变迁奠定了基础。而作为发展中国家，后发优势导致的制度模仿型税制变迁也降低了集权型决策的风险，大大提高了制度变迁的效率。

就税制变迁模式而言，中国当前属于比较典型的"三方博弈"模式，名义税制和显性税制的立法权集中在中央，并且经由立法机关的授权，主要税种的立法权委托给中央政府行使，这为政府主导或者说行政权主导的税制强制性变迁提供了条件，政府主导的强制性变迁能够有效降低税制变迁的成本，有利于加快名义税制变迁的进程。但是名义税制的强制性变迁，尤其是行政权主导的变迁在很大程度上体现了政府的意志，由于信息成本和激励机制等因素的约束，政府确定的名义税制改革方案并不能保证是最优的税制改革方案，而且名义税制能否转化为实际税制也受到税制博弈各方的制约，具有很大的不确定性。尤其是随着中国经济社会的发展，专业化分工水平不断提高，经济活动趋于复杂化，行政部门的自由裁量权不断扩大。

因此，中国税制变迁的"三方博弈"模式中征税代理人的权力不断扩大。征税代理人不仅可以通过扭曲名义税制的执行弱化和削弱制度模仿型税制变迁的优势，由于缺乏社会公众及其代理人在制定名义税制中有效的参与途径，征税代理人也越来越多地利用专业知识的相对垄断地位根据自身偏好影响名义税制的制定过程，由此导致中国的税制变迁"制度模仿"的优势逐步削弱的同时"路径依赖"的特征不断加强。

而更为重要的是，随着市场经济体制改革的不断深化，社会各阶层利益逐步明晰和分化，社会公众纳税人意识普遍提高。在这种情况下，"三方博弈"模式下政府主导的强制性税制变迁也面临着越来越大的阻力。

（五）不以税命名的"显性税收"和隐性税收在税制中占有重要地位，地方政府和部门权力缺乏约束

中国政府的收入形式具有复杂化和多样化的特征，除凭借政治权力获得的税收收入、行政事业性收费、各种专项收入和政府性基金外，由于国家拥有或控制着土地（城市土地的所有权及农村集体土地实质上的控制权）、资源以及大量国有经营性资产，土地及国有资源的出让、国有经营性资本的收益等也构成了政府收入的重要组成部分（张斌，2009）。

根据中国政府收入体系的现状，宏观税负可以用四个口径来衡量：

一是小口径的宏观税负，即税收收入占 GDP 的比重。2012 年税收收入为 100614.28 亿元，GDP 为 518942.1 亿元，税收收入占 GDP 的比重为 19.39%。

二是国际可比的宏观税负。由于中国尚未开征社会保障税，因此税收收入加上社会保险基金收入是国际可比的宏观税负水平。2012 年，城镇基本养老保险、城镇基本医疗保险（包括城镇职工医疗保险和城镇居民医疗保险）、失业保险、工伤保险、生育保险、新型农村合作医疗、城乡居民社会养老保险等各项社会保险基金的收入为 33223.46 亿元，上述各

项社会保险基金的财政补贴为 6185.17 亿元，社会保险基金净收入为 27038.29 亿元，占 GDP 的比重为 5.21%。因此，按照国际可比口径的宏观税负为 24.60%。

三是中口径的宏观税负，指公共财政收入，即通常所说的财政收入占 GDP 的比重，包括税收收入和纳入公共财政预算管理的非税收入。2012 年，公共财政收入为 117253.52 亿元，其中非税收入为 16639.24 亿元，占 GDP 的比重为 3.21%，加上税收收入后，财政收入占 GDP 的比重为 22.59%。如果加上社会保险基金净收入，则收入达到了 144291.81 亿元，占 GDP 的比重为 27.80%。

四是大口径的宏观税负，指全部政府收入占 GDP 的比重。除公共财政收入、社会保险基金收入外，还包括政府性基金收入和国有资本经营预算收入。2012 年，政府性基金收入为 37534.90 亿元，占 GDP 的比重为 7.23%；其中，国有土地出让收入为 28892.30 亿元，占 GDP 的比重为 5.57%。国有资本经营收入为 1495.90 亿元。上述各项合计全部政府收入的规模达到了 183322.61 亿元，占 GDP 的比重达到了 35.33%。如果不计入国有土地出让收入，政府收入占 GDP 的比重为 29.76%。（参见表 7-7）

尽管 1993 年后财政部门一直致力于政府收入，尤其是各种非税收入的规范管理，2010 年彻底取消了预算外资金并建立了包括公共财政预算、政府性基金预算、社会保障预算和国有资本经营预算在内的全口径预算管理体制。但目前中国政府收入中，税收收入的比重偏低，而按照本书对税收的定义，上述各项政府收入中除以税命名的收入外，还存在着大量不以税命名的"显性的税收"，即无偿强制征收的政府收入，如公共财政非税收入中的专项收入，教育费附加与城建税具有完全相同的税基和征收机制，矿产资源补偿费实际上是从量计征的资源税，排污费等环境收费则是"纠正性"税收。

在政府性基金项目中，许多项目是直接针对特定商品或服务无偿征收的，或者具有受益者付费的性质，但由于行政性垄断导致这些收入具有基于政治权力获得的"超额利润"，前者属于不以税命名的"显性的税收"，后者则是凭借政治权力获取的"隐性的税收"。2012 年这部分政府性基金大约有 27 项，基金收入合计为 6203.95 亿元，占不含土地收入的政府性基金的 71.78%。其中：对电力、煤炭、水等能源资源类产品征收的基金共有 12 项，基金收入合计为 1390.74 亿元；对交通运输业征收的基金有

表7-7

中国政府的收入结构（2010—2012年）

项目	2010年			2011年			2012年		
	数量（亿元）	占政府收入（%）	占GDP的比重（%）	数量（亿元）	占政府收入（%）	占GDP的比重（%）	数量（亿元）	占政府收入（%）	占GDP的比重（%）
公共财政收入	83101.51	60.40	20.70	103874.43	61.80	21.96	117253.52	63.96	22.59
其中：税收收入	73210.79	53.21	18.23	89738.39	53.39	18.97	100614.28	54.88	19.39
非税收入	9890.72	7.19	2.46	14136.04	8.41	2.99	16639.24	9.08	3.21
政府性基金收入	36785.02	26.74	9.16	41363.13	24.61	8.74	37534.9	20.47	7.23
其中：政府性基金收入（不含土地）	6387.88	4.64	1.59	7886.13	4.69	1.67	8642.6	4.71	1.67
国有土地出让收入	30397.14	22.09	7.57	33477	19.92	7.08	28892.3	15.76	5.57
社会保险基金收入	20584.49	14.96	5.13	27160.49	16.16	5.74	33223.46	18.12	6.40
其中：财政对社会保险基金的补贴	3450.76	2.51	0.86	5080.63	3.02	1.07	6185.17	3.37	1.19
社会保险基金净收入	17133.73	12.45	4.27	22079.86	13.14	4.67	27038.29	14.75	5.21
国有资本经营收入							1495.90	0.82	0.29
其中：中央国有资本经营收入	558.67	0.41	0.14	765.01	0.46	0.16	970.68	0.53	0.19
地方国有资本经营收入							525.22	0.29	0.10
政府收入合计	137578.93	100.00	34.27	168082.43	100.00	35.53	183322.61	100.00	35.33

注：1. 国有土地出让相关收入由政府收入决算表中国有土地使用权出让收入、国有土地收益基金收入、农业土地开发资金收入、新增建设用地土地有偿使用费收入合计得到。

2. 社会保险基金收入包括城镇职工基本养老保险、失业保险、城镇职工基本医疗保险、工伤保险、生育保险、城镇居民基本医疗保险、新型农村合作医疗和城乡居民社会养老保险。

3. 未剔除重复计算的部分：如中央公共财政收入调入政府性基金和国有资本经营预算调入公共财政资金。GDP数据来自《中国统计年鉴（2013）》。

资料来源：各项政府收入数据来自财政部相关年份政府财政决算表。

5 项，基金收入合计为 2270.66 亿元①；对其他产品和服务征收的基金（或附加）有 10 项，基金收入合计为 2542.55 亿元（参见表 7-8）。

表 7-8　　　　具有税收性质的政府性基金项目（2012 年）　　　单位：亿元

序号	项目	决算数	备注
1	农网还贷资金收入	144.05	电
2	山西省煤炭可持续发展基金收入	190.27	煤
3	铁路建设基金收入	622.50	铁路货运
4	民航发展基金收入	231.26	航空
5	海南省高等级公路车辆通行附加费收入	12.86	汽油、柴油
6	港口建设费收入	170.38	水运
7	散装水泥专项资金收入	14.46	袋装水泥
8	新型墙体材料专项基金收入	71.94	建筑面积
9	文化建设事业费收入	92.15	部分行业营业收入
10	地方教育费附加收入	936.74	流转税的附加
11	国家电影事业发展专项资金收入	7.69	电影票房
12	育林基金收入	38.21	林产品
13	森林植被恢复费收入	82.67	占用林地
14	水利建设基金收入	406.09	销售收入等
15	南水北调工程基金收入	25.88	水
16	城市公用事业附加收入	233.73	水、电
17	大中型水库移民后期扶持基金收入	222.73	电
18	大中型水库库区基金收入	33.50	电
19	三峡水库库区基金收入	7.79	电
20	城市基础设施配套费收入	884.06	建筑面积
21	小型水库移民扶助基金收入	10.15	电
22	国家重大水利工程建设基金收入	296.17	电
23	车辆通行费收入	1196.47	机动车过路过桥
24	船舶港务费收入	50.05	水运
25	核电站乏燃料处理处置基金收入	17.50	电
26	可再生能源电价附加收入	196.11	电
27	废弃电器电子产品处理基金收入	8.54	电器电子产品
28	合计	6203.95	

资料来源：财政部《2012 年全国政府性基金收入决算表》。

———————

① 2012 年车辆通行费收入为 1196.47 亿元，这部分收入中很多的具有经营性收入的性质，但也有收费公路和桥梁收费期限到期后凭借政府一纸批文继续征收，因此具有税收的性质。

国有土地出让收入和国有资本经营预算收入中，也存在着凭借行政性垄断获取超额利润的情况，因此也有部分收入属于"隐性的税收"。

从税制变迁的角度来看，中国目前很多非税收入项目实际上是地方政府和某些部门利用手中的政治权力获取的不以税命名的"显性税收"和"隐性税收"。中国税制变迁的这一特征与长期以来的行政性分权有着密切的关系，当高度集中的管理模式不适应经济社会发展的客观要求时，中央政府通常会选择在行政组织内部实行"条条块块"之间的行政性分权，而这种行政性分权由于委托—代理问题的困扰，不可避免地陷入"一统就死、一放就乱"的困境。

就税制变迁而言，一方面，名义税制和显性税制的立法权高度集中于中央，而且主要集中于财政税收管理部门，主要课税要素，如税率的调整往往仅仅通过行政部门的一纸通知就可以实现。而另一方面，行政性分权导致地方政府和各个部门利用手中的权力任意设立各种名目不以税命名的"显性税收"或"隐性税收"为自身谋取收入。在"可税财产"一定的情况下，为了保证地方或部门利益的实现，地方政府或者某些权力部门会有意识地挤占名义税收收入，这导致法律法规的执行过程中地方政府和部门利用手中的权力影响名义税收的征管，从而扭曲名义税制，导致实际税制与名义税制的背离。1994年前财政承包制下中央政府财政收入比重的下降和显性税收宏观税负水平的下降与此密切相关，而1994年的分税制改革以及中央与地方税收征管机构的分设在很大程度上是为了确保中央名义税制的执行和税收收入的实现。

二　中国税制变迁存在的主要问题

在中国税制改革与税制优化的研究中，人们通常重视经济因素的作用，研究重点往往集中在税制结构、税收的经济影响等税收制度的实体方面。但是，从税制变迁的角度来看，税制的优化不仅是税制本身的优化，更重要的是税制确定程序的优化，税制确定程序的优化是税制实体优化的前提和基本保障，在这个意义上，我们的研究更关注中国税制变迁模式的演进。

如前所述，政府主导的强制性变迁是中国税制变迁的基本模式。从税收博弈的角度分析，名义税制的确定和变更在很大程度上是行政权主导的，我国现行的税收立法体制是行政机关授权立法，这种授权立法体制依据源于 1984 年和 1985 年全国人大授权国务院在税收、改革开放、经济改革等方面制定行政法规。1984 年的授权决定已废除，但 1985 年的授权决定现在依然有效。但授权立法的决定条文内容疏简，不仅缺乏对授权立法在程序运用方面的必要监督和规制，而且对授权的内容方面也没有明确的界定。

目前，除《企业所得税法》、《个人所得税法》、《车船税法》三部实体税法由人大立法外，绝大多数税收法律规范是由国务院以条例、暂行规定的形式颁布实施的。此外，具体指导税收征管活动的大量细则性规定是由国家税务总局负责制定的，这部分法规属于典型的行政立法。这种行政机关立法权与行政权集于一身的立法体制与当时特定的历史环境有关，但时至今日，在社会主义市场经济的建立过程中，这种立法体制存在着权威性、稳定性、规范性差等一系列弊端，已经不能满足社会主义民主政治和市场经济体制依法行政与依法治税的要求，不符合现代法治国家税收法定主义的基本原则。[①]

这种行政权主导的税制变迁模式不利于纳税人参与名义税制的制定，一方面导致关系到纳税人实际税收负担的名义税制可以根据政府目标随意变更，财政部、国家税务总局的通知就可以在实际上变更税率、调整税基和税目。而另一方面，由于缺乏规范和有效的法定渠道影响名义税制的制定，许多不合理的税制安排被长期保留下来，而这些不合理的名义税制在实施过程中又由于不符合实际情况在不同程度上被征税代理人与纳税人的博弈所确定的非正式规则所取代，因此造成了名义税制与实际税制的背离。

具体来说，由于在"三方博弈"模式下政府的权力未受到有效制约，政府扩大支出从而增加税负的偏好难以与纳税人及其代理人（代议制议会）低税负高福利的偏好形成有效制衡，从而导致中国的税负水平，尤其是大口径宏观税负水平的持续上升。而政府的征税代理人——税务机关在税制形成中拥有过大的权力，不仅使实际税制与名义税制背离，也导致税制比较复杂，从而征管成本较高的税制改革，如综合与分类相结合的个人所得税改革[②]、对居民住宅征收房产税的改革难以实施。由此导致的一

---

① 参见樊丽明、张斌《税与法的关系分析》，《税务研究》2000 年第 11 期。

② 个人所得税引入综合计征的改革，或称为"综合与分类相结合"的个人所得税改革目标实际上在 20 世纪 90 年代中期"九五"计划就已提出，此后"十五"、"十一五"、"十二五"规（计）划不断重申，最近召开的党的十八届三中全会再次明确提出，但目前仍未有实质性的进展（高培勇、张斌，2012）。

个严重后果是中国现行的税制体系高度依赖对企业征收的间接税，无法有效实施针对自然人的所得税和财产税改革。这种征税代理人偏好在名义税制制定过程中权力过大的博弈模式使中国的税制变迁越来越具有"路径依赖"的特征。间接税的累退性导致的税收调节收入分配功能的缺失和对消费的抑制越来越不适应当前中国经济社会发展的要求。如何推进直接税改革，提高直接税比重成为下一步中国税制改革的最大难点。

应当特别指出的是，中国税收法制建设的滞后不仅体现在实体税法中国务院授权立法的税种太少，更重要的是大量具有税收性质，面向社会无偿征收的政府性基金和行政事业性收费的立法权甚至分散在各个政府部门，相当一部分不以税命名的"显性税收"和"隐性税收"的立法级次比"暂行条例"还要低，而且往往是由特定部门专款专用的，这不仅造成了社会非税负担沉重，同时也分割了政府的财力。

纳税人缺乏规范、有效的法定渠道参与名义税制的制定还造成了严重的信息不对称问题。政府，尤其是中央政府缺乏有效的手段准确及时地了解税基的实际变动情况，尽管名义税制在全国是基本统一的，但各地的经济结构和经济发展水平千差万别，税务机关的征收能力也有很大差异，这导致各地实际税收负担水平也存在很大差别。在这种情况下，以基数法为特征的按计划征税以保证财政收入的稳定和增长成为指导税收征管工作的主要手段，通过调整税收征管力度而不是调整名义税制以实现税收收入的增长是中国税制变迁的一个重要特点。1994年以来，中国的税收收入在大多数年份保持了超过名义GDP的持续高速增长，但现行税制自1994年确立以来并没有重大调整，在名义税制保持基本稳定的情况下，税收实际征收率的迅速提高增加了纳税人的实际税收负担。从税制变迁的角度看，我们可以认为由于税收征管的加强，征税代理人与纳税人的博弈所决定的实际税制发生了实质性改变，这种改变要求对名义税制进行相应调整以反映实际税制的变化。

中国税制变迁中面临的另一个重要问题是中央与地方税权的划分问题。从表面上看，税权的划分是中央与地方财政体制的组成部分，仅仅是中央政府与地方政府的两方博弈，但是中国长期以来的集权与分权之争无法从根本上解决问题。这里的关键在于，税权在中央与地方之间的划分不仅是中央与地方政府的两方博弈，纳税人对政府的有效监督和对税制变迁的实质性影响是决定中央与地方税收体制和财政体制更为重要的因素。如果纳税人无法对政府行为进行有效监督，即使名义税制的制定权高度集中，仍然无法阻止地方政府通过种种方式获取隐性税收，中国历代的"法外加征"和目前的"费重税轻"以及政府财政支出不断膨胀的事实表明，依靠自上而下的行政性监督是无法从根本上控制地方政府滥用权力的。而如果赋予地方政府税制的实际制定权，则难免走上财政承包制的道路，导致地方各自为政。在西方国家，分税制的财政体制是以宪政体制下地方自治原则为基础建立起来的，纳税人对政府的有效监督和地方议会对税法和预算的控制权能够实现对地方政府行为自下而上的控制，我们认为这是分税制财政体制得以有效运行的制度基础。

此外，分税制财政体制中税权的划分与财政支出权的划分是密切相关，不可分割的。市场经济的发展客观上要求在全国实施相对统一的税制，而经济发展的不平衡必然导致地区之间税基分布的差异。在基本统一的名义税制框架下，经济发展水平和经济结构的差异会造成地方政府之间收入的差异，但是按照公共支出均等化原则，地方政府所需要履行的基本职能应当是基本相同的。因此，需要明确划分中央与地方政府的职能范围，在限定地方政府财政支出的基础上，相对落后地区的地方政府履行基本职能所需要的财政支出与地方财政收入的差额应当通过规范的转移支付解决。中国目前分税制的财政体制由于没有有效解决财政支出职能划分和转移支付的问题，因而产生了地方政府谋取各种形式的非税收入并产生了地方融资平台和地方债务等一系列问题。

第三节 中国税制变迁模式的改进与税制优化

一 中国税制变迁模式的改进

在税制变迁的动态分析中，我们分析了税制变迁模式的发展演变，即从三方博弈到四方博弈再到五方博弈的发展历程，这一历程可以理解为政府设定产权的权力和征税权不断受到制约的过程，是越来越多不同阶层的纳税人参与税收正式规则制定的过程，同时也是名义税制与实际税制不断接近，税收制度不断完善的过程。税制变迁的模式是税制调整和税制改革的制度基础，随着经济活动的日益专业化和复杂化，税收作为政府获取收入的主要手段和进行经济调控的重要工具，对社会经济生活的影响不断增强，世界各国都在追求既能够促进经济持续稳定增长，又能够有利于实现社会公平分配的税制，在税制优化的过程中，由税制变迁模式所决定的税制产生、调整的方式是税制优化的程序和机制保证。尽管不能说一个好的税制变迁模式一定能够产生现实中最优的税制，但一个好的税制变迁模式可以提高税制调整的质量，减少"坏"的税制出现的可能和造成的损失。

中国税制变迁模式改进的首要问题在于按照税收法定主义原则确立立法机关对行政机关的监督和制约，提高作为公民的纳税人对名义税制确定的参与程度，中国目前的问题不仅仅在于显性名义税制的立法权由行政权所主导，更为重要的是，各个部门和各级政府通过设定产权获取隐性税收的权力没有得到有效制约。历史和现实的经验教训表明，依靠中央政府自上而下清理收费项目和实施税费改革并不能从根本上控制利用政治权力谋取部门和地方利益的行为，要打破这种"路径依赖"，必须引入新的外生变量改造税制变迁的模式，逐步建立起规范、稳定和切实有效的纳税人对政府行为的监督、参与和决定名义税制的机制。这里所说的名义税制，不仅包括显性税收，也包括各种形式的隐性税收，应当取消政府部门、地方政府、国有垄断企业的收费权和定价权，政府部门和地方政府的收费项目以及国有垄断企业的定价都应由立法机关进行审议，并且应当赋予立法机关以修订权和否决权。

中国是共产党领导的社会主义国家，不能搞三权分立的政治体制，但是也需要设置立法、执法和司法等国家机构，全国人民代表大会是最高的权力机构，国家行政机关、审判机关、检察机关都由人民代表大会产生，这就是说，中国现行的宪政体制实际上已经为作为公民的纳税人通过选举自己的代表组成最高权力机构监督行政权提供了制度框架，税制变迁模式的改进是社会主义民主和法治建设的必然要求。

在名义税制的变迁过程中，除了需要加强立法机关对行政机关显性和隐性税收的监督和控制之外，也需要对立法机关的立法进行有效监督。立法机关是按照多数原则制定税法的，如何在多数原则下保障少数人的基本权利，这是现代法治国家立法程序必须要考虑的问题。为了保障少数人的基本权利，防止多数原则的滥用，在立法过程中，司法机关具有对立法的违宪审查权，也就是对立法机关立法的否决权。在我国，宪法的司法化和司法机关对立法的监督是远远不够的，这不仅是税收立法存在的问题，也是整个立法程序存在的重要缺陷。要实现国家机关之间在税收立法中的相互制衡，涉及税收立法权限体制的根本性变革，应当在加强立法机关在税收立法中的主导地位的同时，赋予司法机关对税收立法的违宪审查权和否决权。

此外，现代市场经济的发展使得经济活动日趋专业化和复杂化，税法的专业性、复杂性本身使税法知识和税法的立法技术在某种程度上被行政机关垄断，在立法机关和行政机关存在着信息不对称的情况下，在税法的制定和执行过程中，即使主要的税法由立法机关制定，行政机关指导税收征收管理活动的部门规章也是必不可少的，这使得从总体上看，行政性立法在税收正式规范中占据事实上的主导地位是不可避免的。因此，司法机关对行政性立法的监督显得尤为重要。目前我国的行政诉讼只能针对具体行政行为提出，纳税人作为行政行为的相对方，不能对抽象行政行为提起诉讼，也就是说，作为个体的纳税人只能对税务机关的具体征税行为提起诉讼，但不能对行政立法本身提起诉讼，这大大制约了司法机关对税收行政法规的审查和监督。

从税制变迁的发展来看，现代市场经济条件下的税收制度，无论是流转税还是所得税，其税基的度量和应纳税额的确认实际上是对平等主体之间经济活动的二次确认，如对应税收入的确认，实际上是税务机关对产生收入的各种交易活动的再认定。经济活动的复杂性决定了税收征收管理的复杂性，因此在税收立法中行政权的扩张是不可避免的。立法机关制定的税法不可能包括所有形式交易的认定标准，在税收征管活动中，各种行政规章和上级税务部门的税收通告（通知）是指导税务行政机关实施具体征税行为的主要依据，而作为个体的纳税人其所面临的实际税制是在税务行政活动过程中被确认和执行的。如果作为个体的纳税人对税务行政机关所据以认定应纳税额的规则有异议，而立法机关制定的税法对此没有明确规定，由于法律的修订需要很长的时间，即使修订也不能保证对每一种具体交易做出详细规定。在这种情况下，行政机关的立法权实际上是不受约束的，错误的、明显违背立法精神的行政规章可能会在很长时间内被税务行政机关作为执法的依据。因此，我们认为在强调"立法先行"的同时，目前阶段中国税制变迁模式的改进应当重视司法机关对行政权的制约，实现从三方博弈模式向五方博弈模式的转变。

在中央和地方税权配置方面，随着"三方博弈"模式向"四方博弈"和"五方博弈"模式演进，在加强地方立法机构对地方政府收支行为的监督和约束的前提下赋予地方立法机构适当的税收立法权，以达到完善地方税体系、提高地方政府对辖区居民公共服务水平的目标。

二 新形势下中国的税制优化

(一) 中国下一步税制改革的背景

2008 年国际金融危机爆发后，中国经济社会发展面临的国内外环境发生了深刻的变化，而且这种变化未来将持续相当长的时间。国际金融危机后全球经济平衡的重新调整，中国要素禀赋和收入分配格局的变化，国内外资源环境约束的加强以及城镇化的发展构成了未来中国税制改革的基本背景。(zhang bin，2013) 具体来说，可以归纳为以下相互联系的六个方面：

第一，构建扩大内需长效机制，促进经济增长向依靠消费、投资、出口协调拉动转变。1978 年改革开放以来，中国逐步形成了劳动密集型出口导向的经济增长模式。2002 年加入 WTO 后，出口保持了持续快速增长。2001 年货物出口占 GDP（支出法）的比重为 20.2%，到金融危机爆发时的 2008 年则上升为 31.88%。而同期最终消费占 GDP（支出法）的比重由 61.4% 下降至 48.4%，2011 年为 49.1%，资本形成占 GDP（支出法）的比重由 36.5% 上升至 43.9%，2011 年进一步上升至 48.3%。[①] 因此，未来扩大国内需求，尤其是国内消费需求，实现内外需的均衡协调发展是经济结构调整的重要内容。

第二，调节收入分配。近年来，中国收入分配问题已经引起全社会前所未有的重视。实际上，从经济转型的角度来看，收入分配差距的扩大与消费需求不足之间也存在着内在的关联，在边际消费倾向递减规律的作用下，收入分配向高收入阶层的倾斜导致越来越多的收入用于投资而不是消费。2013 年 2 月出台的《关于深化收入分配制度改革的若干意见》（国发 [2013] 6 号文）中对税收调节收入分配做了具体的规定。

第三，增强自主创新能力，促进产业结构调整，打造中国经济升级版。《国民经济和社会发展第十二个五年规划纲要》提出：加强农业基础地位，提升制造业核心竞争力，发展战略性新兴产业，加快发展服务业，促进经济增长向依靠第一、第二、第三产业协调拉动转变。

---

① 《中国统计年鉴 2012》。

第四，建设资源节约型、环境友好型社会。进入新千年以来，全球资源与环境的压力进一步加大，以气候变暖为代表的全球环境问题也将对未来世界经济发展格局产生重大影响。由此，资源与环境协调问题已经提上全球的共同议事日程。在未来较长时期内，全球资源与环境的压力必将伴随着中国的经济发展过程。当前，中国正处于城市化和工业化快速推进和追赶阶段，且人口基数庞大，对大宗商品尤其是能源、资源需求快速增长，经济发展面临的环境约束也日益加强，这将对未来中国经济发展形成新的挑战。

第五，城镇化。未来中国的城镇化进程对于拉动经济具有重要的意义，城镇化的发展一方面可以进一步加强基础设施建设，扩大国内投资需求；另一方面通过人群集聚，提高服务需求和消费倾向。这两个方面都可以有效拉动内需。城镇化水平的持续上升，既为国民经济增长和产业结构升级提供了强劲的动力，有利于提高财政收入，但同时也带来了新的挑战。在财政方面主要体现为以下两个方面：一是城镇化的发展，需要城市基础设施的建设投入的持续增加。近年来，土地出让收入已经成为城市基础设施建设的主要资金来源。未来地方政府可以获得的土地收入，能否支持城镇化大规模建设的资金需要；如果不能满足，又采用何种方式获取必要的资金是未来中国地方政府面临的重要问题。二是城镇化的发展，需要将城市基本公共服务覆盖到所有在城市居住工作的人口，尤其是农民工及其子女。而公共服务的提供，无论是教育、医疗，还是养老都需要政府提供更多的财力支持。

第六，人口老龄化。未来一段时间，中国的人口结构也将发生根本性的转变，人口老龄化进程不断加快，"人口红利"开始逐步丧失，劳动力成本优势也难以长期维持。中国未来面临着转变经济发展方式的巨大压力，在需求层面要求"扩大内需，尤其是国内消费需求"，在供给层面则要求通过"自主创新"，推动产业结构优化升级。同时，人口的老龄化也带来了未来社会保障筹资的巨大压力。

（二）中国现行税制存在的主要问题

1994 年以来建立的以流转税，尤其是增值税为主体的税制结构，具有较强的"中性"特征，有利于经济增长；同时征管成本相对较低，在筹集收入方面具有显著的优势，也实现了税收收入的持续稳定增长。但这种税制结构在收入分配和经济结构调整方面的弊端也比较显著，具体来说，现行税制的问题主要有以下几个方面：

第一，收入分配功能较弱，整体税制具有累退性。

以流转税为主体的税制结构使居民取得收入环节的税负较轻而消费环节的税负较重，而随着收入的增长，消费占收入的比重下降，因此这种税制结构具有累退性，即收入增长后税负反而下降。而针对居民存量财产课征的财产税的缺失，则会进一步削弱税收调节居民财产和收入的功能。

第二，抑制消费、刺激出口，不利于内外需的平衡。

在商品和服务生产及流通环节征收的税收大部分作为成本通过提高价格转嫁给了消费者，税制结构是国内外相同商品价格差距较大的重要因素，也是导致居民消费不足的重要原因。而且，由于增值税、消费税等流转税可以退税，而所得税不能退税，因此流转税比重高的国家其出口商品的实际税收含量较低，这会刺激出口并不利于内外需的平衡。

第三，收入弹性较低，不利于未来财政收入稳定持续增长。

随着经济的发展和居民收入的提高，相对于超额累进的个人所得税，在交易环节按比例税率征收的流转税，尤其是增值税的收入缺乏弹性。2006年以来，国内增值税的增幅开始低于税收收入的总体增幅，2009—2012年税收收入增长率分别为9.77%、23.00%、22.58%和12.12%，而国内增值税的增幅分别仅为2.69%、14.13%、15.04%和8.86%。[1] 未来面对社会保障和人口老龄化带来的支出压力，税制结构转向收入弹性更高的直接税有利于实现财政收入的持续稳定增长。

第四，鼓励招商引资，不利于地方政府职能和经济发展模式转变。

以流转税为主体的税制结构使地方政府的收入主要来源于企业而不是辖区居民，这会导致地方政府更热衷于招商引资和为企业及投资者提供服务，而相对忽视了为辖区居民提供公共服务。此外，流转税为主体的税制结构意味着收入主要来自生产和交易的规模，而不是企业利润，一些项目哪怕亏损，不能完全收回投资，但只要能够维持经营就会产生税收收入，这导致地方政府重规模和产值而轻效益，盲目上项目和重复建设。

（三）中国下一步税制改革的目标与任务

中国现行税制的基本格局是1994年税制改革奠定的，改革的目标是建立适应社会主义市场经济体制的税制体系，其核心是强调税收的"中

---

① 根据相关年份《中国统计年鉴》计算得到。

性"和"效率"。1994 年后的主要税制改革措施，如内外资企业税制的完全并轨，增值税"转型"改革和正在进行的"营改增"改革等，都是按照这一目标进行的税制持续改进。

但是，随着中国经济社会发展进入新的历史时期，现行的以间接税为主体的税制结构的弊端日益显著，目前需要在 1994 年至今税制持续完善的基础上，根据国情世情的深刻变化，启动以建立与"社会主义成熟市场经济"相适应的税制体系为目标；以"公平"与"效率"兼顾为指导思想、以"优化税制结构、适度提高直接税比重"为主要内容的新一轮税制改革。

概括来说，中国下一步税制改革需要同时实现两个基本目标：

一是为应对未来持续存在的财政压力，尤其是人口老龄化、社会保障制度建设、城镇化等财政支出需求，要求税收收入继续保持持续稳定增长。

在当前大口径政府收入占 GDP 的比重已经超过 30% 的情况下，除了要增加国有企业利润上缴和建立公共资源出让收益合理共享机制外，中国下一步税制改革的重点是政府收入内部结构的调整，在总体上不增加社会负担，保持宏观税负总水平稳定的前提下，通过税费综合改革提高税收收入的规模和比重。

二是要通过税制的完善和税制结构的调整提高税收作为政策工具在调节收入分配，促进经济发展方式转变方面的作用。即按照十八大报告的要求：形成有利于结构优化、社会公平的税收制度。

具体来说，中国下一步税制改革的主要任务包括以下几个方面：

第一，在不增加宏观税负的前提下实施税费综合改革。党的十八届三中全会明确要求"稳定税负"，而近年来全部政府收入占 GDP 的比重在 35%，而税收收入占 GDP 的比重仅在 20% 左右。因此，中国下一步税制改革的重点是政府收入内部结构的调整，在总体上不增加社会负担，保持宏观税负总水平稳定的前提下，通过税费综合改革提高税收收入的规模和比重。除"十一五"时期已经实行的养路费等交通收费改征消费税的改革外，资源税、环境税、房产税改革都涉及与现行资源、环境和土地开发中相关规费的合并问题。而为应对人口老龄化、提高社会保障的覆盖面和保障水平，应加紧研究实施社会保障费改税。

第二，逐步提高直接税比重促进社会公平。中国当前以间接税为主体的税制结构难以发展税收调节收入分配的功能，而扩大国内消费需求与调节收入分配等一系列重大结构调整任务都需要充分发挥直接税，尤其是个人所得税和房产税对居民收入和存量财产的调节作用。直接税比重提高的同时相应降低增值税等间接税的比重，能够缓解整体税制的"累退性"，有利于国内消费需求的扩大和内外需的平衡。因此，中国下一步税制改革应启动并逐步推进直接税改革，以实行综合和分类相结合的个人所得税制和对居民住宅征收房产税为突破口，构建适合中国国情的直接税体系。以此为基础，逐步增加直接税并相应减少间接税在整个税收收入中的比重，最终实现直接税与间接税的均衡布局。

第三，通过"营改增"、消费税、资源税、环境税费改革促进结构优化。中国当前正在推进的营业税改征增值税改革对于消除重复征税、鼓励服务业发展，优化产业结构具有重要意义。而为了促进资源节约和环境保护，应重视特殊流转税和税收优惠政策的作用，通过资源、环境税费改革促进经济结构的优化和调整。

参考文献

1. 陈共主编：《财政学》，中国人民大学出版社 1999 年版。

2. 王传伦、高培勇：《当代西方财政经济理论》，商务印书馆 1995 年版。

3. 安体富：《财政与金融》，武汉大学出版社 1996 年版。

4. 安体富、杨文利、石恩祥：《税收负担研究》，中国财政经济出版社 1999 年版。

5. 余雁刚：《中国税制变迁研究》，博士学位论文，厦门大学，2002 年。

6. 秦海：《制度的历史分析》，载吴敬琏主编《比较》第 4 期，中信出版社 2002 年版。

7. 刘剑文：《税法专题研究》，北京大学出版社 2002 年版。

8. 平新乔：《财政原理与比较财政制度》，上海三联书店、上海人民出版社 1995 年版。

9. 张维迎主编：《詹姆斯·莫里斯论文精选》，商务印书馆 1997 年版。

10. 青木昌彦：《比较制度分析》，中译本，上海远东出版社 2001 年版。

11. 马克·布劳格：《经济学方法论》，北京大学出版社 1990 年版。

12. 袁振宇等编著：《税收经济学》，中国人民大学出版社 1995 年版。

13. 严振生编著：《税法》，北京大学出版社 1999 年版。

14. 夏琛舸：《所得税的历史分析和比较研究》，东北财经大学出版社 2003 年版。

15. 孟罗·斯密：《欧陆法律发达史》，中译本，中国政法大学出版社 1999 年版。

16. 北野弘久：《税法学原论》，中译本，中国检察出版社 2001 年版。

17. 金子宏：《日本税法原理》，中译本，中国财政经济出版社 1989 年版。

18. 汪丁丁：《在经济学与哲学之间》，中国社会科学出版社 1997 年版。

19. 诺思：《制度、制度变迁与经济绩效》，上海三联书店、上海人民出版社 1994 年版。

20. 哈耶克：《法律、立法与自由》（第一卷），中译本，中国大百科全书出版社 2000 年版。

21. 张维迎：《博弈论与信息经济学》，上海三联书店、上海人民出版社 1996 年版。

23. 诺思：《经济史中的结构与变迁》，上海三联书店、上海人民出版社 1994 年版。

24. 科斯等：《财产权利与制度变迁——产权学派与新制度学派译文集》，上海三联书店 1991 年版。

25. L. E. 戴维斯、D. C. 诺思：《制度变迁与美国经济增长》，上海三联书店 1976 年版。

26. 卢现祥：《西方新制度经济学》，中国发展出版社 2003 年版。

27. 斯密德：《财产、权力和公共选择》，中译本，上海三联书店 1999 年版。

28. 刘明翰主编：《世界史——中世纪史》，人民出版社 1986 年版。

29. 刘祚昌等主编：《世界史——近代史》，人民出版社 1984 年版。

30. 郑学檬主编：《中国赋役制度史》，上海人民出版社 2000 年版。

31. 王成柏、孙文学主编：《中国赋税思想史》，中国财政经济出版社 1995 年版。

32. 约翰·希克斯：《经济史理论》，中译本，商务印书馆 1987 年版。

33. 叶振鹏主编：《中国历代财政改革研究》，中国财政经济出版社 1999 年版。

34. 卡洛·M. 奇波拉主编：《欧洲经济史》，中译本，商务印书馆 1988 年版。

35. 坂入常太郎：《欧美财政思想史》，中译本，中国财政经济出版社 1987 年版。

36. 包伟民：《宋代地方财政史研究》，上海古籍出版社 2001 年版。

37. 黄仁宇：《十六世纪明代中国之财政与税收》，生活·读书·新知三联书店 2001 年版。

38. 詹姆斯·布坎南、戈登·塔罗克：《同意的计算》，中译本，中国社会科学出版社 2000 年版。

39. 丹尼尔·W. 布罗姆利：《经济利益与经济制度——公共政策的理论基础》，中译本，上海三联书店、上海人民出版社 1996 年版。

40. 谭崇台主编：《发展经济学》，上海人民出版社 1989 年版。

41. 马尔科姆·卢瑟福：《经济学中的制度》，中译本，中国社会科学出版社 1999 年版。

42. 付伯颖主编：《外国财政》，经济科学出版社 2003 年版。

43. 黄泰岩：《美国市场和政府的组合和运作》，经济科学出版社 1997 年版。

44. 马斯格锐夫：《比较财政分析》，上海三联书店、上海人民出版社 1995 年版。

45. 奥本海：《奥本海国际法》，商务印书馆 1971 年版。

46. 詹姆斯·布坎南：《民主财政论》，中译本，商务印书馆 1999 年版。

47. 樊丽明主编：《西方国家财政税收论纲》，山东大学出版社 1993 年版。

48. 乔·史蒂文斯：《集体选择经济学》，中译本，上海三联书店 1999 年版。

49. 林毅夫、蔡昉、李周：《中国的奇迹：发展战略与经济改革》，上海三联书店、上海人民出版社 1999 年版。

50. 维托·坦齐编：《经济转轨中的财政政策》，中译本，中国金融出版社 1993 年版。

51. 布罗代尔：《资本主义论丛》，中译本，中央编译出版社 1997 年版。

52. 布罗代尔：《15 到 18 世纪的物质文明、经济和资本主义》（三卷本），生活·读书·新知三联书店 1993 年版。

53. 胡书东：《经济发展中的中央与地方关系——中国财政制度变迁研究》，上海三联书店、上海人民出版社 2001 年版。

54. 杉原泰雄：《宪法的历史——比较宪法学新论》，中译本，社会科学文献出版社 2000 年版。

55. 马克斯·韦伯：《儒教与道教》，商务印书馆 1995 年版。

56. 宋则行、樊亢主编：《世界经济史》，经济科学出版社 1993 年版。

57. 约翰·F. 乔恩：《货币史》，商务印书馆 2002 年版。

58. 黄仁宇：《放宽历史的视界》，生活·读书·新知三联书店 2001 年版。

59. 奥尔森：《集体行动的逻辑》，中译本，上海三联书店、上海人民出版社 1995 年版。

60. 阎照祥：《英国政治制度史》，人民出版社 1999 年版。

61. 岳树民：《中国税制优化的理论分析》，中国人民大学出版社 2003 年版。

62. 曼库尔·奥尔森：《国家兴衰探源》，中译本，商务印书馆 1993 年版。

63. 理查德·琼斯：《论财富的分配和赋税的来源》，中译本，商务印书馆 1999 年版。

64. 孟德斯鸠：《论法的精神》，商务印书馆 1981 年版。

65. 弗里德里希·冯·哈耶克：《自由秩序原理》，邓正来译，生活·读书·新知三联书店 1997 年版。

66. 王名扬：《美国行政法》，中国法制出版社 1988 年版。

67. 威廉·韦德：《行政法》，中译本，中国大百科全书出版社 1997 年版。

68. 凯文·E. 墨菲、马克·希金斯著：《美国联邦税制》，东北财经大学出版社 2001 年版。

69. 思拉恩·埃格特森：《新制度经济学》，中译本，商务印书馆 1996 年版。

70. 丹尼斯·缪勒：《公共选择理论》，中译本，中国社会科学出版社 1999 年版。

71. 崔维：《西方财政宏观调控的理论与实践》，中国物价出版社 1992 年版。

72. 鲍桑奎：《关于国家的哲学理论》，中译本，商务印书馆 1996 年版。

73. 凯尔森：《法与国家的一般理论》，中译本，中国大百科全书出版社 1996 年版。

74. 北京大学中国经济研究中心编：《经济学与中国经济改革》，上海三联书店 1995 年版。

75. 贾康、阎坤：《转轨中的财政制度变革》，上海远东出版社 1999 年版。

76. 吴敬琏：《当代中国经济改革战略与实施》，上海远东出版社 1999 年版。

77. 大塚久雄：《股份公司发展史论》，中译本，中国人民大学出版社 2002 年版。

78. 乔纳森·巴斯金、保罗·小米兰蒂：《公司财政史》，中译本，中国经济出版社 2002 年版。

79. 罗伊·鲍尔：《中国的财政政策——税制与中央与地方的财政关系》，中译本，中国税务出版社 2000 年版。

80. 马克斯·布瓦索：《信息空间——认识组织、制度和文化的一种框架》，中译本，上海译文出版社 2000 年版。

81. 迈克尔·J. 博斯金主编：《美国税制改革前沿》，经济科学出版社 1997 年版。

82. 中国社会科学院财政与贸易经济研究所：《中国财政政策报告 2003—2004》，中国财政经济出版社 2003 年版。

83. 阎坤、王进杰：《最优税制改革理论研究》，《税务研究》2002 年第 1 期。

84. 姚洋：《政治过程与有效制度变迁》，载黄少安主编《制度经济学研究》第 11 卷，经济科学出版社 2003 年版。

85. 贾康、赵全厚：《税费体制的理论分析框架、国际比较研究与中国的税费改革研讨》，《中国财政理论前沿 II》，社会科学文献出版社 2001 年版。

86. 杨瑞龙：《论制度供给》，《经济研究》1993 年第 8 期。

87. 林岗：《诺思与马克思：关于制度变迁道路理论的比较》，《中国人民大学学报》2000 年第 3 期。

88. 唐寿宁：《均衡的实现与制度规则的贯彻》，《经济研究》1993 年第 3 期。

89. 李长久：《知识经济是世界经济发展的大趋势》，《世界经济》

1999 年第 8 期。

90. 张斌、倪红日：《中国摩托车行业消费税制分析》，国务院发展研究中心摩托车行业消费税调研组报告。

91. 樊丽明、张斌：《税与法的关系分析》，《税务研究》2000 年第 11 期。

92. 菲利浦·T. 霍夫曼、让－劳伦斯·罗森塔尔：《近代早期欧洲战争和税收的政治经济学：经济发展的历史教训》，载《新制度经济学前沿》，经济科学出版社 2003 年版。

93. 邓子基：《世界税制改革的动向与趋势》，《税务研究》2001 年第 5 期。

94. 郭庆旺：《世界性税制改革的现实思路》（上、下），《涉外税务》2001 年第 2、3 期。

95. 秦晖：《"黄宗羲定律"与税费改革的体制化基础：历史的经验与现实的选择》，《税务研究》2003 年第 7 期。

96. 何平：《清代不完全财政制度下的赋税负担与税收失控》，《税务研究》2000 年第 2 期。

97. 张红宇、陈良彪：《农村税费体制改革的基本思路与对策研究》，《经济研究参考》2001 年第 24 期。

98. 金观涛、刘青峰：《兴盛与危机：论中国封建社会的超稳定结构》，法律出版社 2011 年版。

99. 郑幼峰：《美国联邦所得税变迁研究》，中国财政经济出版社 2006 年版。

100. ［美］B. 盖伊·彼得斯：《税收政治学》，郭维佳、黄宁莹译，凤凰出版传媒集团、江苏人民出版社 2008 年版。

101. 郁建兴：《黑格尔的国家观》，《政治学研究》1999 年第 3 期。

102. ［美］史蒂芬·霍尔姆斯、凯斯·R. 桑斯坦著，毕竞悦译：《权利的成本：为什么自由依赖于税》，北京大学出版社 2004 年版，2011 年重排版。

103. 张斌：《税制结构》，载高培勇主编《中国财政政策报告 2009/2010：世界主要国家财税体制：比较与借鉴》，中国财政经济出版社 2010 年版。

104. 张斌：《扩大消费需求的税收政策》，《财贸经济》2012 年第

9 期。

105. 国家税务总局课题组：《借鉴国际经验，进一步优化中国中长期税制结构》，《财政研究》2009 年第 5 期。

106. 国家税务总局编：《中华人民共和国税收大事记（1949.10—2009.9）》，中国财政经济出版社 2012 年版。

107. 国家税务总局计划财务司编：《中国税务统计（1950—1994）》，中国税务出版社 1997 年版。

108. 刘佐：《新中国税制 60 年》，中国财政经济出版社 2009 年版。

109. 高培勇主编：《共和国财税 60 年》，人民出版社 2009 年版。

110. 高培勇主编：《中国财政政策报告 2010/2011："十二五"时期的中国财税改革》，中国财政经济出版社 2010 年版。

111. 贾康、赵全厚编著：《中国财税体制改革 30 年回顾与展望》，人民出版社 2008 年版。

112. 何晴、张斌：《试析 2002—2012 年中国税收收入与经济增长的关联》，《税务研究》2013 年第 10 期。

113. 中国税务学会课题组：《"十二五"时期的中国税制改革：背景分析、目标定位与重点项目》，载《中国税务年鉴 2011》，中国税务出版社 2011 年版。

114. 高培勇主编：《中国财税体制改革 30 年研究：奔向公共化的中国财税改革》，经济管理出版社 2008 年版。

115. Zhang Bin: Tax Reform in China: Review and Outlook; *China Finance and Economic Review* , 2013 Autumn.

116. Advisory Commission on Intergovernmental Relations, 1991, StateRevenue Capacity and Tax Effort, Washington D. C.

117. Baumol, William, 1952. Welfare Economics and a Theory of the State. Cambridge: Harvard University Press.

118. Becker, G. S. (1983), A theory of competition among pressure groups for political influence. *Quarterly Journal of Economics*, 98, 371 – 400.

119. Friedman, David 1977. "A Theory of Size and Shape of Nations." *Journal of Political Economy* (*February*) .

120. James, S. and C. Nobes, The Economics of Taxation: Principle, Poli-

cy and Practice.

121. John Cullis and Philip Jones, 1998, Public Finance and Public Choice, Second Edition, Oxford University Press.

122. Knott, Jack H. , and Miller Gary J. (1987). Reforming Bureaucracy: The Politics of Institutional Choice. Englewood Cliffs, N. J. : Prentice Hall.

123. Kluwer Law International, 1997, Visions of the tax systems of the xxist century, Vol. 21d.

124. McNeill, John 1975. " The Costs of Alternative Economic Organization. " Canadian Journal of Economics (August)

125. Messere J. C. , 1998, The Tax System in Industrialized countries, Oxford University Press.

126. Michael J. G. , 1999, The U. S. Income Tax, W. W. Northon & Company.

127. North, Douglass C. , 1978. "Structure and Performance: The Task of Economic History. " Journal of Economic Literature (September) .

128. Sandford, C. , 1995, More Key Issues in Tax Reform, Fiscal Publications.

129. Clotfelter, Charles T. "Tax Evasion and Tax Rates: An Analysis of Individual Returns. " Review of Economics and Statistics 65, No. 3 (August 1983), pp. 363 – 373.

130. Erard, B. (1993) . "Taxation with representation: An analysis of the role of tax practitioners in tax compliance" . *Journal of Public Economics*, 52 (2), *pp.* 163 – 197.

131. Dubin, J. A. , and L. L. Wilde (1988) . "An Empirical Analysis of Federal Income Tax Auditing and Compliance," *National Tax Journal* 41: 61 – 74.

132. Alm, J. , Bahl, R. , and Murray, M. N. (1993) . "Audit selection and Income tax underreporting in the tax compliance game," *Journal of Development Economics*, 42 (1): 107 – 114.

133. Walter Hettich and Stanley L. Winer, Democratic Choice and Taxation. A Theoretical and Empirical Analysis (Cambridge University

Press, Cambridge, UK, 1999)

134. Davis, Lance E. and Douglass C. North. 1971. Institutional Change and American Economic Growth. Cambridge: Cambridge University Press.

135. Weingast, B. (1993). "Constitutions as Governance Structures: The Political Foundations of Secure Markets." *Journal of Institutional and Theoretical Economics*, 149: 286 – 311.

136. Weingast, B. (1995). "The Economic Role of Political Institutions: Market – Preserving Federalism and Economic Development." *Journal of Law, Economics and Organization* 11: 1 – 31.

137. Weingast, B. (1997). "The Political Foundations of Democracy and the Rule of Law." *American Political Science Review* 91: 245 – 263.

138. North, Douglass C. and Robert P. Thomas. 1973. *The Rise of the Western World*. Cambridge: Cambridge University Press.

139. Hurwicz, Leonid, 1993, "Toward a Framework for Analyzing Institutions and Institutional Change." In Samuel Bowel, Herbert Gintis, and Bo Gustafasson, eds. Markets and Democracy: Participation, Accountability and Efficiency. Cambridge: Cambridge University Press.

140. Wolff, E. N. (1996). Top Heavy. New York: The New Press.

141. Wolff, E. N. (2012). The Asset Price Meltdown and the Wealth of the Middle Class. New York: New York University.

后　记

本书是在我博士论文的基础上修改而成的。说来惭愧，2004年博士论文完成后至今已过去十年，由于自己的懒惰，拖延至今才出版。借这次出版的机会，我对博士论文进行了重新修改，在理论部分补充了拓展的五方博弈模型等内容，除第六章第一节外，重写了第六章其他部分和第七章。

2001年9月，我从山东大学考入中国人民大学安体富老师门下攻读博士学位，2004年毕业后进入中国社会科学院财政与贸易经济研究所（现在的财经战略研究院）跟随高培勇教授进行博士后研究，博士后出站后留所工作至今。如果从1999年在山东大学樊丽明教授门下硕士毕业并留校工作算起，我的研究生涯已有十几年的时间。借本书出版的机会，我要特别感谢三位恩师这么多年来在学术和生活上对我无微不至的关怀和指导，也感谢山东大学、中国人民大学和中国社会科学院的师兄弟和同事们无私的帮助。

当然，也要感谢我的家人，家庭的支持和鼓励永远是我前行的动力。

感谢中国社会科学院创新工程对本书的出版资助，感谢中国社会科学出版社的编辑王曦博士对本书认真负责和细致入微的工作。

最后，这么多年的研究使我深知学无止境，而本人才疏学浅，恳请各位学界前辈和同人对本书批评指正。

张斌

2014年1月31日